大相撲の解剖図鑑

大相撲の魅力と
見かたを徹底図解

第三十四代木村庄之助・
伊藤勝治　監修

X-Knowledge

1 大相撲観戦に行こう

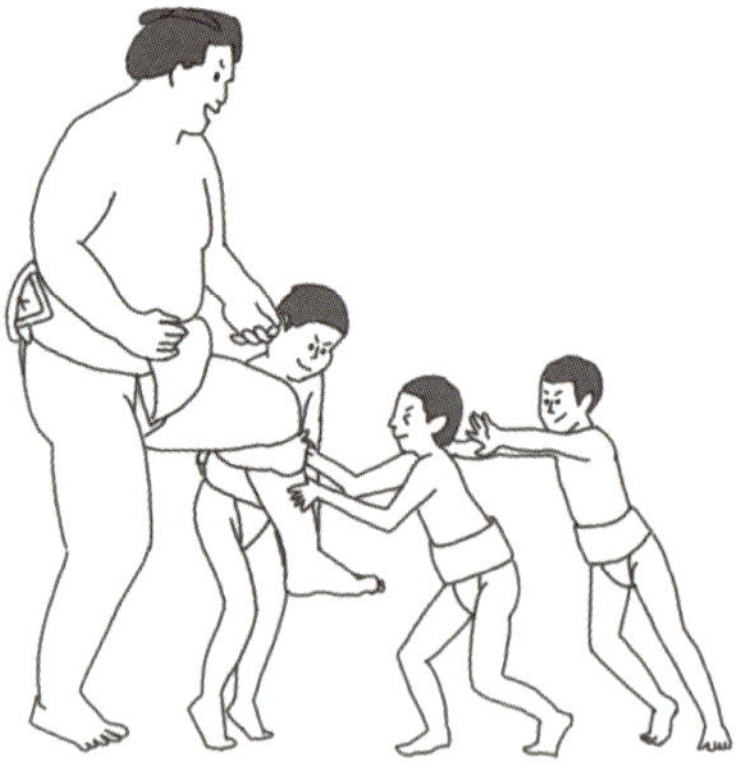

2 大相撲の舞台徹底解剖

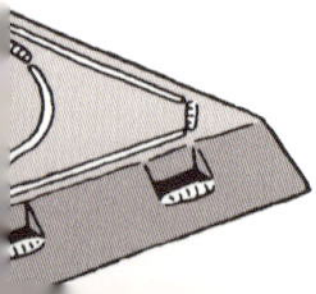

3 大相撲観戦のポイント

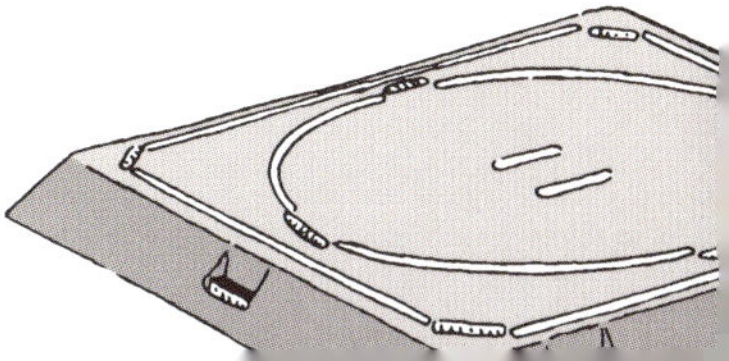

4 大相撲の仕組み

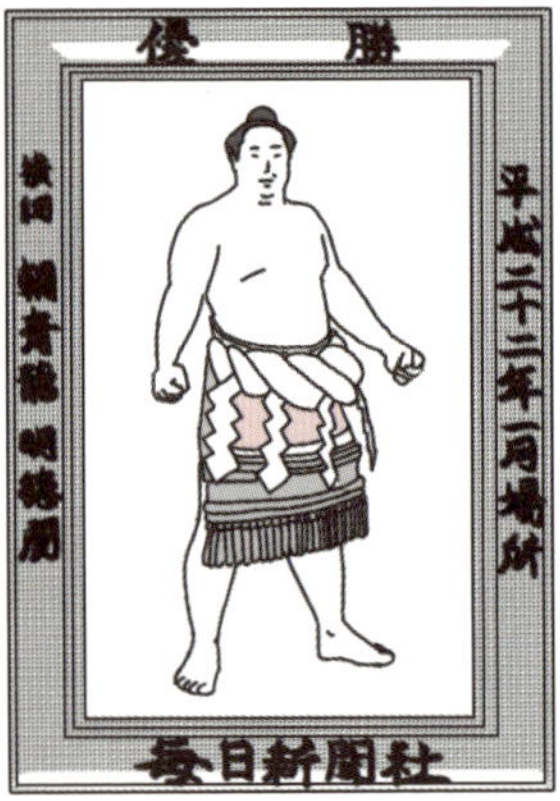

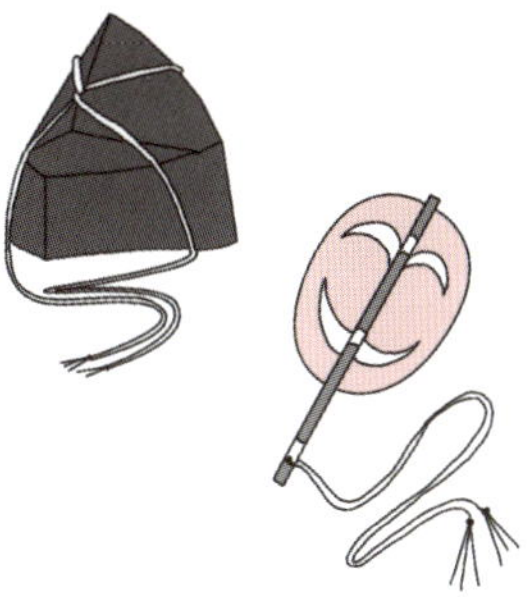

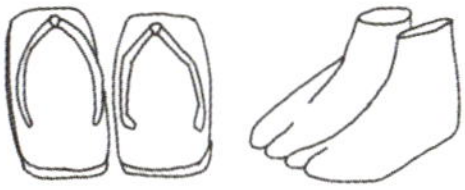

5 力士・裏方さん解剖

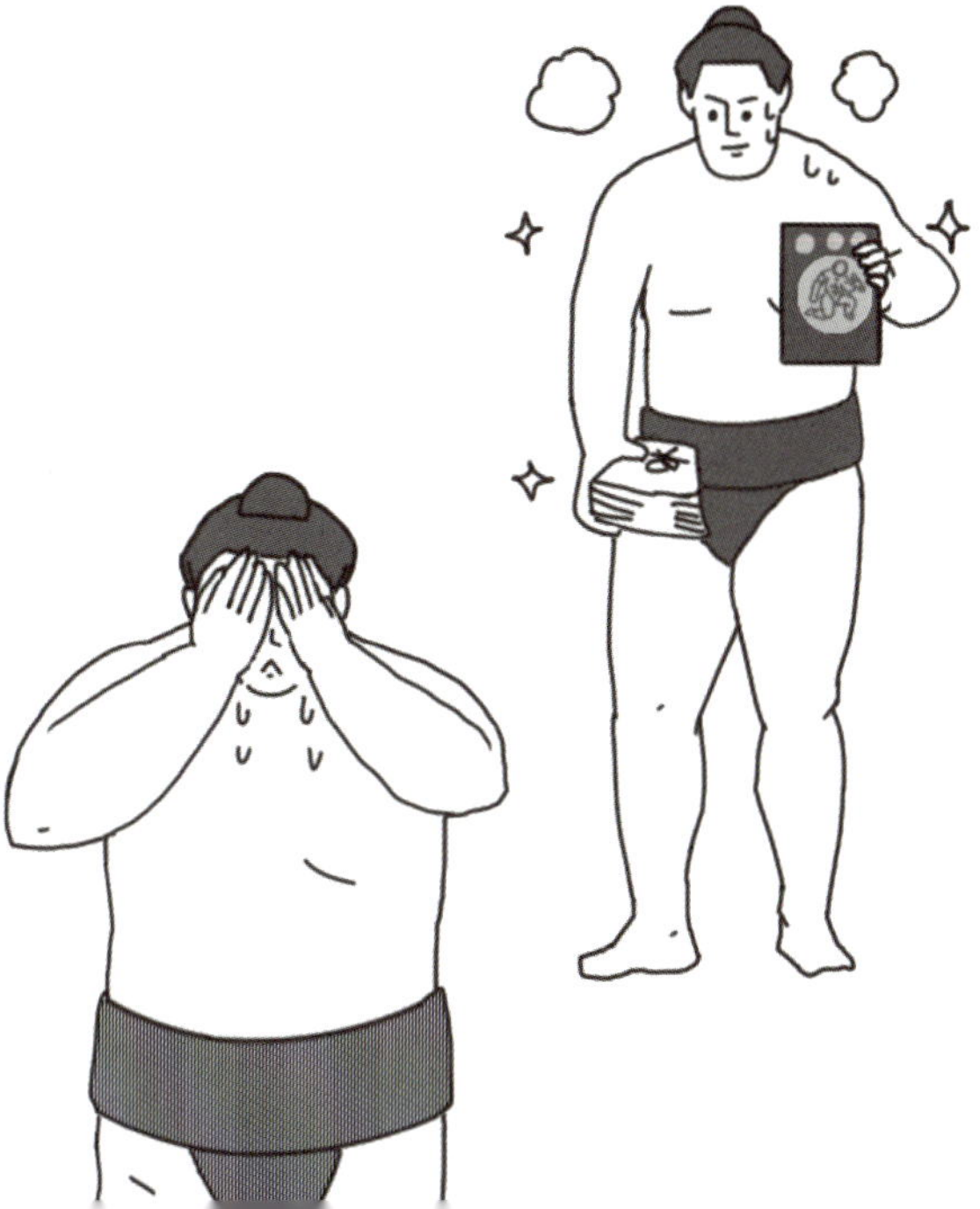

6 資料編

主要参考文献・HP

『SD別冊No.17 新国技館の記録』鹿島出版会、1985年
新田一郎著『相撲のひみつ』朝日出版社、2010年
財団法人日本相撲協会監修『ハッキヨイ！ せきトリくん わくわく大相撲ガイド』河出書房新社、2013年
桑森真介著『大相撲の見かた』平凡社、2013年
三十六代木村庄之助著『大相撲 行司さんのちょっといい話』双葉社、2014年
財団法人日本相撲協会監修・金指基原著『相撲大事典 第四版』現代書館、2015年
工藤隆一著『大相撲 誰も教えてくれなかった見かた楽しみかた ツウになれる観戦ガイド』河出書房新社、2015年
「相撲」編集部編著『大相撲 知れば知るほど』ベースボール・マガジン社、2015年
伊藤勝治監修『相撲「通」レッスン帖』大泉書店、2015年
桑森真介著『世界初の相撲の教科書』ベースボール・マガジン社、2015年
服部祐兒監修『迫力、おいしさ、奥深さをイッキ読み 行こう！ 大相撲観戦』ナツメ社、2016年

日本相撲協会公式HP http://www.sumo.or.jp/
各相撲部屋公式HPなど

AD 三木俊一

デザイン 吉良伊都子（文京図案室）

執筆 菅原悦子（第1章～第2章［12～13頁、18～19頁、46～51頁を除く］）
荒井太郎（第1章12～13頁、18～19頁、第2章46～51頁、第3章～第5章）

イラスト こじまあゆみ（以下を除く 第2章28～33頁、36～41頁、46～51頁の一部、52頁）
羅久井ハナ（第2章28～33頁、36～41頁、46～51頁の一部、52頁）

校正協力 長澤徹

印刷 図書印刷

1 大相撲観戦に行こう

大相撲年間スケジュール

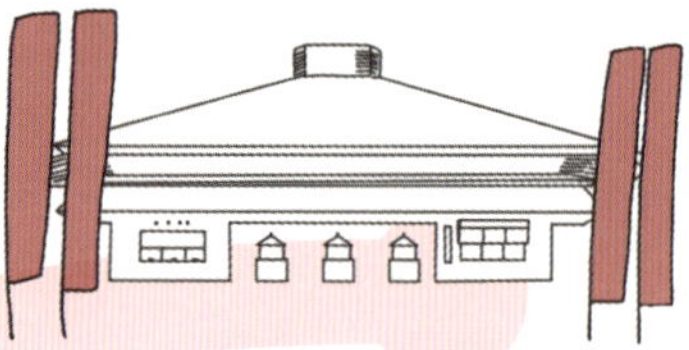

1月 本場所（一月場所・東京）

明治神宮で行われる奉納土俵入りで相撲界の新年の幕が開き、両国国技館で一月場所がスタートします。

2月 部屋稽古・イベント

節分会の豆まきや「大相撲トーナメント」など、イベント事が目白押し。「NHK福祉大相撲」では、力士が女性歌手と共演する姿なども見られます。

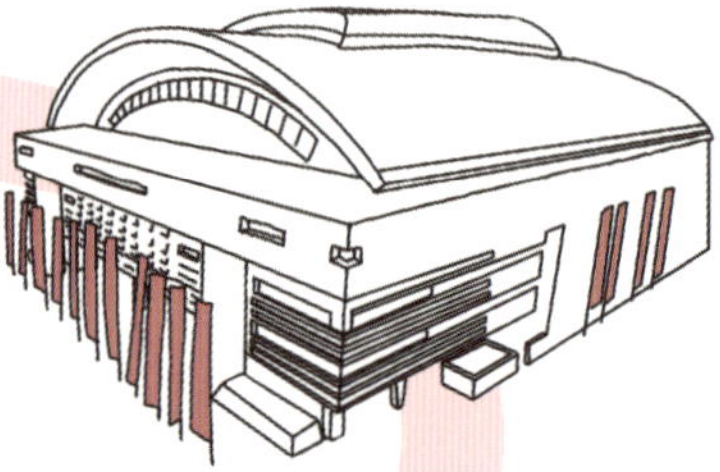

3月 本場所（三月場所・大阪）

大阪府立体育会館で行われる三月場所は、“荒れる春場所”とも、時期的に新弟子の入門が多いことから“就職場所”とも呼ばれます。（46頁）

4月 春巡業

春巡業では、近畿〜東海〜関東をまわります。伊勢神宮と靖国神社で行われる奉納大相撲が恒例行事です。

日本全国津々浦々、彼らの一年は旅に始まり旅に終わります。

大相撲の「本場所」は年に6回開催されます。相撲界（角界）は、力士の番付（84頁）を左右するこの本場所を軸として、年間行事が組まれています。1・5・9月は東京の両国国技館、3月は大阪、7月は名古屋、11月は福岡で本場所が開催され、4・8・10・12月は地方巡業に出掛けます。それ以外の月にはトーナメント形式の相撲大会や各種イベントへの出演などが盛り込まれ、その合間に部屋稽古や地方合宿をこなします。力士にオフシーズンはなく、だからこそファンは一年を通して相撲に触れることができるのです。

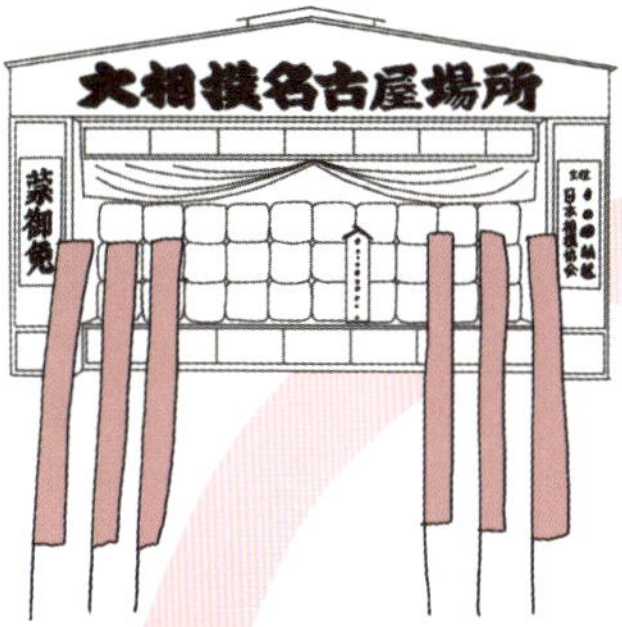

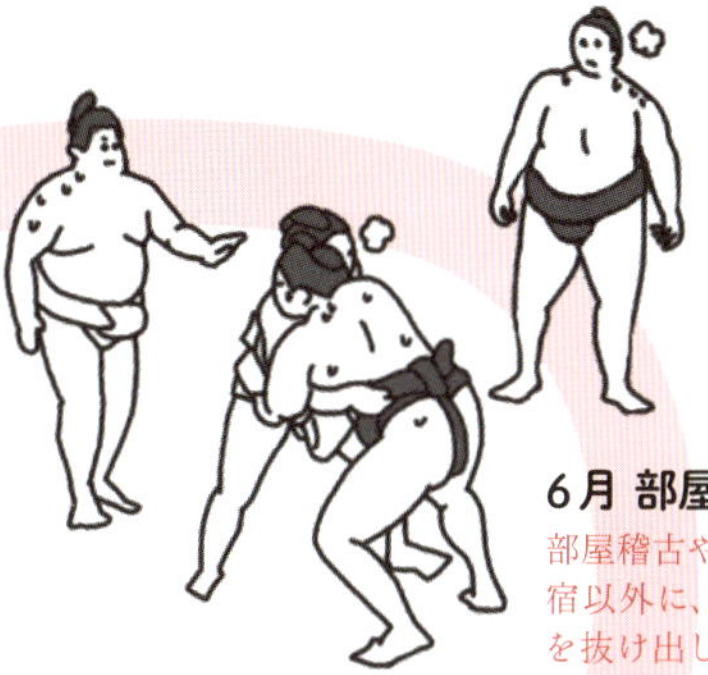

6月 部屋稽古

部屋稽古や地方での合宿以外に、梅雨の日本を抜け出し、海外巡業や海外公演が開催されることもあります。

7月 本場所
（七月場所・名古屋）

愛知県体育館が会場となる"名古屋場所"では、過去に5回も平幕（横綱・三役以外の幕内力士）力士が優勝しています。"下克上"を狙う力士に注目です。（48頁）

8月 夏巡業

涼を求めて北海道・東北の夏巡業へ。親方の出身地などで合宿を行う部屋もあります。

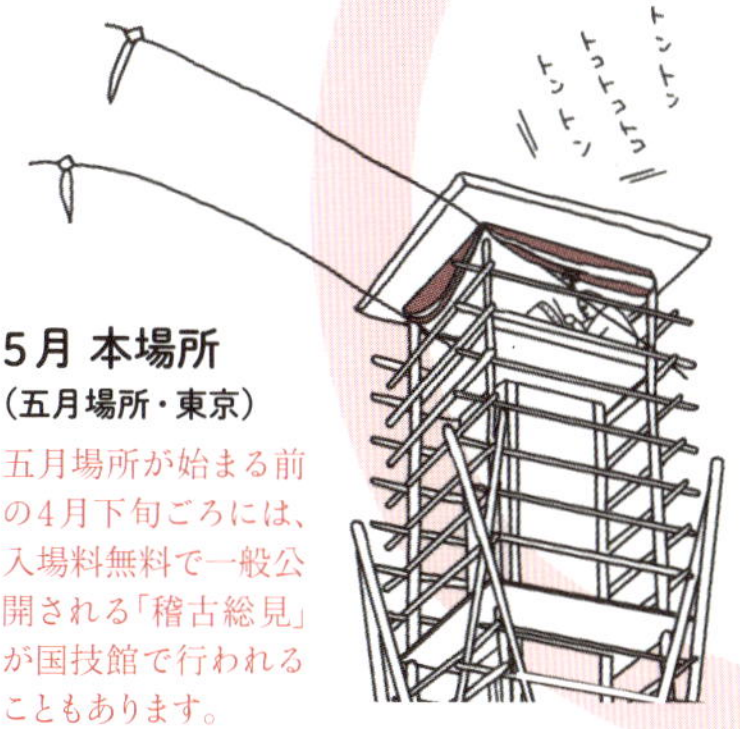

5月 本場所
（五月場所・東京）

五月場所が始まる前の4月下旬ごろには、入場料無料で一般公開される「稽古総見」が国技館で行われることもあります。

9月 本場所（九月場所・東京）

年内最後の"東京場所"は、夏の巡業や合宿で鍛えた成果も見どころのひとつ。一皮むけた力士の姿が見られるかもしれません。

10月 秋巡業

「明治神宮例祭奉祝・全日本力士選士権」などのイベント後に、力士たちは東海～中国地方の秋巡業へ向かいます。

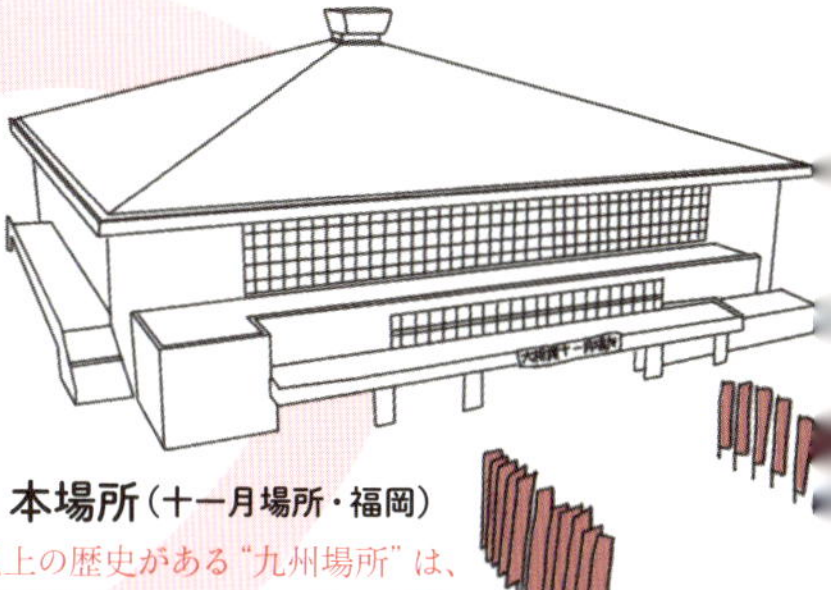

11月 本場所（十一月場所・福岡）

50年以上の歴史がある"九州場所"は、博多湾に面した福岡国際センターで開催されます。一年を締め括る最後の本場所です。（50頁）

12月 冬巡業

雪や寒さを逃れて、暖かい九州～沖縄地方の冬巡業へ。年末は各部屋で行われる餅つきもお楽しみのひとつ。

本場所の一日

新弟子からベテランまで、
全ての力士たちの
真剣勝負がここにあります。

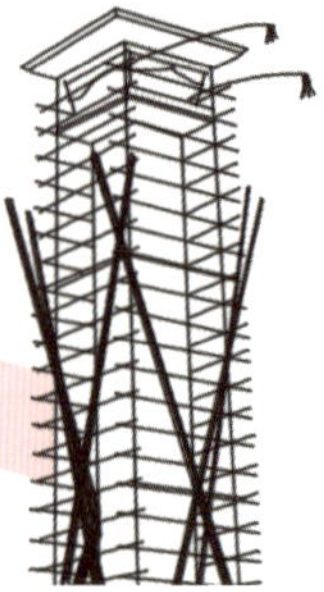

午前8時〜
寄せ太鼓、開場
開場を知らせる「寄せ太鼓」を、呼出が櫓《やぐら》の上で30分間にわたって打ち鳴らします。（52頁）

午前8時25分〜
前相撲
本場所の2〜3日目から開始。新弟子たちが、翌場所の序ノ口での番付の地位をかけて挑みます。（102頁）

午前8時35分〜
序ノ口〜幕下取組
序ノ口、序二段、三段目、幕下の順に取組が進められます。中日には幕下取組の後に、次の本場所から序ノ口に昇格する新弟子たちのお披露目「新序出世披露」が行われます。（102頁）

午後2時15分〜
十両土俵入り
色鮮やかな化粧廻しを身に着けた関取衆の登場に、場内は一段と盛り上がります。（14頁）

午後2時35分〜
十両取組
幕内昇進を狙う力士たちによる熱戦が、次々と繰り広げられます。

本場所は年に6回、原則として奇数月の第2日曜日〜第4日曜日の15日間にわたって開催され、1日目を「初日」、8日目を「中日《なかび》」、最終日の15日目を「千秋楽」と呼びます。十両以上は1日1番（取組の数は〜番と数える）で全15番、幕下以下は2日に1番のペースで全7番（例外的に8番まで取る場合もあり）の取組が組まれ、序ノ口〜幕内の各段で計6人の優勝力士を決めます。また、数ある相撲興行の中で唯一、成績に基づく番付の昇降や力士褒賞金（98頁）の加算が行われ、力士にとっては出世がかかった真剣勝負の場です。

午後3時55分～

横綱土俵入り

横綱の踏む四股に合わせて、場内に「ヨイショ！」の掛け声が響きます(16頁)。この後、10分前後の中入り(休憩時間)が入ります。

午後3時40分～

幕内土俵入り

前頭～大関による土俵入り。力士が土俵に上がる際には、大きな歓声や拍手が送られます。(14頁)

午後4時10分～

幕内取組

幕内最高優勝の栄冠を巡って、迫力いっぱいの取組が続きます。この後、千秋楽では「三役揃い踏み」が行われます。(18頁)

午後5時50分～

結びの一番

一日の最後に行われる取組を「結びの一番」といいます。貫録あふれる“横綱相撲”に期待しましょう。

午後5時55分～6時

弓取式・打ち出し

幕下以下の力士が行う「弓取式」で、本場所の一日が締めくくられます(24頁)。千秋楽には、この後に表彰式などが行われます。

*時間帯は目安です。
日や場所によって変更になる場合もあります。

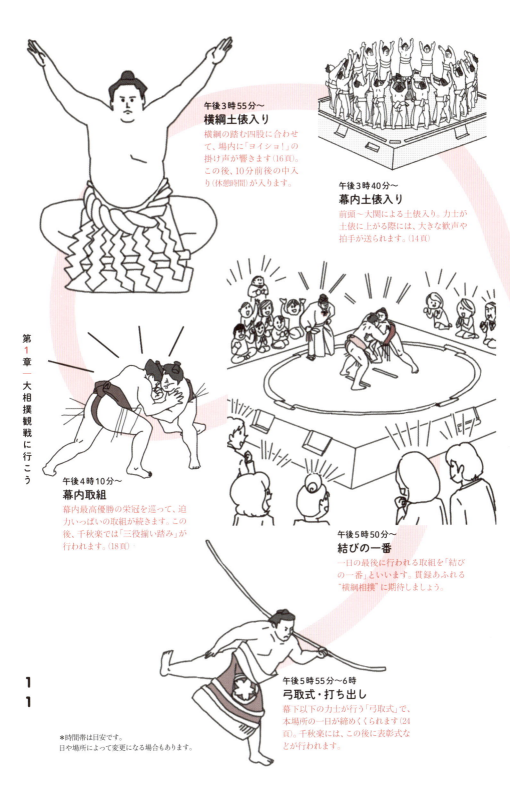

土俵上の所作

神聖な場で、
正々堂々の真剣勝負を
行うための礼儀です。

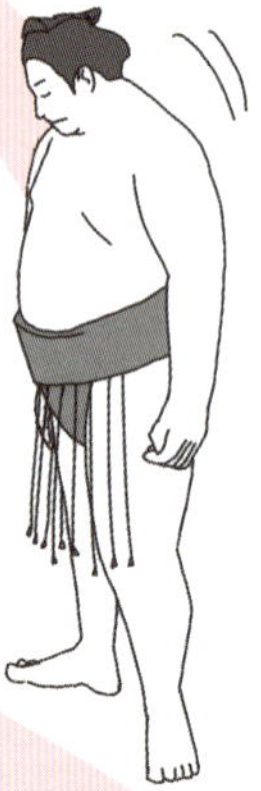

①

土俵に上がり、互いに一礼

四股名を呼び上げられた力士は、二字口《にじぐち》（土俵への上り口のこと、東西の徳俵のあたり）を上がって一礼をします。

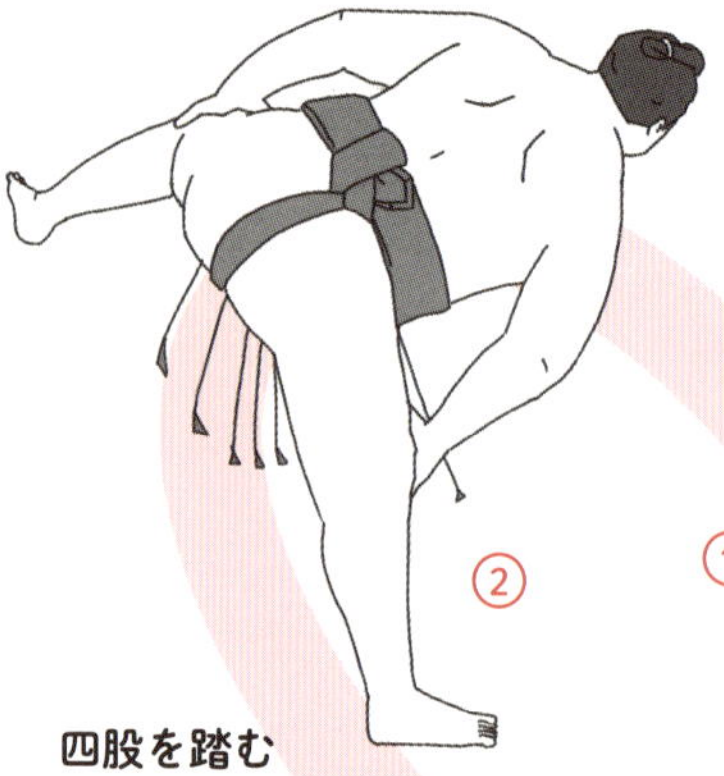

②

四股を踏む

次に東西の花道側に向かって、四股を踏みます。四股は地中の邪気を踏みしめる神事から始まったといわれています。

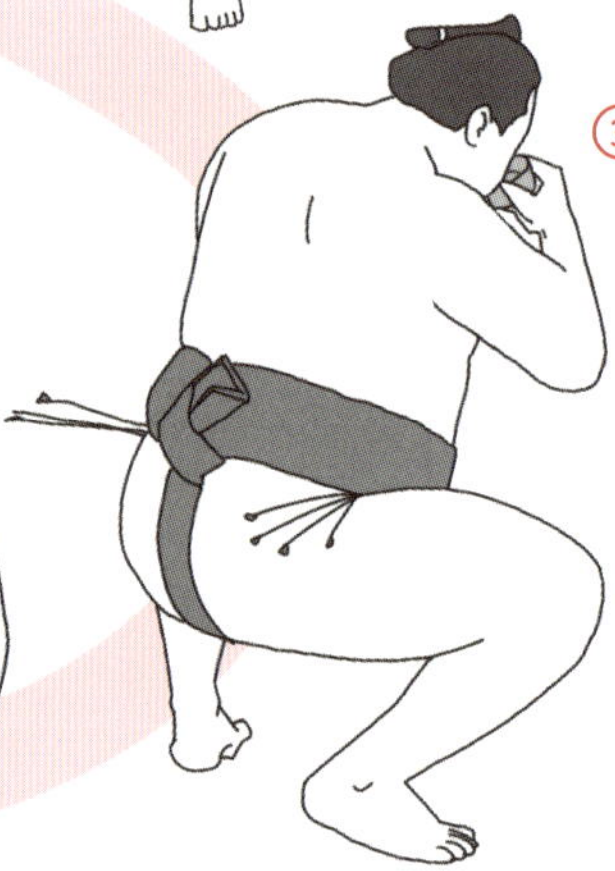

③

力水をつける

その後、力水で口をゆすぎ、身を清めます。力水をつけるのは十両以上の取組からで、原則として前の取組の勝ち力士、あるいは次の取組の控え力士が、ひしゃくの水を差し出します。

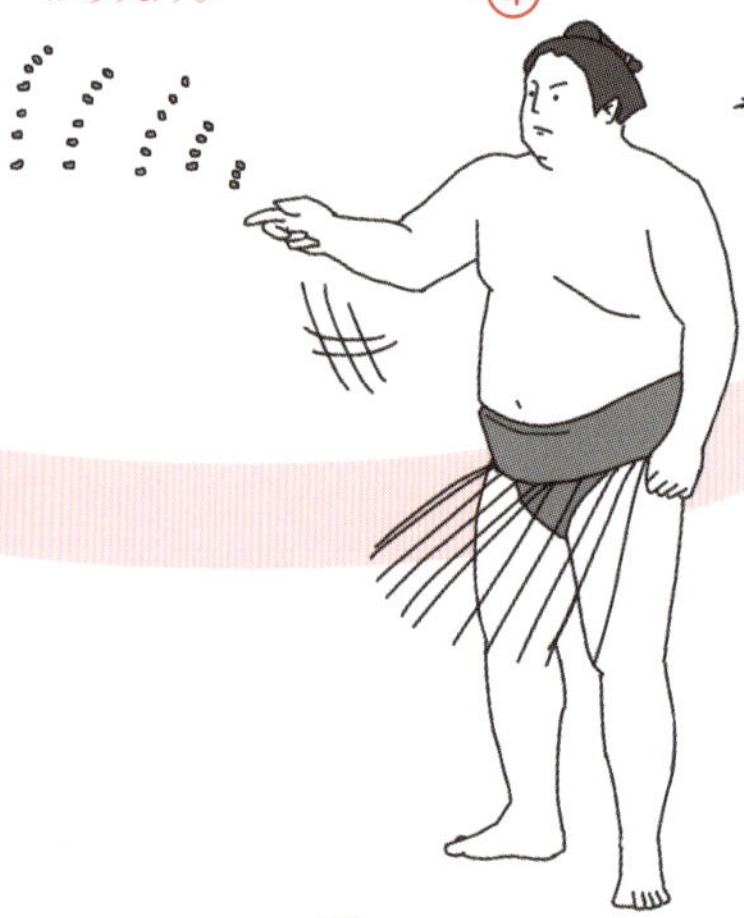

④

塩をまく

両者が立ち合う前に土俵に塩をまきますが、これは神聖な土俵を清め、ケガのないよう安全を祈る意味があります。

力士が土俵（32頁）に上がり相撲を取る前には、さまざまな決められた所作を行います。もともと相撲は五穀豊《ほう》穣《じょう》を願う儀式として行われていたとされ、所作の1つひとつに昔から言い伝えられてきた意味があります。それが伝統文化として今日まで受け継がれてきました。土俵上で見られる美しく勇ましい力士の所作も、大相撲の魅力のひとつといえるでしょう。

⑦

仕切り

一連の所作が終わり、いよいよ取組がスタート。仕切りで両力士の息が合わなければ、塩まきから仕切りまでを繰り返し、制限時間内に両力士のタイミングで取組が始まります。(62頁)

⑥

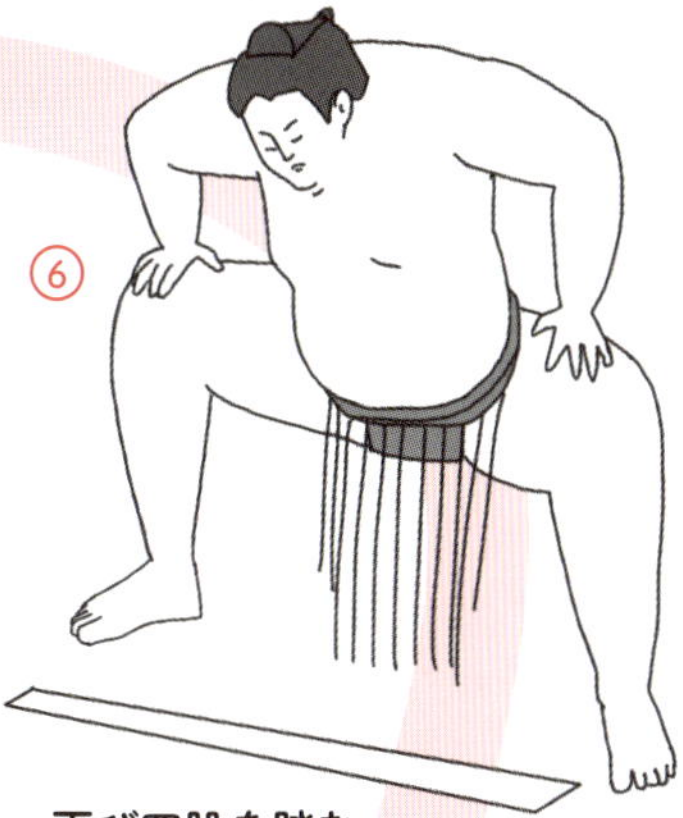

再び四股を踏む

仕切り線まで進み、四股を踏みます。

⑧

軍配が上がり、勝ち名乗りを受け、一礼

取組の勝敗が決まった瞬間、行司(130頁)が勝ち力士の方へ軍配を指し伸ばし、勝者を明らかにすることを「軍配が上がる」といいます。また行司が勝ち力士の四股名を呼び上げることを、「勝ち名乗り」といい、これを受けた力士は一礼してから、土俵を下ります。

⑤

蹲踞《そんきょ》・柏手《かしわで》・塵手水《ちりちょうず》

蹲踞をして柏手・塵手水の順に行います。

蹲踞…相手や土俵に対する敬いの気持ちを姿勢で示したもの。背筋を直立に伸ばした状態のまま、腰を深く下ろし、両膝を開き、つま先立ちした姿勢が、蹲踞です。

塵手水…蹲踞をしながら両手のひらで揉み手をしてから柏手を打ち、手のひらを上に向けて両腕を左右に大きく広げ、肩の高さのあたりで手のひらを下に向けて返す所作を塵手水といいます。野外で取組を行う際に、水の代わりに草で手を清めたことが由来とされ、武器を持っていないことを表す意味もあります。

⑨

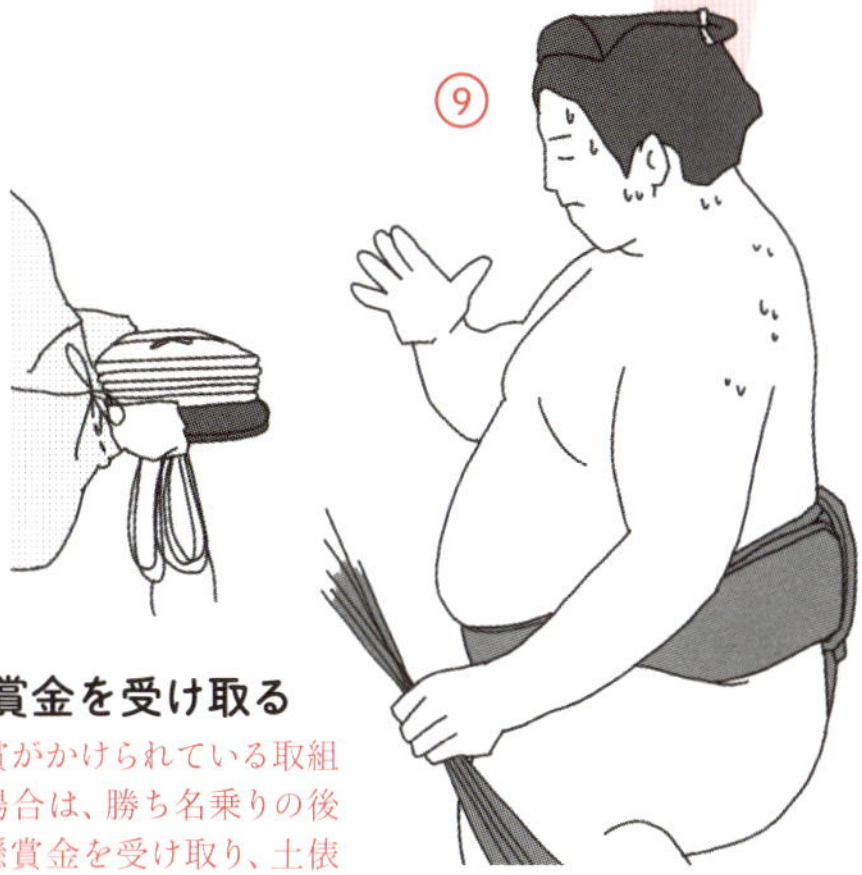

懸賞金を受け取る

懸賞がかけられている取組の場合は、勝ち名乗りの後に懸賞金を受け取り、土俵を去ります。(96頁)

十両・幕内土俵入り

どすこい、
地を清めるのだ、どすこい、
僕たちの顔も
覚えてくださいね

十両以上の力士が取組の前に行う「土俵入り」は、観客への顔見世披露のほかに、地の邪気を払い清める意味が込められています。十両・幕内土俵入りで見られる、柏手を打ち、右手を挙げ、化粧廻し（118頁）を持ち上げ、両手を挙げるという動作は、横綱土俵入り（16頁）の塵を切る（塵手水《ちりちょうず》）・せり上がる・四股を踏むといった所作を簡略化したものです。江戸時代など、幕内力士が少なかったころは全員が四股を踏んだりしていましたが、人数が増えて難しくなったことから、現在の一連の動作が取られるようになりました。

土俵入り後に化粧廻しから締込《しめこみ》（118頁）に着替える時間が必要になるため、十両は、幕下の取組終了の5番前に、前頭～大関による幕内土俵入りは十両の取組終了後に行われます。奇数日は東方から、偶数日は西方から先に、行司に続いて番付の低い力士から順に登場します。各力士が東西のどちらから入場するかは本場所の番付ではなく、その日の取組でどちら側から上がるかによって変わります。

十両・幕内土俵入りの流れ

①

行司に先導され、花道から力士たちが入場します。四股名・出身地・所属部屋を呼び上げる場内アナウンスに合わせて、二《に》字口《じぐち》から土俵に上がります。

②

勝負俵・徳俵(32頁)の外側に沿って、左回りにゆっくりと歩きます。所定の位置についたら、観客に顔がよく見えるよう、土俵を背にして立ちます。

③

しんがりの力士は「シー」という声を掛けます。これは、不敬の行為をしないようにと観客に警告する「警蹕《けいひつ》」という所作です。

④

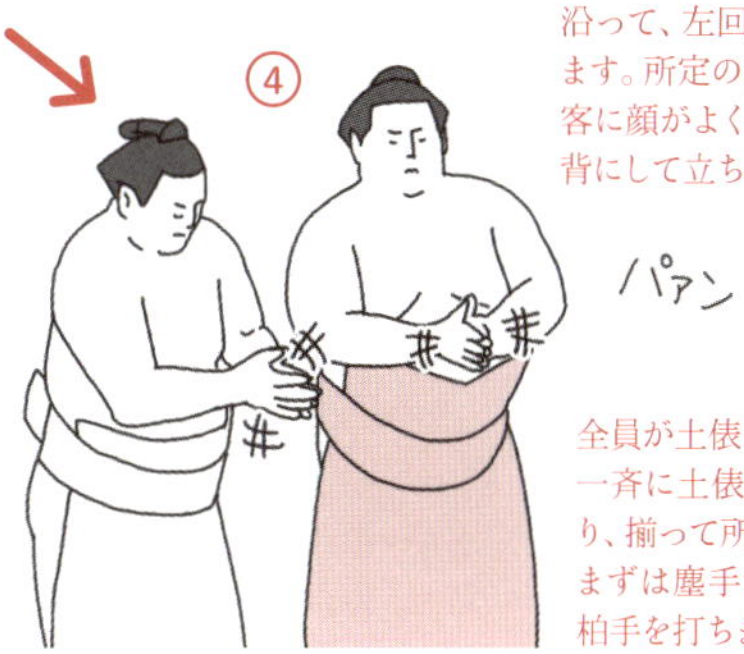

全員が土俵に上がったら、一斉に土俵中央に向き直り、揃って所作を始めます。まずは塵手水を簡略した柏手を打ちます。

⑤

次に右手を挙げ、続いて、四股踏みの代わりに両手で化粧廻しの端を持ち上げます。

⑥

最後に両手を高々と挙げる動作は、「武器は持っていません」ということと四股が終了したことを意味します。

横綱土俵入り

最高位力士の威厳溢れる舞台

本場所や巡業では、幕内土俵入りに続いて「横綱土俵入り」が行われます。2人横綱の場合奇数日は東方、偶数日は西方が先に行いますが、横綱が3人以上いる場合は番付に基づいて日替わりでローテーションします。土俵への入場は呼出、行司、露払い、横綱、太刀持ちの順です。

横綱土俵入りには「雲龍《うんりゅう》型」と「不知火《しらぬい》型」の2種類があります。古くは横綱各々のスタイルで行われていましたが、第10代横綱雲龍と第11代横綱不知火の土俵入りが美しかったことからその型と呼称が継承され（諸説あり）、それぞれ第20代横綱梅ヶ谷と第22代横綱太刀山によって型が確立されました。どちらの型にするかは、横綱昇進後に本人が部屋の師匠と相談して決めますが、これまでは雲龍型が数で大きく上回っています。また出羽海・高砂・時津風一門（110頁）の多くは、雲龍型を選択しています。

露払いと太刀持ちは、横綱と同部屋でより上位の幕内力士（大関以外）が務めますが、部屋に幕内力士がいない場合は、同じ一門の中から選ばれます。

横綱土俵入りの所作

まず二字口《にじぐち》を上がったところで柏手を打ち、塵を切って(塵手水《ちりちょうず》)中央へ進みます。正面を向いて柏手、四股を踏んだ後、雲龍型または不知火型の所作でせり上がります。右、左の順で四股を踏み、土俵際に戻って柏手、塵を切り退場、が一連の流れです。

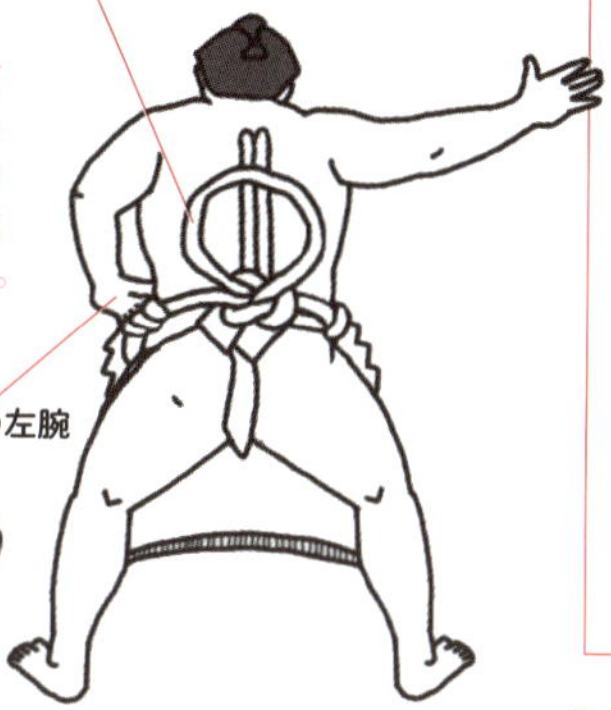

綱の輪はひとつ
守りの左腕

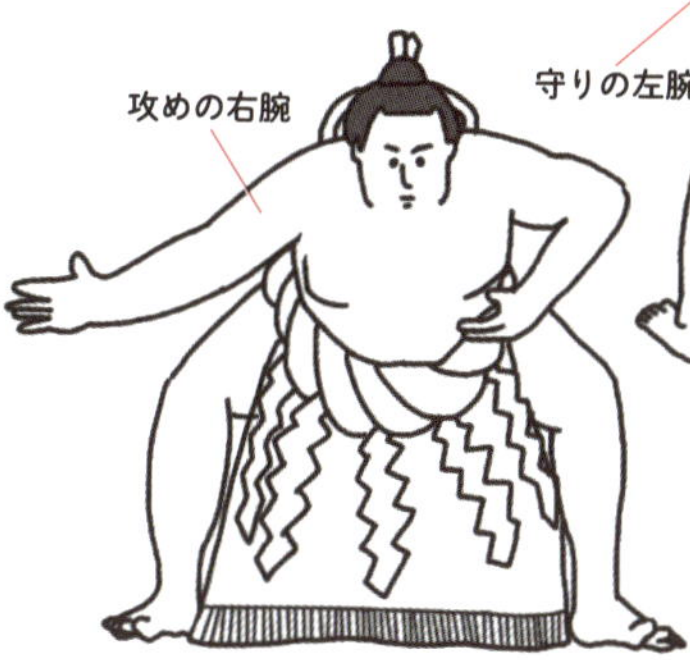

攻めの右腕

雲龍型

左腕を曲げて脇腹に当て、右腕を前方へ広げてせり上がります。左腕は守りを、右腕は攻めを表すといわれています。千代の富士、貴乃花、鶴竜らが同型。

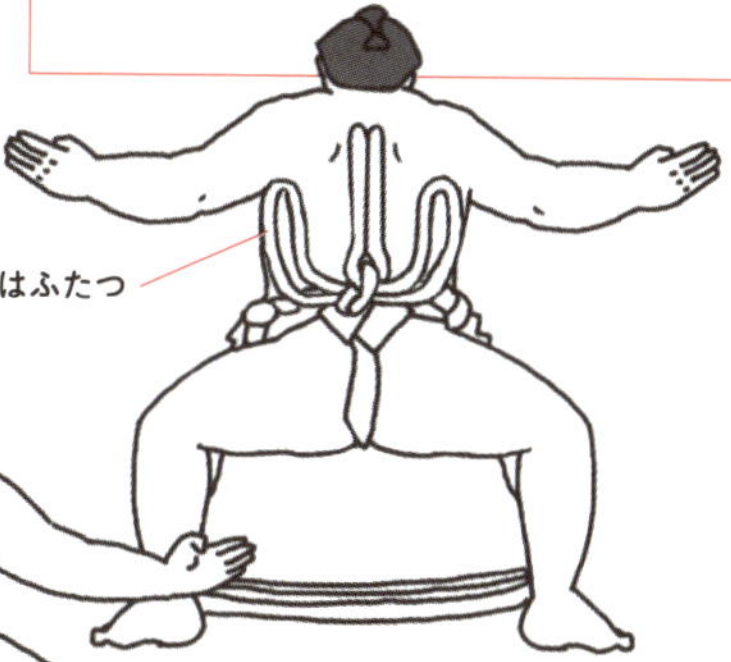

綱の輪はふたつ

不知火型

腰を割って両腕を外側に大きく広げてせり上がる“攻撃本位”の型とされています。第3代若乃花や白鵬、日馬富士などが同型です。

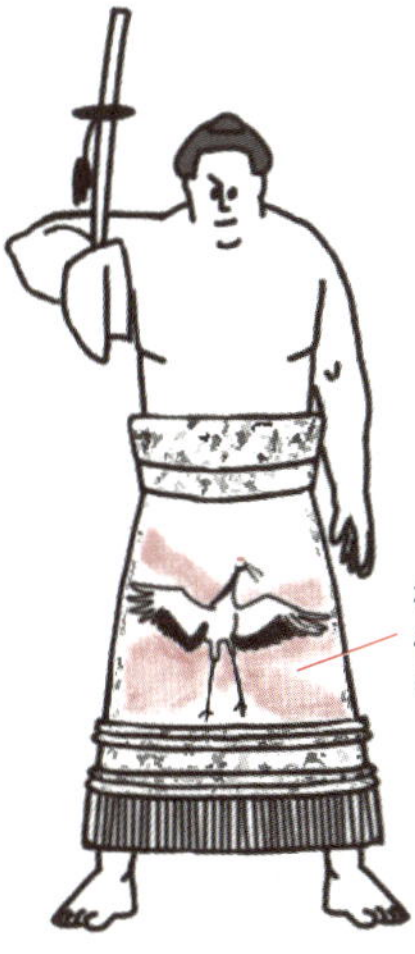

太刀持ち

横綱を外敵から守る役割で、露払いよりも格上の力士が務めるのが慣例。横綱の右手に控え、太刀を持つ右腕は肩と水平になるように外側に張って、蹲踞《そんきょ》します。

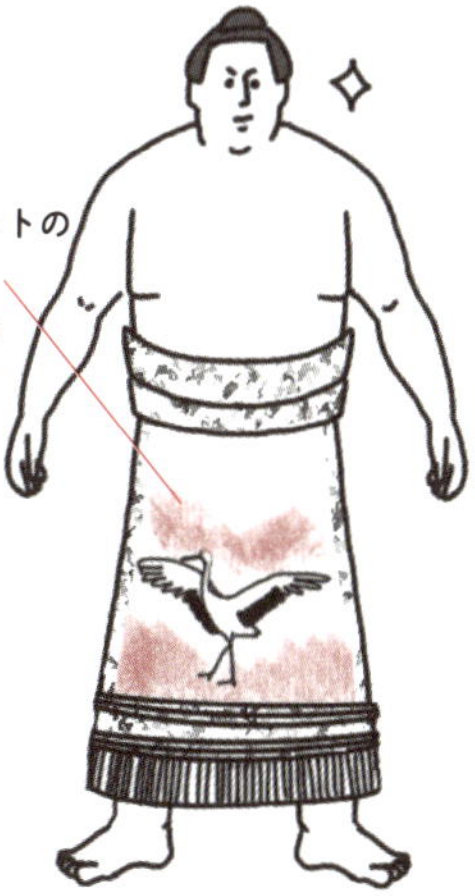

横綱とセットの
化粧廻し
「三つ揃え」

露払い

太刀持ちともども、横綱の化粧廻し(118頁)とセットの「三つ揃え」を着用。入退場時には先導役として横綱の前を歩いて道を開き、土俵上では横綱の左手に控えます。太刀持ちの力士と対戦が組まれた日は、どちらかが別の力士と交代して務めます。

横綱

横綱が土俵入りで締める綱のことも、「横綱」といいます。最も優れた大関だけが締めることを許されていた「白麻で編んだ太いしめ縄」が語源。長さは4～5m、重さは10kg前後で、年に3回、東京の本場所前に、横綱の所属部屋の力士たちが総出で綱打ち(新しく綱を作ること)を行います。

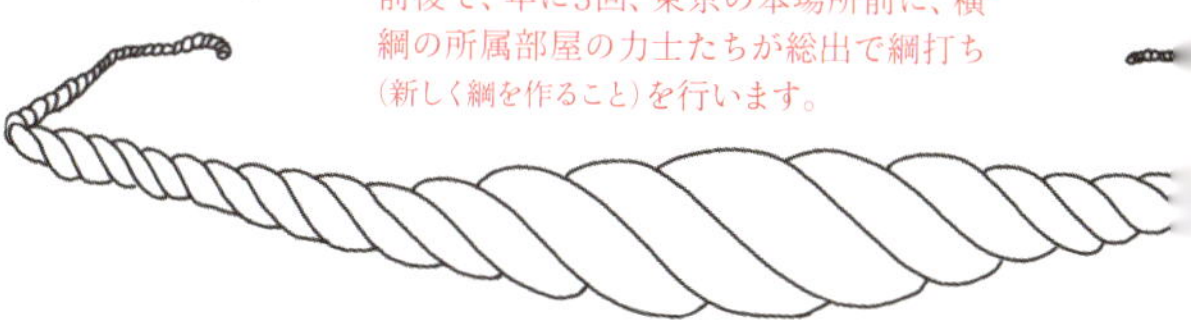

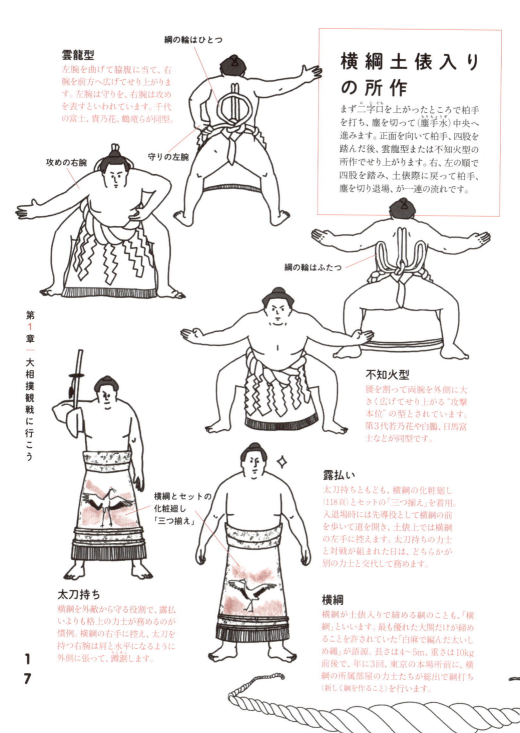

優勝をかけた
真剣勝負と式典で
大わらわの最終日

千秋楽の行事

興行最終日のことを「千秋楽」または「楽日」などといいます。本場所の千秋楽では優勝力士の表彰式などが行われるため、取組は普段よりも約30分早く進行します。通常、十両の取組終了後に十両以下の各段優勝者の表彰式が開かれますが、同点者がいる場合はその前に優勝決定戦が行われます。

その後幕内力士の取組が行われ、結びの一番が終わると、幕内に同点者がいる場合は約10分間の休憩を挟んで、優勝決定戦を行います。優勝者は、当日は西方であっても優勝決定後は東方の支度部屋《したくべや》（38頁）に移り、部屋の一番奥で髷《まげ》を結い直して表彰式に臨みます。表彰式後は、東支度部屋で賜盃を抱いた幕内優勝者と後援者が万歳三唱をし、記念撮影。その後優勝パレードへ向かいます。

また千秋楽の午後1時からは記者クラブで三賞選考委員会が開かれます（94頁）。三賞受賞者は取組終了後も支度部屋で待機し、表彰式に備えます。表彰式を終えた土俵上では、出世力士手打ち式と神送りの儀（102頁）が行われて場所を締めくくります。

千秋楽でしか見られない行事

このほかに、出世力士手打ち式や神送りの儀(102頁)が行われます。

三役揃い踏み

三役とはもともと大関(結び)、関脇(結び前)、小結(結び2番前)のことを指し、明治時代に横綱が地位として明文化されるまでの名残でもあります。揃い踏みは東西で並びかたが変わり、千秋楽・結びの一番のふたつ前の取組直前に、「これより三役」となり、これから取組を行う東西各3人の力士が土俵に上がり、揃って四股を踏む「揃い踏み」を行います。勝ち力士には弓(結び)、弦(結び前)、矢(結び2番前)が与えられますが、これは平安時代の相撲節会《すまいのせちえ》が起源ともいわれています。

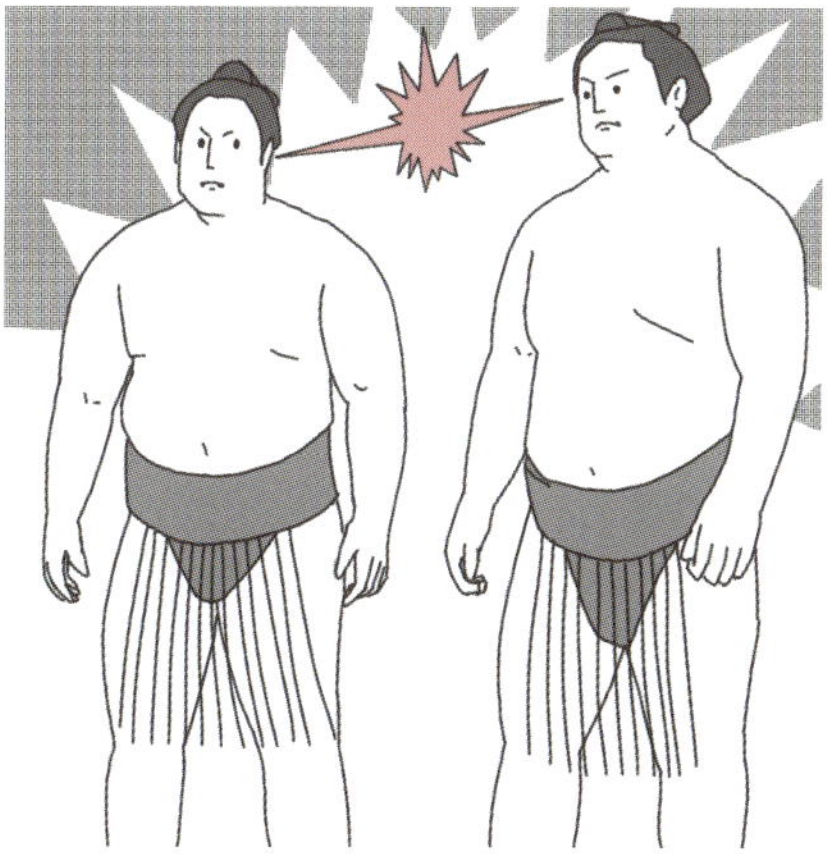

優勝決定戦

優勝決定戦は本割(前もって編成された取組のこと)ではないので、同部屋同士でも対戦します。同点者が3人いる場合は巴戦《ともえせん》といい、くじ引きで最初に土俵に上がる2力士を決めます。その勝者が残りの1人と対戦し、2連勝した力士が優勝となります。6人の場合は2人ずつ決定戦を行い最後が巴戦になり、同点者が4人、7人(1人が不戦勝となる)、8人の場合は巴戦にはなりません。

表彰式

全取組終了後に行われる表彰式では、幕内優勝者に天皇賜盃と、協会からは優勝旗が授与されます。そのほか、内閣総理大臣賞をはじめ、さまざまな賞を授けられます。幕内優勝者の表彰後は、三賞受賞力士の表彰が行われ、トロフィーと賞状が贈られます。

巡業の一日

稽古も取組も初っ切りも！
相撲の魅力が
満載の一日です。

本場所終了後やその翌月に、年に4回行われる興業が地方巡業です。4月の「春巡業」は近畿から東海・関東、8月の「夏巡業」は北海道・東北、10月の「秋巡業」は東海から近畿・中国、そして12月の「冬巡業」は九州・沖縄地方を約1か月間にわたってまわり、それぞれ十数か所の地域で開催されます。

巡業では、幕下から十両・幕内力士による公開稽古をはじめ、関取衆のサイン会や子ども稽古など、人気力士と間近で触れ合える機会がたくさん用意されています。

午前8時

開場

午前8時、会場の外で呼出が打つ「寄せ太鼓」の響きとともに、地方巡業の一日がスタートします。（52頁）

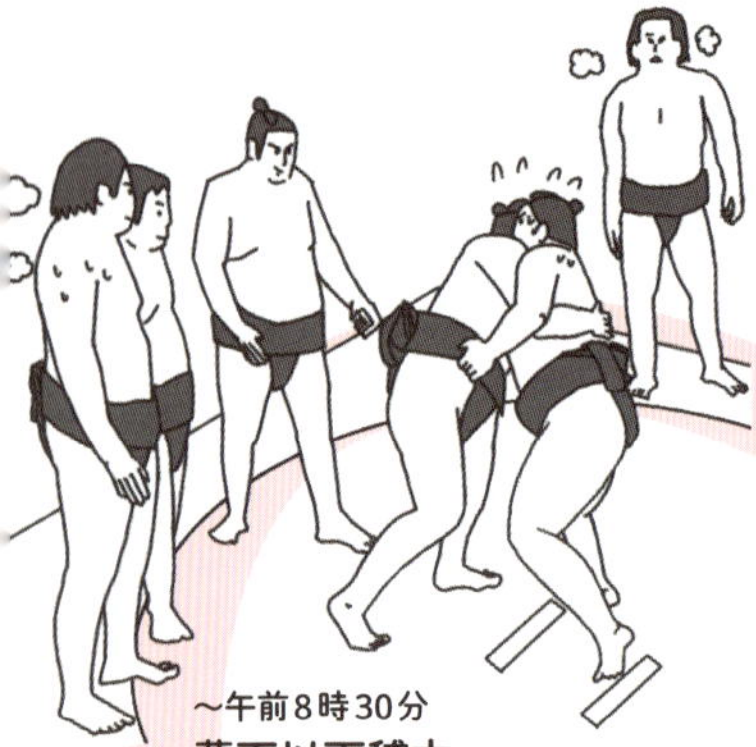

～午前8時30分

幕下以下稽古

朝一番に始まるのが、幕下以下の若い力士たちの稽古です。次代の相撲界を背負って立つ、“未来の横綱”を探してみましょう。

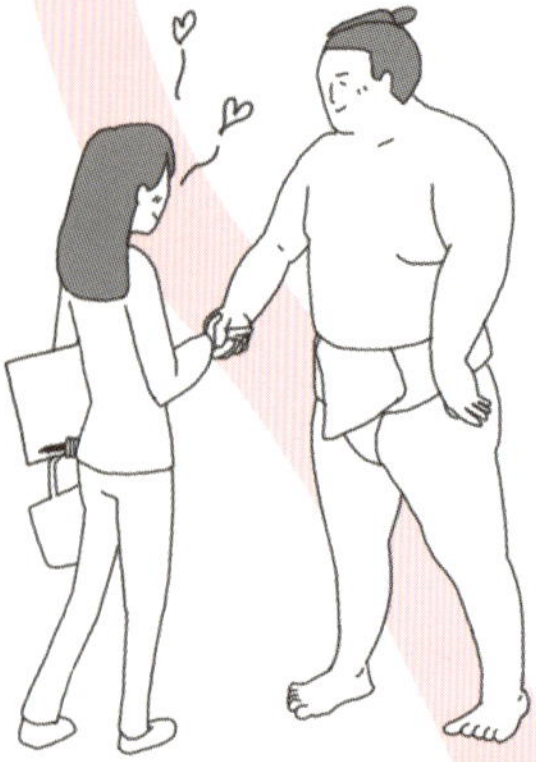

午前8時～9時

握手会

幕下以下の公開稽古中には、関取衆がサインや握手に応じてくれます。普段は見られない人気力士たちの素顔に触れる大チャンス！

午前8時30分～10時30分

十両・幕内稽古

十両・幕内力士の稽古では、横綱・大関陣が所属部屋の垣根を越えて、期待の関取に胸を貸すシーンも見ものです。

午前10時45分〜11時

相撲講座

相撲のしきたりや作法、相撲用語の意味などについて、親方衆が土俵上から観客に向けて分かりやすく解説してくれます。

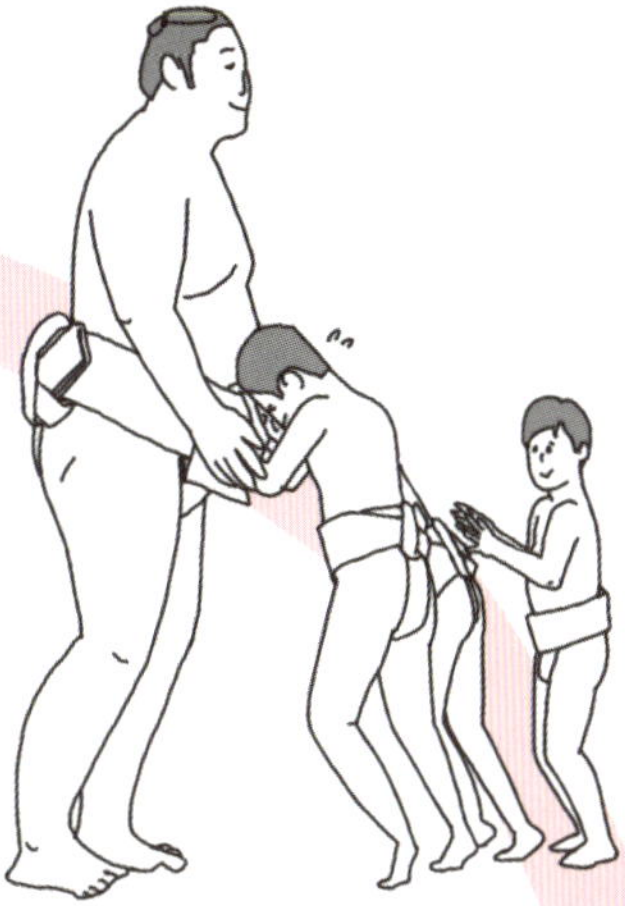

午前10時30分〜10時45分

子ども稽古

地元の子どもたちが、憧れの力士に稽古をつけてもらえるという夢のような体験。きっと一生の思い出になることでしょう。

午前11時〜

幕下以下の取組や催し物など

幕下力士の取組の合間には、初《しょ》っ切《き》りや相撲甚《じん》句《く》、太鼓打ち分け、横綱の綱締め実演などの「お好み」(催し物)も行われます。

午後12時30分、1時30分

土俵入り

「お相撲さんに抱っこされると元気に育つ」という言い伝えから、巡業の土俵入りでは地元の赤ちゃんを抱いて入場する力士も多くいます。横綱の土俵入りも行われます。

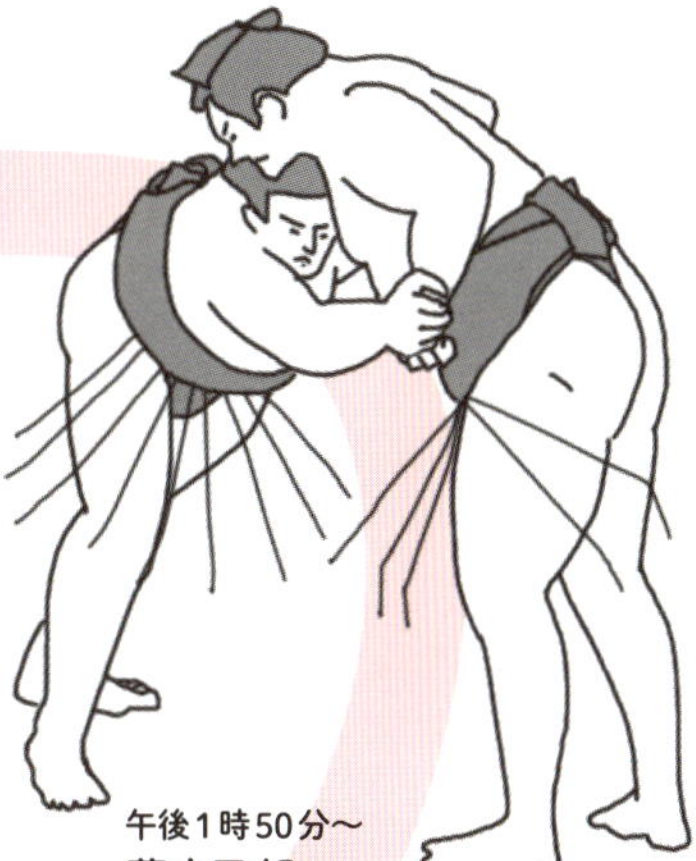

午後1時50分〜

幕内取組

いよいよ、お待ちかねの幕内力士による取組が開始。本場所さながらの真剣勝負は迫力満点です。

午後3時

弓取式・打ち出し

本場所同様、弓取式をもって打ち出しに(24頁)。力士、関係者一同は早々にバスに乗り込み、次の巡業地へ移動します。

*時間帯・内容は一例です。日や場所によって異なる場合もあります。

花相撲

勝つか負けるかではない、楽しむが勝ち！

勝敗が番付や給金（98頁）と関係のない相撲や興行のことを「花相撲」といいます。地方巡業やトーナメント相撲、慈善相撲、神社仏閣で行われる奉納相撲、引退相撲などがこれにあたり、本場所興行のない期間に開催されます。

花相撲という呼称の由来は、奈良〜平安時代までさかのぼります。当時の宮中行事のひとつであった相撲節《すまいのせち》会《え》では、東の力士が勝った際は葵《あおい》の花、西の力士が勝った際には夕顔の花を自分の髪に差して退場していました。このように、褒賞として、木戸銭ではなく祝儀（花）を受け取っていたことから、「花」相撲と呼ばれるようになったといわれています。

花相撲のお楽しみといえば、取組の合間に披露される余興の数々です。2人の力士が相撲の禁じ手をコミカルに演じる「初《しょ》っ切《き》り」や、のど自慢の力士による「相撲甚《じん》句《く》」、人気力士の髪結いや横綱の綱締め実演などなど。真剣勝負の本場所とは、また違った趣向で相撲の魅力に触れられます。

花相撲で見られる余興

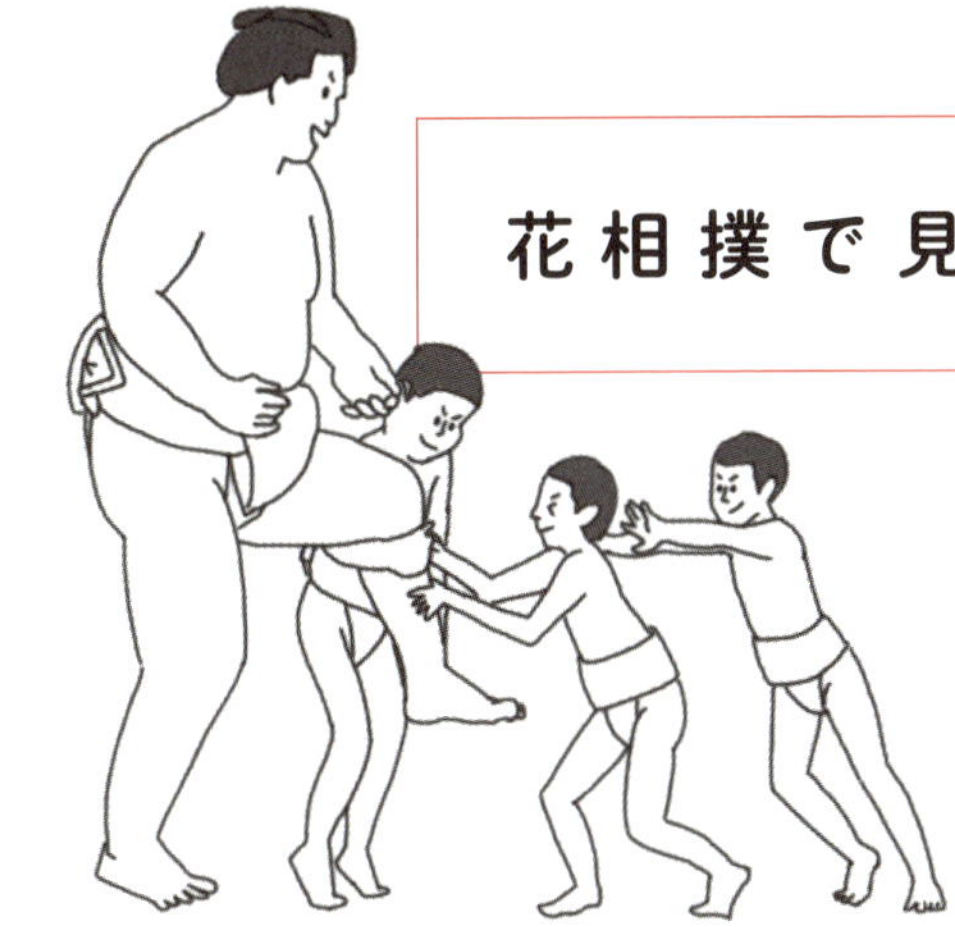

子ども稽古

巡業先の出身力士を中心に、毎回4～5人の力士が参加します。地元のちびっこたちがいとも簡単にはね飛ばされたり、担ぎ上げられたりする姿に、会場全体が大きな拍手と笑いに包まれます。

初っ切り

幕下以下の力士がコント仕立ての対戦形式で、決まり手や禁じ手を面白おかしく紹介。プロレス技なども飛び出す、爆笑パフォーマンスの連続です。

櫓《やぐら》太鼓打ち分け

開場を知らせる「寄せ太鼓」や来場者への感謝と再訪を願う「跳《は》ね太鼓」など、さまざまな意味合いや打ち方のある櫓太鼓の打ち分けが、呼出によって披露されます。(52頁)

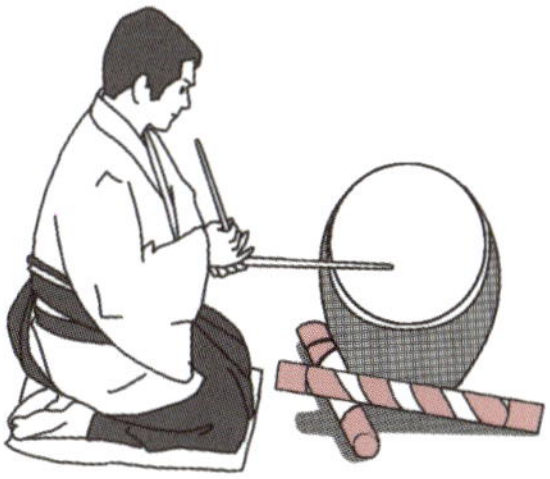

相撲甚句

相撲甚句とは、巡業地の名所や力士にちなむ七五調の歌詞で構成された、江戸時代から続く民謡の一種です。5～7人の力士が円になって声を掛け、1人がその中央で歌います。

横綱の綱締め実演

付け人(129頁)や幕下力士6～7人がかりで行われる、横綱土俵入りで着ける綱の締めかたを実演します。"横綱"の由来や、雲龍型と不知火型の違いなどの解説もあります。

髷結い実演

力士の髷《まげ》を結うのは床山の仕事。床山の見事な櫛《くし》さばきによって、ちょんまげからみるみるうちに美しい大銀杏《おおいちょう》ができ上がります。鬢《びん》付け油の心地よい香りも楽しんで。(138頁)

引退相撲断髪式

引退する力士の髷に、家族や恩人、友人、後援者ら数十人が少しずつはさみを入れ、最後に部屋の師匠が「止めばさみ」として髷を切り落とす儀式です。力士は紋付羽織袴姿で土俵中央に着席し、ここで力士生活に別れを告げます。

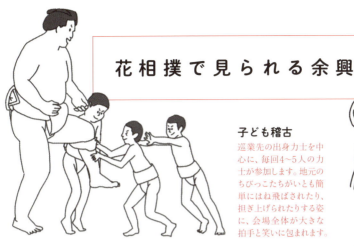

今日はこれでおしまい！大きく弓を振る勇ましい力士がお見送りです。

弓取式

「弓取式」は本場所や巡業で結びの一番が終わった後に、その勝者に代わって下位の力士が弓を大きく振る儀式です。平安時代の相撲節会《すまいのせちえ》で勝った力士への褒美として与えられた弓矢と弦を、立会《たちあわせ》役（現在の行司にあたる）が背負って舞を演じたことが始まりとされ、現在の弓取式は江戸時代の横綱谷風が上覧相撲の際に行った所作が原型といわれています。弓取式は千秋楽にのみ行われていましたが、昭和27（1952）年から、現在のように毎日行われるようになりました。

弓取は横綱（不在の場合は大関）と同部屋の幕下以下の力士が務め、弓取式のときは大銀杏《おおいちょう》（138頁）を結い、化粧廻し（118頁）を着けることが許されます。結びの一番の間は向正面に控え、東の力士が勝つと東から、西の力士が勝つと西から土俵に上がり、一日の最後を飾ります。

弓を落としたときは、手を使わずに足で拾い上げ、土俵に手がつかないようにします。

観戦チケットの取りかた

江戸時代行きの切符を手に入れるのだ。

本場所のチケットは、初日の約2か月前に先行抽選申し込みの受け付けが、約1か月前に前売り券の一般販売が開始されます（七月場所のみ発売時期が早まる）。座席は2階椅子席の一部を除いて、全て指定席です。おもなチケット取扱所は、国技館切符売場、相撲案内所（144頁）のほか、「チケット大相撲」、「チケットぴあ」などの各プレイガイドがあります。

購入方法は、国技館やプレイガイドの窓口に直接出向く以外に、電話やインターネット、コンビニ店頭の端末からでも購入可能です。ただし、取扱所によって購入できる席種（36頁）や購入方法は異なるので、事前に確認しましょう。

なお、国技館の窓口では一般販売前日の午前7時から番号入りの整理券が配付され、翌日午前9時から番号順に座席指定で購入することができます。

ちなみに、国技館1階ボックス席のチケットは相撲案内所でしか取り扱っていません。また、15日間の通し券を除く2階の自由席は、当日券のみの販売です。（2016年現在）

2
大相撲の舞台徹底解剖

両国国技館

JR両国駅西口改札を抜けるとそこは、大相撲の聖地であった。

屋根頂部の頭飾り
この部分が開閉可能です。（40頁）

初代の国技館は明治42（1909）年、大相撲の起源である勧進相撲が興行されていた両国の回向院《えこういん》の境内に開館しました。火災や関東大震災による焼失・再建を経て、戦後は進駐軍に接収されたため、昭和25（1950）年一月場所以降は蔵前に移転した国技館で本場所が行われていました。現在の両国国技館は昭和59年11月30日に完成し、翌年一月場所から使用されています。

地上3階・地下2階建ての館内各所には、過去の教訓を生かし、さまざまな防災

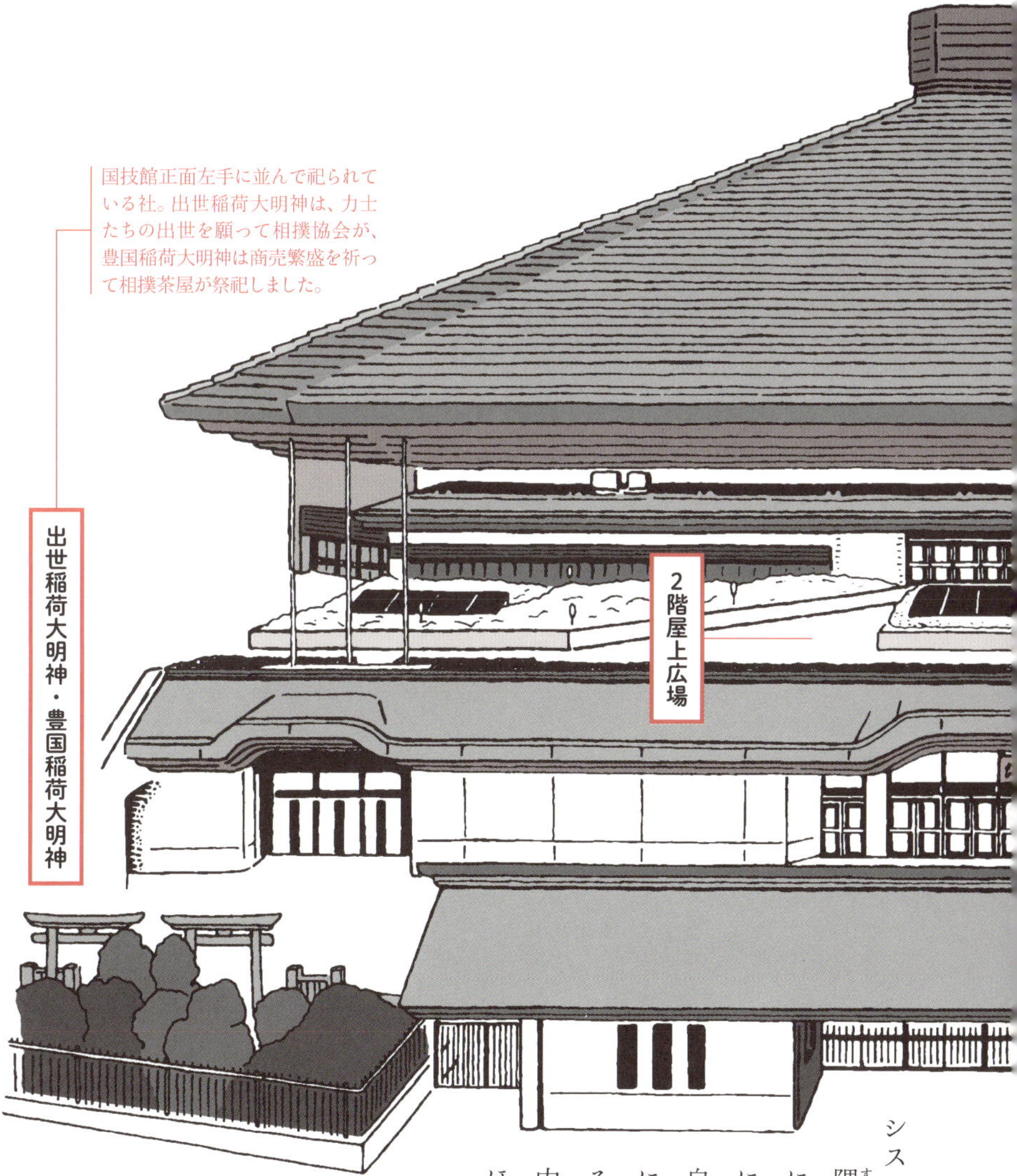
国技館正面左手に並んで祀られている社。出世稲荷大明神は、力士たちの出世を願って相撲協会が、豊国稲荷大明神は商売繁盛を祈って相撲茶屋が祭祀しました。
出世稲荷大明神・豊国稲荷大明神
2階屋上広場

システムが導入されています。隅切方形《すみきりほうぎょう》の大屋根の頂部にある金色の「頭飾り」には、8分割で開閉する自然排煙口を設置。屋根に降った雨水は地下にある雨水槽に貯留され、館内の雑用水に利用されるほか、非常時には生活用水として活用されます。

2階の「屋上広場」は災害時の避難場所・経路としても機能するなど、実は地域に貢献する建物でもあるのです。

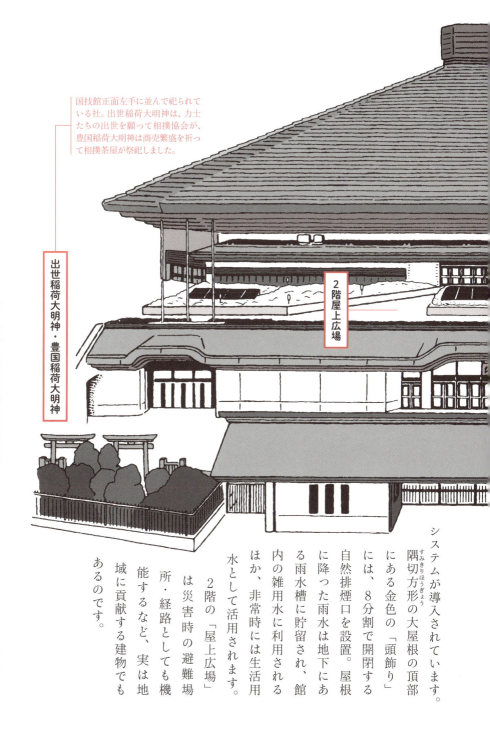

国技館の内観

大鉄傘《だいてっさん》の天井の下、すり鉢状の観客席。その中央に神聖な土俵があります。

両国国技館の場内中央には1辺6.7mの土俵が鎮座し、その上から伊勢神宮などと同じ神明造《しんめいづくり》の「屋形」がつられています（32頁）。そのまわりをぐるりと取り囲むようにして、約1万1000人を収容する観客席が配置されています。

1階の土俵に近い場所から順に溜席《たまりせき》（砂かぶり）、枡席《ますせき》、ボックス席があり、2階は全て椅子席です（36頁）。

相撲以外のスポーツの試合、各種コンサートなどのイベント会場としても利用しやすいよう、いくつかの設備は可動式になっています。エレベーター式の土俵は上下して床下に、一部の枡

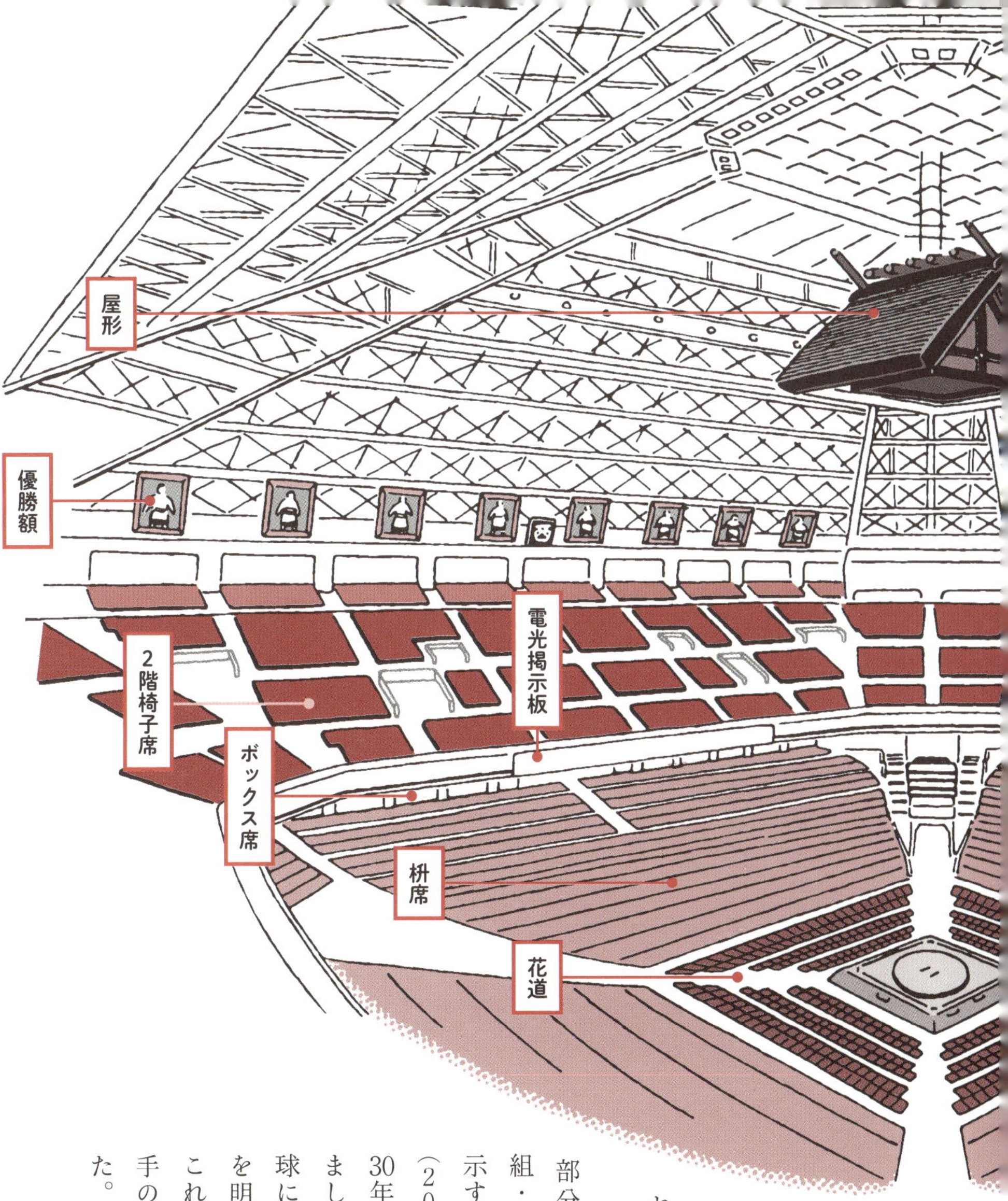

席と階段は奥にスライドして枡席の下に収納できます。ワイヤーでつられている屋形は、天井近くまでつり上げられるようになっています。

東と西の2階席の最前列部分に設置されている、取組・勝敗・決まり手などを表示する電光掲示板は、平成27（2015）年九月場所より約30年ぶりにリニューアルされました。照明部分をLED電球に、決まり手の文字の書体を明朝体系から相撲字に変更。これまで77種類だった決まり手の表示が92種類に増えました。

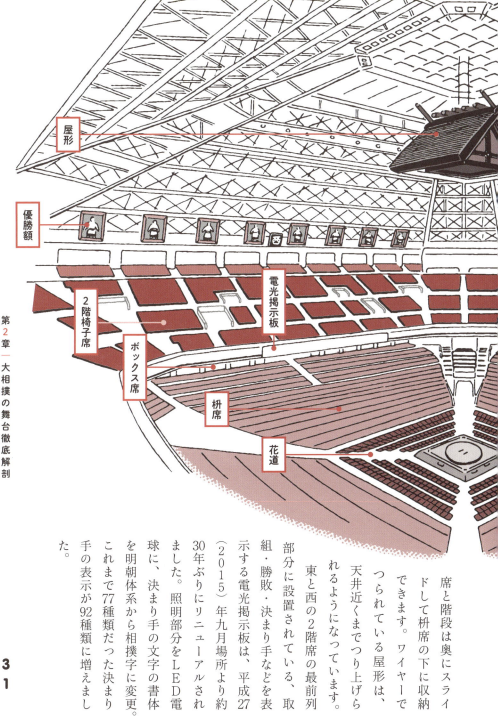

国技・相撲の舞台は、神聖で伝統的な場所です。

屋形と土俵

6.7m四方、高さ60cmほどに土を盛って造られた「土俵」には、計66個の俵が使用されています。16の俵を使った直径4・55mの円形の勝負俵のほかに、角俵、上げ俵、徳俵、踏み俵などがあります。江戸時代初期までは、見物人が取り囲んだ「人方《ひとかた》屋《や》」と呼ばれる人垣の中で相撲を取っていましたが、ケガ人が出るなど危険が伴ったことから、土俵が造られるようになりました。

屋形が現在のようなつり屋根式になったのは、昭和27（1952）年九月場所から。翌年に始まるテレビ中継を前に、取組がより見やすいようにと、屋根を支えていた4本の柱を撤去し、つり下げる形になりました。また柱に巻き付けられていた青（緑）・赤・白・黒の4色の布の代わりに、同色の房を下げるようになりました。

水引幕

桜の紋章が描かれた紫色の幕。相撲は古来、地鎮・鎮魂の奉納神事でもあったため、水引幕がつり屋根に取り付けられています。

房

長さ約2.3m、太さ70cm、重さ25kgの4色の房は、四方の守り神と四季を表します。東（北東）は青龍と春、南（南東）は朱雀と夏、西（南西）は白虎と秋、北（北西）は玄武と冬をそれぞれ表しています。

踏み俵

床から高さ約24cmの位置に東・西・向正面に各3か所ずつ、正面に1か所設置。土俵の側面に上がり段が掘られ、俵が埋め込まれていて、ここから力士や行司・呼出、勝負審判らが土俵に上がります。

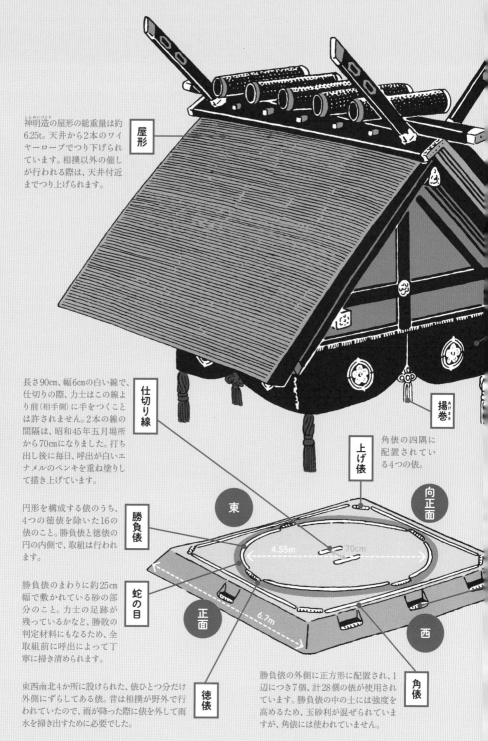

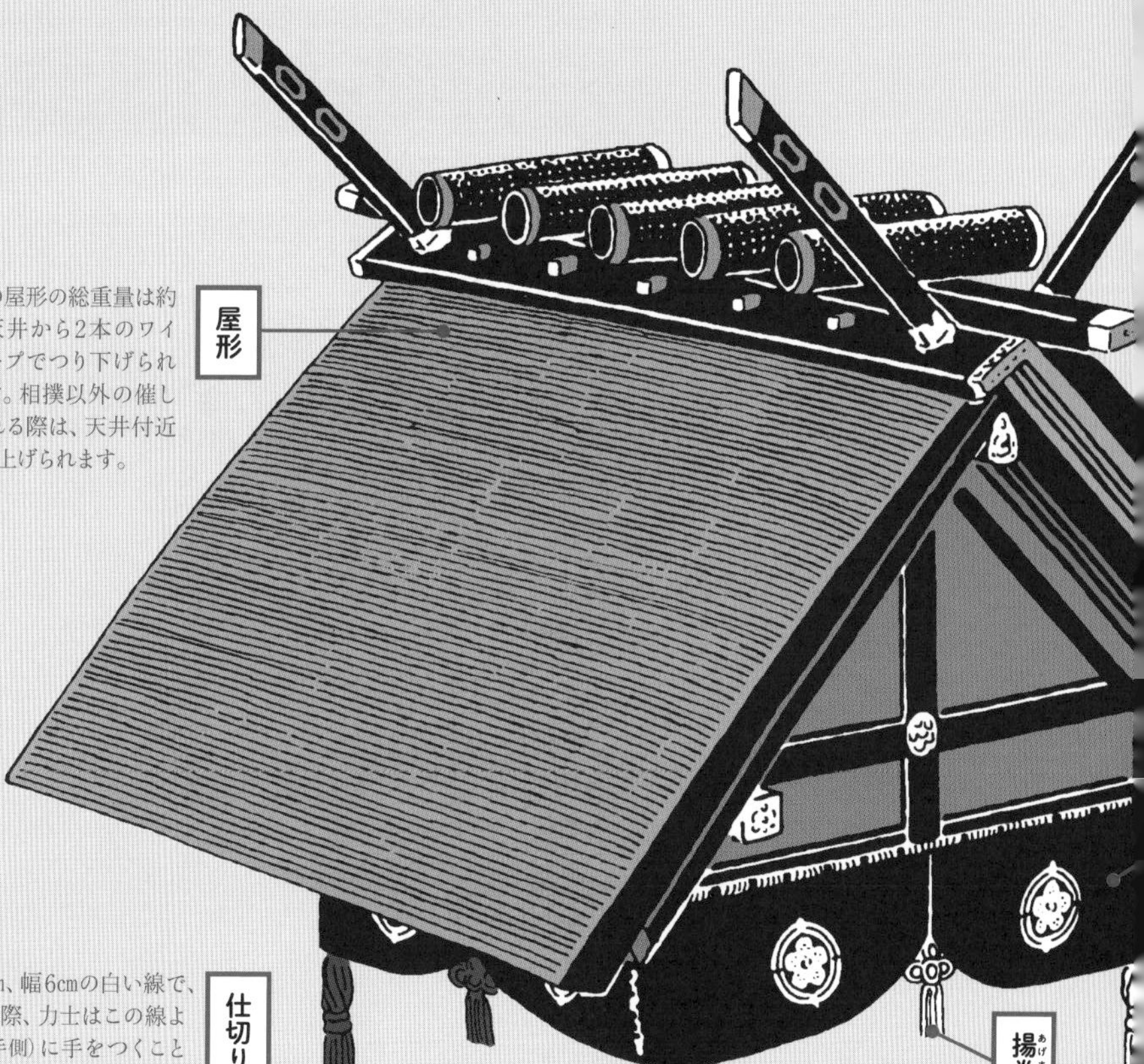

神明造《しんめいづくり》の屋形の総重量は約6.25t。天井から2本のワイヤーロープでつり下げられています。相撲以外の催しが行われる際は、天井付近までつり上げられます。

長さ90cm、幅6cmの白い線で、仕切りの際、力士はこの線より前(相手側)に手をつくことは許されません。2本の線の間隔は、昭和45年五月場所から70cmになりました。打ち出し後に毎日、呼出が白いエナメルのペンキを重ね塗りして描き上げています。

角俵の四隅に配置されている4つの俵。

円形を構成する俵のうち、4つの徳俵を除いた16の俵のこと。勝負俵と徳俵の円の内側で、取組は行われます。

勝負俵のまわりに約25cm幅で敷かれている砂の部分のこと。力士の足跡が残っているかなど、勝敗の判定材料にもなるため、全取組前に呼出によって丁寧に掃き清められます。

東西南北4か所に設けられた、俵ひとつ分だけ外側にずらしてある俵。昔は相撲が野外で行われていたので、雨が降った際に俵を外して雨水を掃き出すために必要でした。

勝負俵の外側に正方形に配置され、1辺につき7個、計28個の俵が使用されています。勝負俵の中の土には強度を高めるため、玉砂利が混ぜられていますが、角俵には使われていません。

神聖な場所も、人の手で
丁寧に造り上げてるんです。
知ってましたか？

土俵の造りかた と土俵祭

実は土俵は、場所ごとに造りかえられています。土俵を造ることを「土俵築《どひょうつき》」といい、国技館の場合は上から約20㎝分の古い土を削り取って新しい土と交換し、地方場所の場合は土を総入れ換えして造ります。各開催場所の近郊から厳選された粘土質の土が運び込まれ、その量は国技館で約10ｔ、地方場所では約40ｔに上ります。

作業は、40人ほどの呼出（136頁）が総出で担当します。機械は一切使用せず、くわやスコップ、五寸くぎ、巻き尺、一輪車といった一般的な道具のほかに、突き棒やタコ（土を突き固める道具）、タタキ（土俵を叩いて固める道具）、ビール瓶などの特別な道具を使い、全ての工程を人の手で行います。計66個使用される俵も、1つひとつが手作りです。

土俵完成後、本場所初日の前日には、立《たて》行司（130頁）が司祭となり天長地久・五穀豊穣《ほうじょう》と土俵の安泰を祈願するための儀式「土俵祭」が執り行われます。なお、土俵は神聖な場所とされていて、しきたり上、女性が上がることは決して許されません。

土俵築の手順

土俵築は、場所が始まる数日前から取り掛かり、大小の突き棒やタコ、タタキなどを駆使して、土を突き、叩き、固めて、3日間で仕上げます。

俵を作る

わらを荒縄で縛って俵を作り、その中に土を入れ、小突き棒を使ってしっかり詰めます。

俵をビール瓶で叩いてならしながら、形を整えていきます。

土俵全体を造る

足で踏んだり、小タコや大タコ、大突き棒で土を締めたりして、土俵を形成していきます。大タコは、2人～4人で持って、土俵を突き固めます。

さらに、小タタキで土俵の側面を、大タタキで表面を繰り返し叩いて突き固めます。

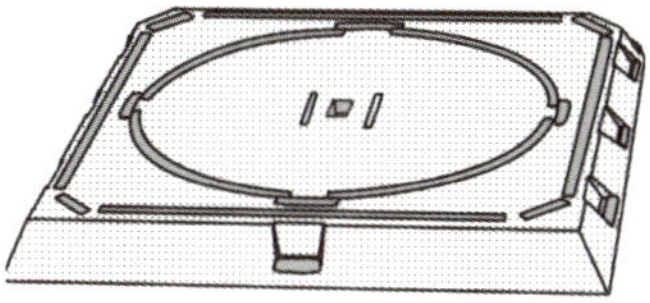

俵を所定の位置に設置し、土俵の真ん中に15cm四方の穴を作り、仕切り線の印をつけて完成。まっさらな美しい土俵で、土俵祭を行います。

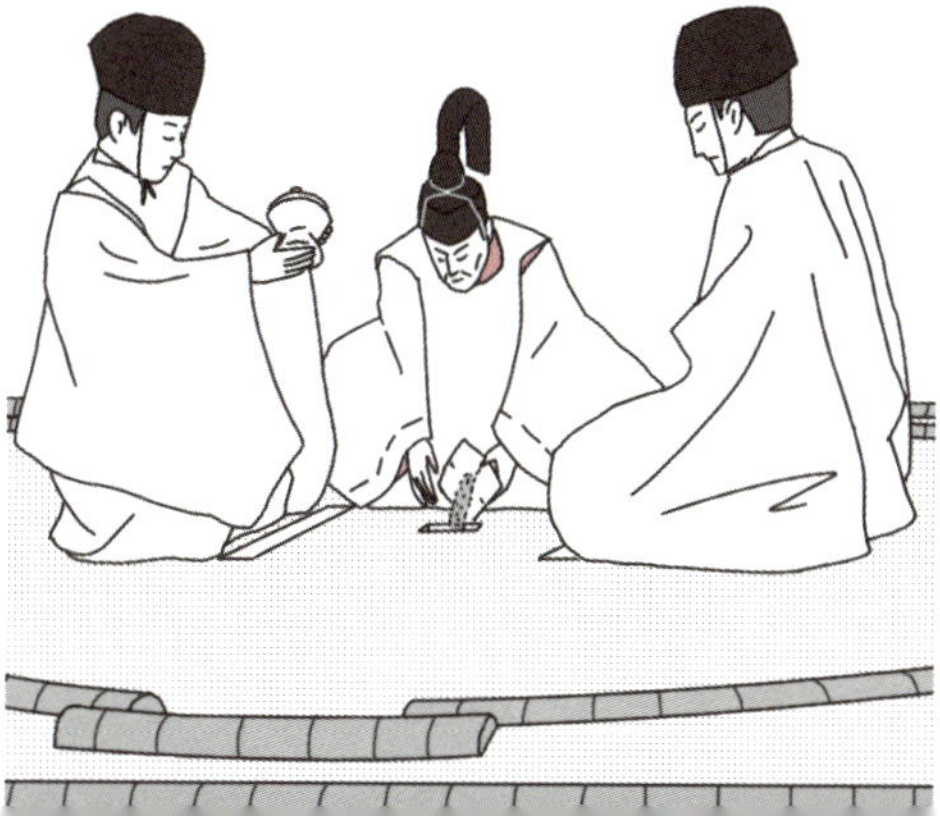

土俵祭

本場所初日の前日に行われる土俵祭には、相撲協会理事長や審判部長ら役員のほか、三役以上の力士が参列し、一般客も無料で見学できます。立行司と2人の脇行司が土俵の中央に勝栗や洗米、昆布、するめ、塩、かやの実といった縁起物を鎮めたり、御神酒を捧げたり、祝詞を奏上したりして土俵を清め、本場所初日を迎えます。

観客席の種類

座席によって
見かた楽しみかた
はしゃぎかた色々。

国技館には、大きく分けて4つのタイプの観客席があります。土俵上の取組や花道を通って入退場する力士を最も間近で見られる特等席が、1階の「溜席《たまりせき》」。土俵よりも低い位置にあるため、下から見上げる格好となり、迫力は満点。その後方にある「枡席《ますせき》」は、お茶屋の出方《でかた》さん（144頁）がお弁当やお酒などを席まで運んでくれるので、優雅に相撲観戦にひたれます。

1階の最後部は、固定式の円テーブルと4～5脚のアームチェアを配した「ボックス席」。ゆったりした姿勢で観戦したい人や、お年寄りや子どもがいる家族連れなどにおすすめ。また1階の出入口付近には車椅子用の席が用意されています。

気軽に相撲観戦を楽しみたい人は、2階の「椅子席」へ。前売り券は3800円～、スタンド式で前の席が邪魔にならず土俵全体が見渡せます。2階正面中央の最前列には、皇

溜席（砂かぶり）

砂が飛んでくるほど土俵に近いことから、別名「砂かぶり」と呼ばれます。土俵のまわり東西南北に各6～7列あり、座布団に座って観戦します。子どもは小学生（6歳）以上、保護者同伴のみ利用可能です。溜席内での飲食と写真撮影はNGです。

枡席

鉄パイプで囲まれた1.3m四方のスペースに4人分の座布団が敷いてあり、脱いだ靴は後ろの席の下に収納できます。東西南北に15列ずつ配置されていて、土俵からの距離は約7m～30m。1人～6人で席を利用できるチケットも販売されています。

椅子席

席種ごとにシートの仕様が異なり、1～6列目のA席にはテーブルや肘置きが付いていて、座り心地も抜群。土俵からの距離は22m～30mほど。最後列14列目の自由席は、観戦当日の午前8時から国技館切符売場で販売されます（地方場所でも当日自由席あり）。

ボックス席

両国国技館が新設される際に、国際化に対応して設置された、1スペース約3m四方の多人数用のボックスシート。チケットを販売しているのは相撲案内所（144頁）のみ。1階にある観客席の中では、土俵から最も遠い位置にあるので、双眼鏡があると重宝します。

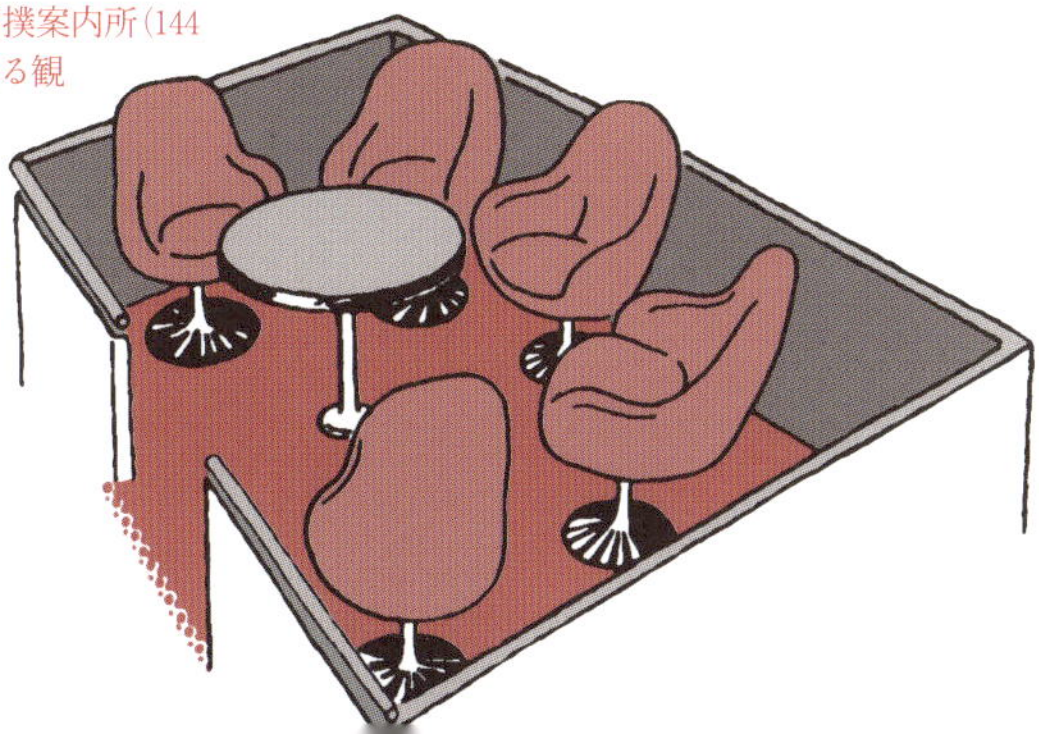

族の方などが観覧に来られた際に着席される「貴賓席」が設けられています。

また大阪・名古屋・九州の地方場所には、テーブル付き2人用枡席など独特の席があります。

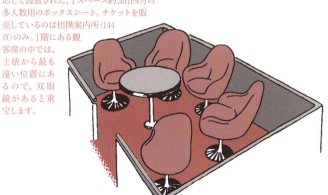

国技館の裏側

国技館の心臓部は
地下1階に隠されていた！

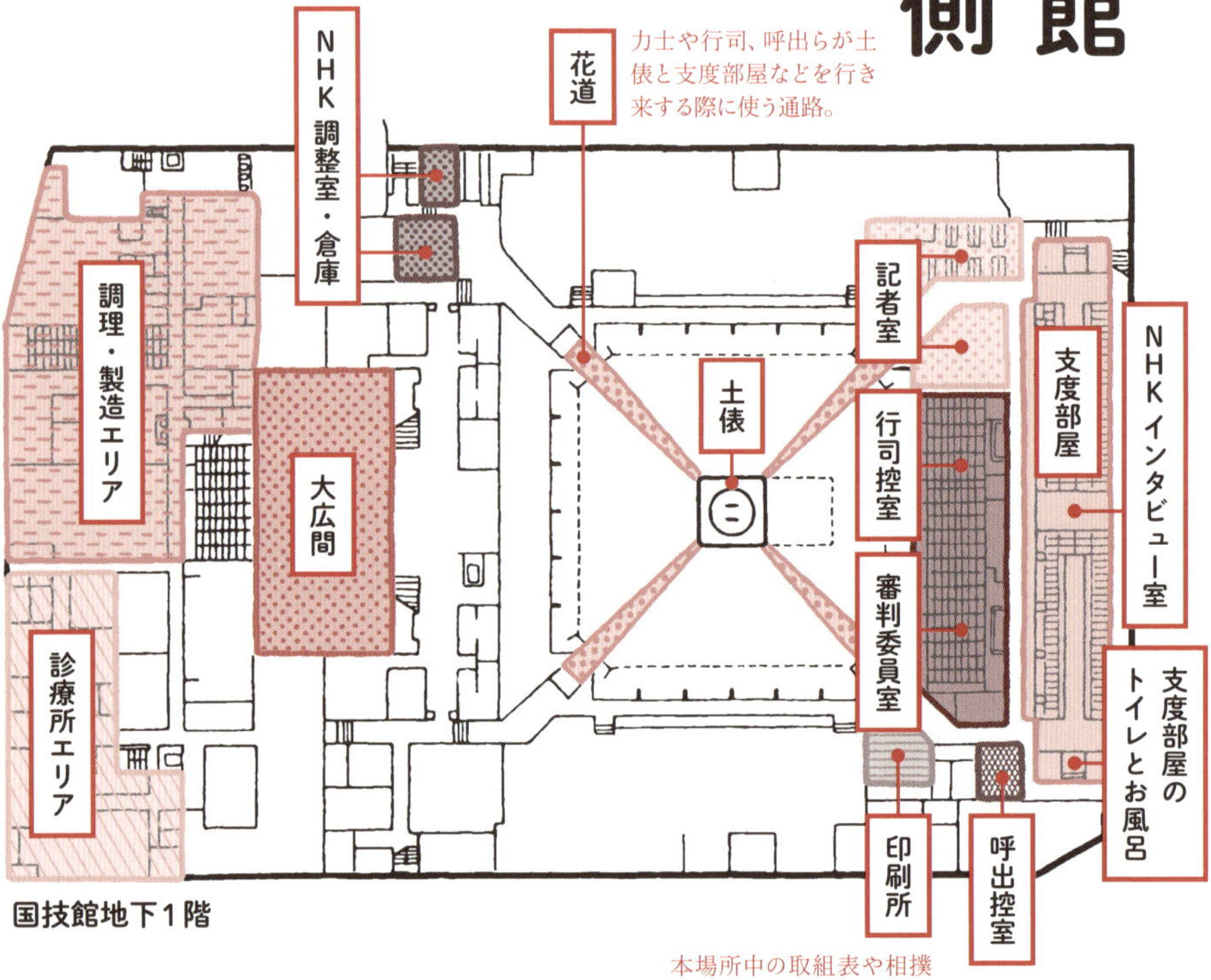

NHK調整室・倉庫
花道
力士や行司、呼出らが土俵と支度部屋などを行き来する際に使う通路。
調理・製造エリア
大広間
土俵
記者室
行司控室
審判委員室
支度部屋
NHKインタビュー室
支度部屋のトイレとお風呂
診療所エリア
印刷所
呼出控室

国技館地下1階

本場所中の取組表や相撲関係の印刷物を印刷します。

普段、関係者以外は立ち入ることができない国技館の裏側には、大相撲を支えるさまざまな施設や機能が整備されています。

　地下1階は、いわば国技館の〝心臓部〟。土俵をはじめ、取組前の力士たちが東西に分かれて待機する力士控室、通称「支度《したく》部屋《べや》」や行司控室、呼出控室、審判委員室などの関係者用の部屋のほか、NHKの調整室や倉庫、記者クラブ室といったメディア用のワーキングルームが配置されています。また力士のケガの治療や定期検診を行う「相撲診療所」（106頁）もあります。

　国技館は、周辺地域の防災

拠点および災害時の避難場所としての役割も担っています。食糧備蓄倉庫や自家発電機、雨水浄化貯蔵装置なども完備されていて、地下水槽には常時、水を貯蔵。地区放送拠点スペースも確保されています。

支度部屋（力士控室）

東西の花道の奥に1か所ずつ、左右対称の造りで配置されています。入口の左（右）手に風呂とトイレ、反対側に「コ」の字形の上がり座敷があり、その正面奥が、横綱の定位置。それ以外は特に決まっていません。部屋の隅には、直径約30㎝の鉄砲柱（122頁）もあります。

支度部屋の風呂とトイレ

支度部屋のトイレには、力士の体型や体重、座り心地を考慮して作られた特注品の大型便器が置かれています。ステンレス製の風呂は、取組を終えた力士が1人ずつ入るため、深さはたっぷりありますが、思ったほど大きくはありません。

大広間

各種会合やパーティーの会場などに使用される「大広間」は、約700人を収容可能。本場所中は、相撲部屋の特製ちゃんこが1杯250円で味わえる飲食コーナーとして開放されています。

診療所エリア

力士のケガや健康診断を行う相撲診療所があり、東京場所でのケガ人の処置も行います。一般の患者も受診できます。

調理・製造エリア

国技館名物の「やきとり」も館内で調理・製造されています。工場では煙があまり出ないように開発された、ガス赤外線の自動串焼き器が使われています。

行司控室

行司が着替えや支度を行う畳敷きの部屋。

国技館輪切り図解

まるで玉ねぎ!?
観客席から土俵を
見やすくするための、
不思議な形。

開閉可能な屋根

開閉可能な屋根の頭飾りは、排煙装置としても役割を果たします。

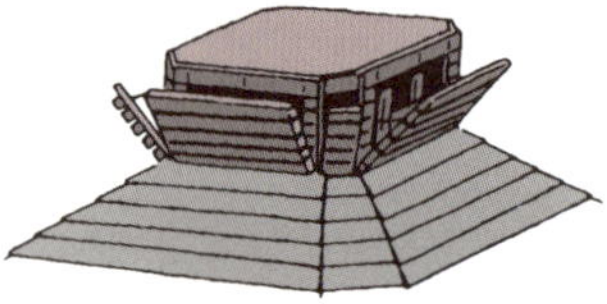

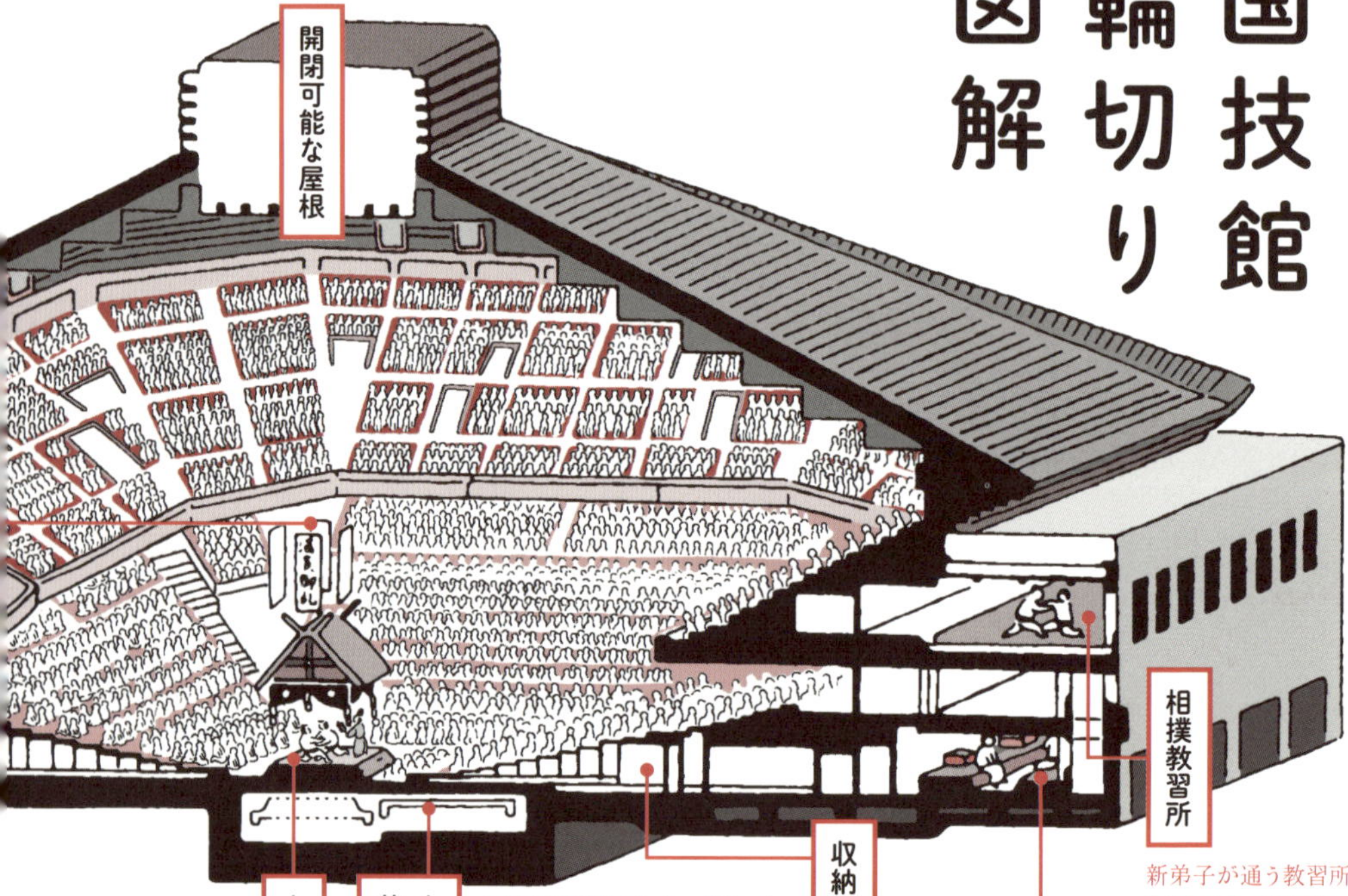
開閉可能な屋根
相撲教習所
新弟子が通う教習所もあります。（108頁）
支度部屋
力士控室、通称支度部屋です。（38頁）
収納可能な枡席
枡席の一部も収納できるようになっています。
土俵装置ピット
本場所が開催されない日は、土俵は地下に収納されています。可動式装置で土俵を沈ませ、横から床板をスライドさせると、平土間の状態になる仕組みです。
土俵

国技館は、構造上地下2階・地上3階の全5フロアで構成されています。1階はエントランスホールを挟んで、相撲案内所（144頁）や相撲博物館（42頁）、相撲協会事務所が置かれています。フロア中央の土俵・観客席ホール内には溜席《たまりせき》と枡席《ますせき》、ボックス席が配置されています。

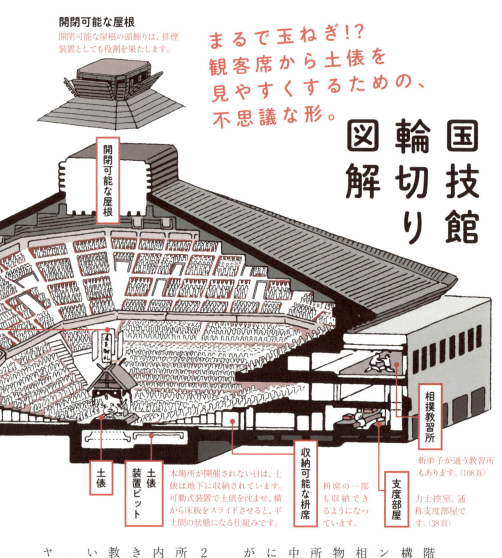

2階の観客席は全て椅子席。2階には屋上広場や屋上休憩所があり、外階段のほかに館内通路から直接出ることもできます。2階の東側には相撲教習所（108頁）も設置されています。

地下1階は国技館のバックヤード（38頁）にあたり、大

エントランスホール

1階のエントランスホールには、優勝力士に贈られるトロフィーなどが展示されているほか、野見宿禰《のみのすくね》と当麻蹴速《たいまのけはや》の取組、節会《せちえ》相撲、織田信長の上覧相撲などが描かれた壁画も見られます。

入場者数が定員のおおむね9割を超えると、横綱土俵入り終了後に、屋形の上から四方に「満員御礼」の垂れ幕が下げられます。

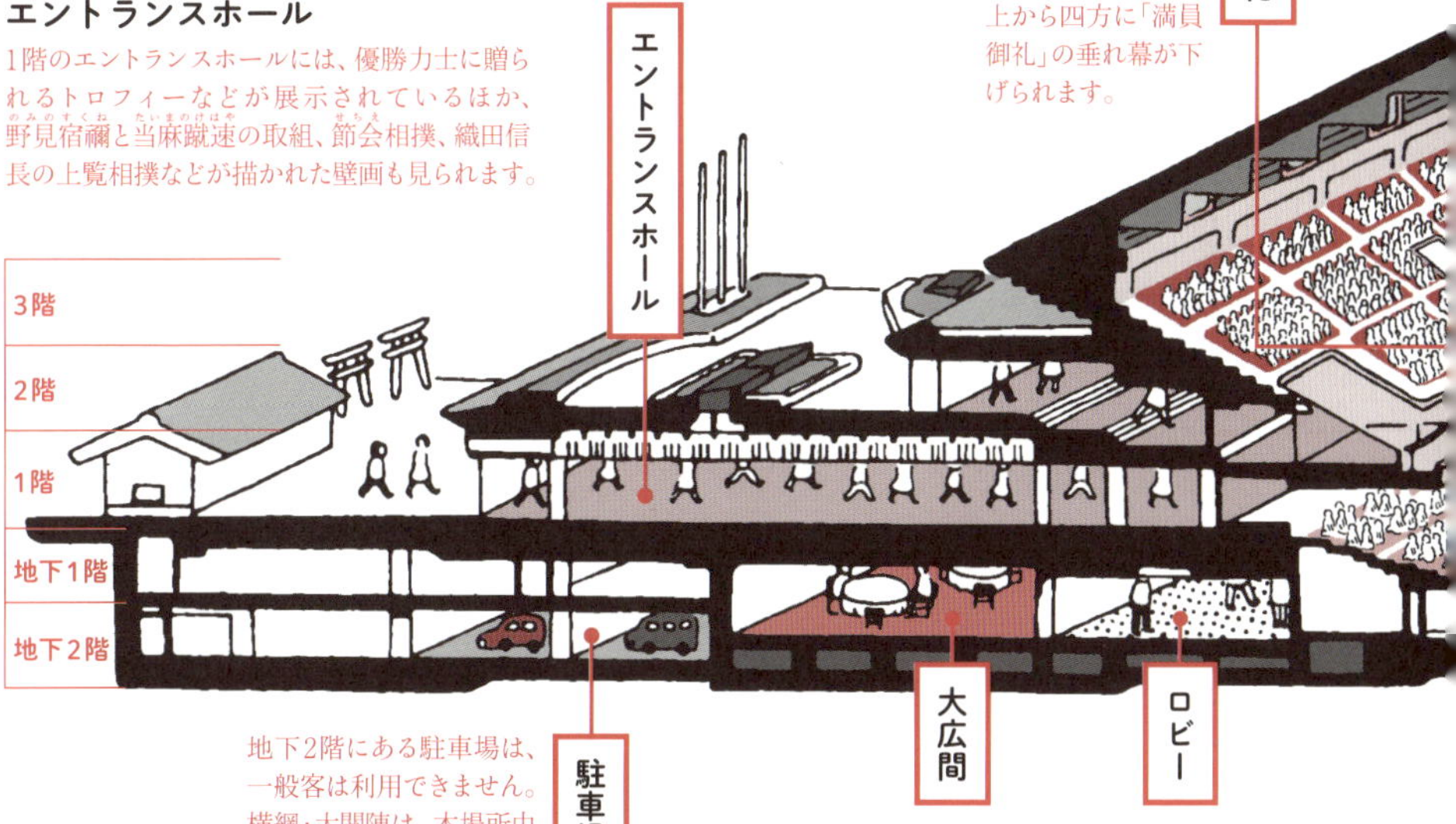

地下2階にある駐車場は、一般客は利用できません。横綱・大関陣は、本場所中は前面道路北端のスロープから車で入館します。

広間と相撲診療所以外は一般客には開放されていません。また、地下2階には関係者専用の駐車場や倉庫、土俵を収納する土俵装置ピットなどが入っています。

両国国技館データ

階数…地下2階、地上3階建
構造…鉄骨鉄筋コンクリート造（屋根…鉄骨造）
収容人数…11,098人
敷地面積…18,280.2㎡（5,529.8坪）
延面積…35,341.9㎡（約10,690.9坪）
竣工年…昭和59（1984）年
施主…財団法人 日本相撲協会
設計…鹿島建設、杉山隆建築設計事務所
施工…鹿島建設
所在地…東京都墨田区横網1丁目3番28号
アクセス…JR総武線両国駅西口から徒歩約2分、都営地下鉄大江戸線両国駅A3出口から徒歩約5分

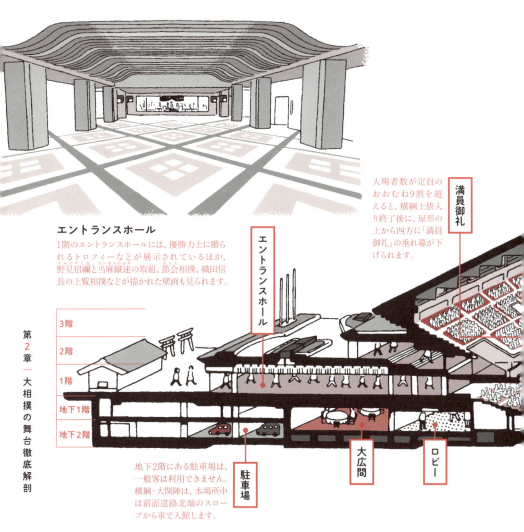

そこに行けば
どんな相撲初心者も
楽しめるというよ…

国技館の楽しみかた

国技館には相撲観戦以外のお楽しみもいっぱい。時間があるときはぜひ早めに到着して、国技館ならではの醍醐味を満喫してみましょう。

相撲案内所（144頁）でチケットを購入した際は、正面入口の左手にある通路から入場します。お茶屋さんの簡易店舗が並ぶ通称「茶屋通り」で受付を済ませると、たっつけ袴姿の出方《でかた》さんが席まで案内してくれるなど、昔ながらの小粋な観戦スタイルが体験できます。

お昼を過ぎると関取衆が続々と会場入り。櫓太鼓《やぐら》（52頁）の手前にある関係者出入口付近では、羽織袴や着流し姿の力士を間近で見られます。

エントランスホール右手にある「相撲博物館」も要チェック。約3万点の所蔵品の中から、常時およそ100点の相撲資料が公開されています。また、館内では相撲協会制作の「どすこいFM」や、NHK大相撲中継の日本語・英語版のラジオを聴くことができ、1階の総合案内ではラジオの貸し出しも行っています。

館内のお楽しみスポット

どすこいFM

平成15(2003)年五月場所から始まった館内限定のFM放送です。周波数は83.4MHz。本場所中は十両の取組から結びの一番まで毎日放送しています。大相撲OBをはじめとする多彩なゲストによる、ここでしか聞けない楽しい解説が大好評です。

相撲茶屋通り

両側に10軒ずつ、計20軒のお茶屋さんが立ち並ぶ通りは風情満点で、まるで江戸時代にタイムスリップしたよう。お弁当や飲み物を席まで運んでくれるなど、世話をしてくれる出方さんには、チップ(ご祝儀)を渡すのが慣例です。

相撲博物館

昭和29(1954)年9月、蔵前国技館の完成と同時に開設。錦絵や番付、化粧廻しなど、初代館長の酒井忠正氏(旧姫路藩主家当主)が長年にわたって収集した貴重な資料を中心に、2か月に一度、展示替えが行われています。開館時間は午前10時～午後4時30分まで(最終入館は午後4時)。

力士の入り待ち・出待ち

十両は午後12時～1時30分、幕内力士は午後1時くらいから、南門から歩いて国技館に入るので、ファンもこの姿を見ることができます(横綱・大関は地下駐車場から直接入館するので見られません)。このとき、力士の体を触る、通路を妨げるなどの行為はマナー違反です。

国技館周辺マップ

野見宿禰神社

相撲の祖といわれる野見宿禰《のみのすくね》を祀る神社で、明治17年に初代高砂浦五郎が創建しました。歴代横綱の名前が刻まれた石碑があり、相撲協会の神事や横綱土俵入りなども行われます。

大相撲の中心地・両国国技館は、東京は墨田区、隅田川のほとりに位置します。江戸時代に行われていた勧進相撲の定場所が天保4（1833）年に「回向院《えこういん》」に定められ、明治42（1909）年、その境内に旧両国国技館が完成しました。それ以降、両国は相撲部屋やちゃんこ料理屋をはじめ、相撲に関する名所や施設が点在する〝相撲の街〟として賑わっています。

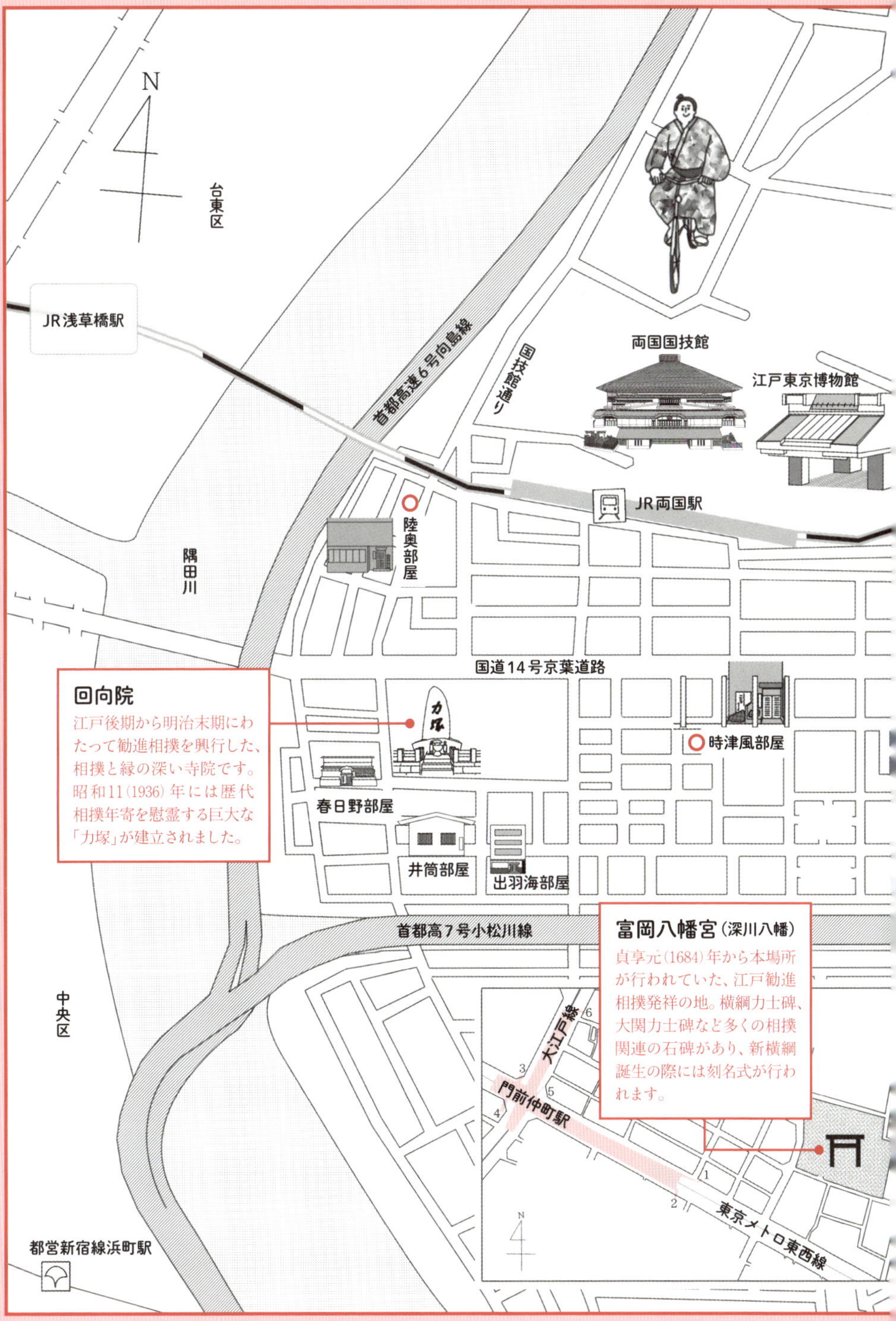

N
台東区
JR浅草橋駅
首都高速6号向島線
国技館通り
両国国技館
江戸東京博物館
JR両国駅
陸奥部屋
隅田川
国道14号京葉道路
回向院
江戸後期から明治末期にわたって勧進相撲を興行した、相撲と縁の深い寺院です。昭和11(1936)年には歴代相撲年寄を慰霊する巨大な「力塚」が建立されました。
力塚
時津風部屋
春日野部屋
井筒部屋
出羽海部屋
首都高7号小松川線
富岡八幡宮(深川八幡)
貞享元(1684)年から本場所が行われていた、江戸勧進相撲発祥の地。横綱力士碑、大関力士碑など多くの相撲関連の石碑があり、新横綱誕生の際には刻名式が行われます。
中央区
大江戸線
門前仲町駅
東京メトロ東西線
都営新宿線浜町駅

地方場所案内 大阪編

荒れる大阪場所は、どないですかー！

三月場所の会場・大阪府立体育会館は、ミナミの繁華街のど真ん中、難波から歩いてすぐという絶好のロケーションにあります。国技館やほかの地方場所よりも会場が狭く、収容人員は約８０００人とやや少なめ。その代わり、最後方の観客席からでも、力士の表情が肉眼ではっきりと見えます。

大阪会場の最大の特徴は、土俵が2階にあること。正面入口を通ると左右に2か所ずつある階段でメインフロアに上がります。椅子席はさらにもう1フロア、階段を上がって観戦します。

地元大阪・寝屋川市出身の豪栄道が土俵に上がると館内は「豪栄道コール」一色になり、サラウンド効果のような地鳴りに圧倒されます。こじんまりした館内ではそんな熱い声援もあり、生観戦でしか感じられない一体感が味わえます。その反面、期待の裏返しともいうべきか、辛辣なヤジが飛ぶのも大阪ならでは。また構造上、支度部屋《したくべや》へは売店の目の前を通らなければならず、力士と観客の距離が一番近い会場といえるかもしれません。

大阪場所名勝負

怪童を倒した
貴ノ花・悲願の初優勝

対戦者

貴ノ花（大関）vs 北の湖（横綱）

対戦日

昭和50（1975）年三月場所
千秋楽・優勝決定戦

決まり手

寄り切り

当時絶大な人気を誇った貴ノ花の優勝は、日本中の相撲ファンの悲願でもありました。そのチャンスがようやく巡ってきたこの場所の優勝争いは、横綱北の湖とのマッチレースとなり、1敗の貴ノ花と2敗の北の湖が、千秋楽で対決することに。ここでは北の湖が勝利し、両者は優勝決定戦で再度激突。今度は貴ノ花が寄り切ると、館内は無数の座布団が乱舞し、まるで天変地異のような熱狂ぶりだったといいます。

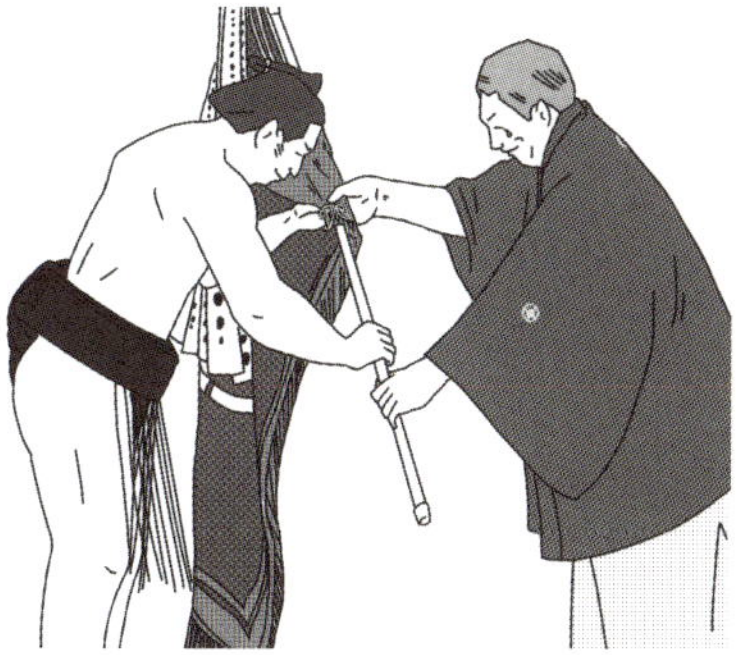

表彰式では優勝旗を審判部長から渡すところを、協会の粋なはからいにより、実兄の二子山審判部副部長から手渡される、という感動の名シーンもありました。

大阪場所データ

会場名…エディオンアリーナ大阪［大阪府立体育会館］

所在地…大阪府大阪市浪速区難波中3-4-36

アクセス…南海電鉄なんば駅から徒歩約4分、JR・地下鉄各線なんば駅から徒歩約5〜10分

名古屋城内、
しゃちほこが見守る場所で
酷暑の本場所が始まります。

地方場所案内 名古屋編

愛知県名古屋市で行われる七月場所は、かつては冷房設備のない金山体育館が会場でしたが、昭和40（1965）年から冷房完備の愛知県体育館に会場変更となり、現在に至ります。名古屋場所だけがほかの本場所と違って、協会の単独主催ではなく、中日新聞との共催という形を取っています。

場所は金のしゃちほこで有名な名古屋城内の一角に位置し、収容人数は約8600人です。

この会場の特徴は、東花道を引き揚げる力士が向正面の枡席下の狭い通路を通って西花道奥に進み、風呂場と支度部屋《したくべや》へは西方力士と同じ通路を通る点。支度部屋はメイン体育館に隣接して立つサブ体育館を使用し、パーテーションでフロアを真ん中から東方・西方に仕切っています。国技館よりも支度部屋のスペースが広く、力士は心置きなく準備運動に取り組むことができます。

毎年酷暑の中で開催される名古屋場所ですが、館内は冷房が効いています。また電光掲示板が正面と向正面の2か所にある地方場所は、ここだけです。

名古屋場所名勝負

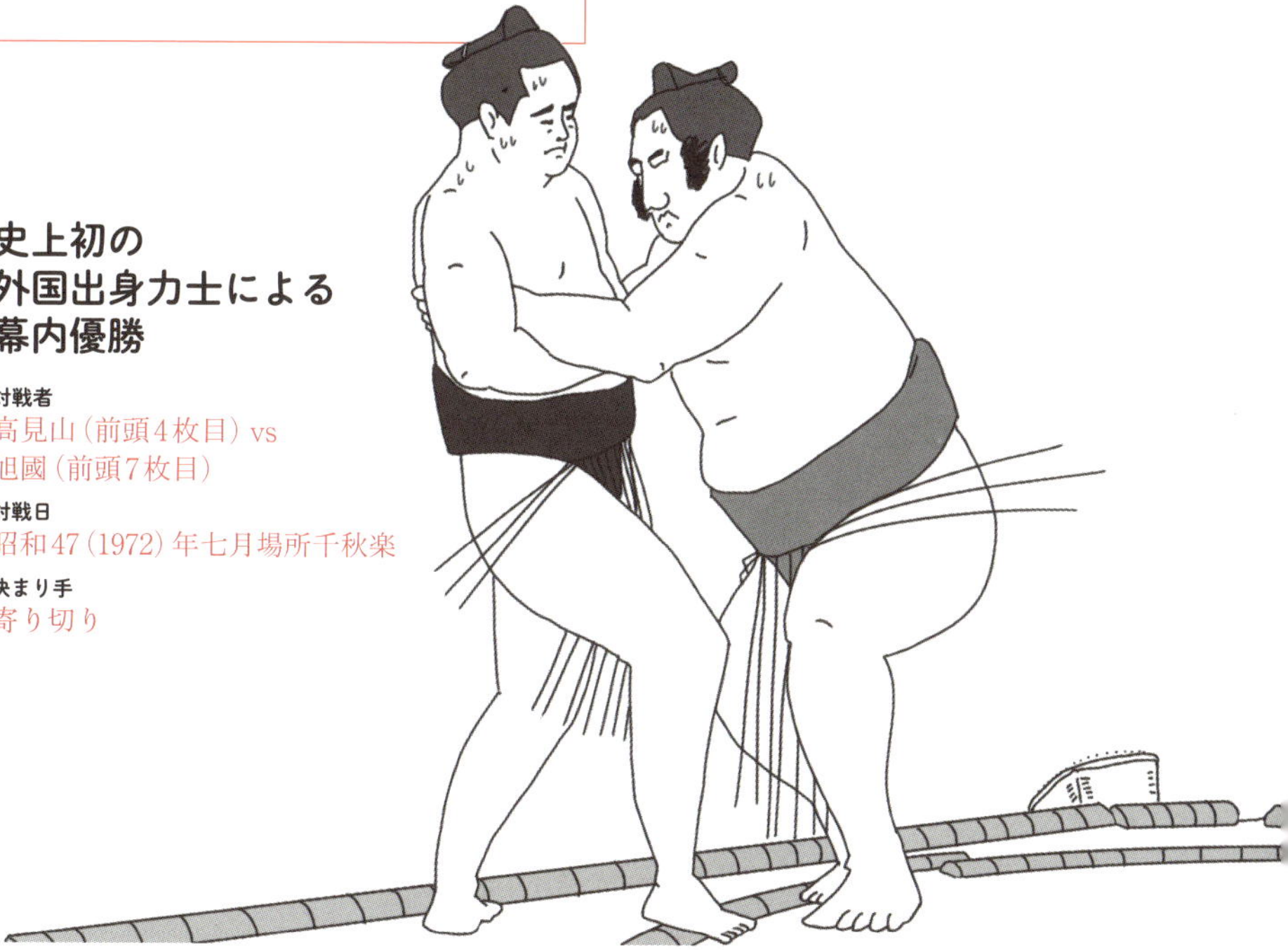

史上初の外国出身力士による幕内優勝

対戦者
高見山（前頭4枚目）vs
旭國（前頭7枚目）

対戦日
昭和47（1972）年七月場所千秋楽

決まり手
寄り切り

この七月場所では、一人横綱の北の富士は初日から休場し、大関陣も大麒麟が途中休場、清國、琴櫻はいずれも不調とあって、優勝争いは2敗の平幕高見山と、1差で追う関脇貴ノ花の2人に絞られました。千秋楽、高見山は左四つ、右上手も引いて旭國を組み止めると力強く寄り切って2敗で逃げ切り、史上初の外国出身力士・幕内優勝を成し遂げました。母国アメリカのニクソン大統領（当時）からは祝電のメッセージが届けられ、表彰式で読み上げられる場面もありました。

名古屋場所会場データ

会場名…愛知県体育館
所在地…愛知県名古屋市中区二の丸1-1
アクセス…地下鉄名城線市役所駅から徒歩約5分

博多湾を望む場所で、
ご当地力士が九州男児の
意地を見せる！

地方場所案内 九州編

昭和56（1981）年から九州場所の会場となった福岡国際センターは、博多駅や天神駅といった繁華街からはやや離れた所に位置します。すぐ裏は博多湾で、志賀島《しかのしま》に宿舎を構える大嶽部屋や佐渡ヶ嶽部屋の力士はフェリーで場所入りします。

平成20（2008）年より枡席を拡大したため、収容人数は少し減って7500人ほど。国技館より広い枡席はゆったりと観戦でき、座布団は2人用のもの2枚がひもでつながれているため投げにくく、波乱が起きても座布団が舞うことは皆無です。

また東京場所やほかの地方場所と違い、いわゆる「お茶屋」（144頁）がなく、チケット販売で苦戦する要因のひとつともいわれています。平成27年は一月場所から5場所連続で15日間満員御礼でしたが、それも十一月場所初日でストップしてしまいました。それでも15日間中11日間での大入りは18年ぶりの盛況でした。かつては地元出身の「魁皇コール」が風物詩でしたが、ご当所の琴奨菊がこれに続こうとしています。

九州場所名勝負

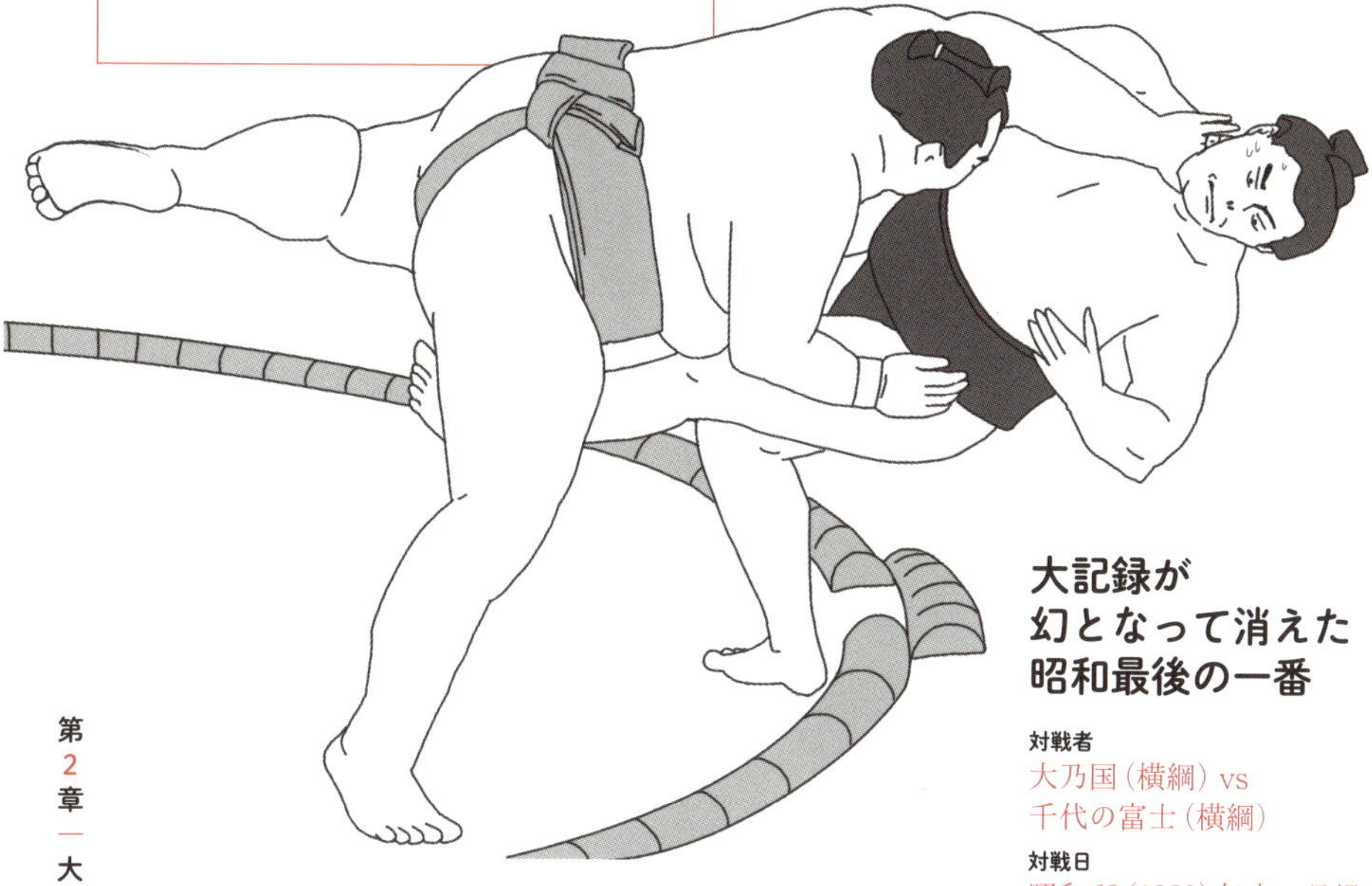

大記録が幻となって消えた昭和最後の一番

対戦者
大乃国（横綱）vs
千代の富士（横綱）

対戦日
昭和63（1988）年十一月場所
千秋楽

決まり手
寄り倒し

千秋楽前日・14日目に、無敗で通算26度目の優勝を決めていた千代の富士は、このまま勝ちっぱなしでいけば、翌年一月場所千秋楽で双葉山の69連勝に並ぶはずでした。しかし、千秋楽にまさかの落とし穴が。横綱同士の一戦とはいえ、相手の大乃国は既に4敗し、敵ではないと思われていました。しかし、千代の富士は巨漢横綱の寄りに後退し、最後は左のど輪にたまらず腰から落ちてしまいました。決まり手は寄り倒し。千代の富士の連勝は53でストップし、昭和最後の一番は奇しくも歴史的大一番となりました。

九州場所会場データ

会場名…福岡国際センター
所在地…福岡県福岡市博多区築港本町2-2
アクセス…JR博多駅・地下鉄天神駅から博多ふ頭行・中央ふ頭行バスで10分、国際センターサンパレス前停留所下車
地下鉄呉服町駅から徒歩13分、または中央ふ頭行バスで6分、国際会議場サンパレス前停留所下車

おいでませ、
トントコトントコ…。
また来てくださいな、
トントコトントコ…。

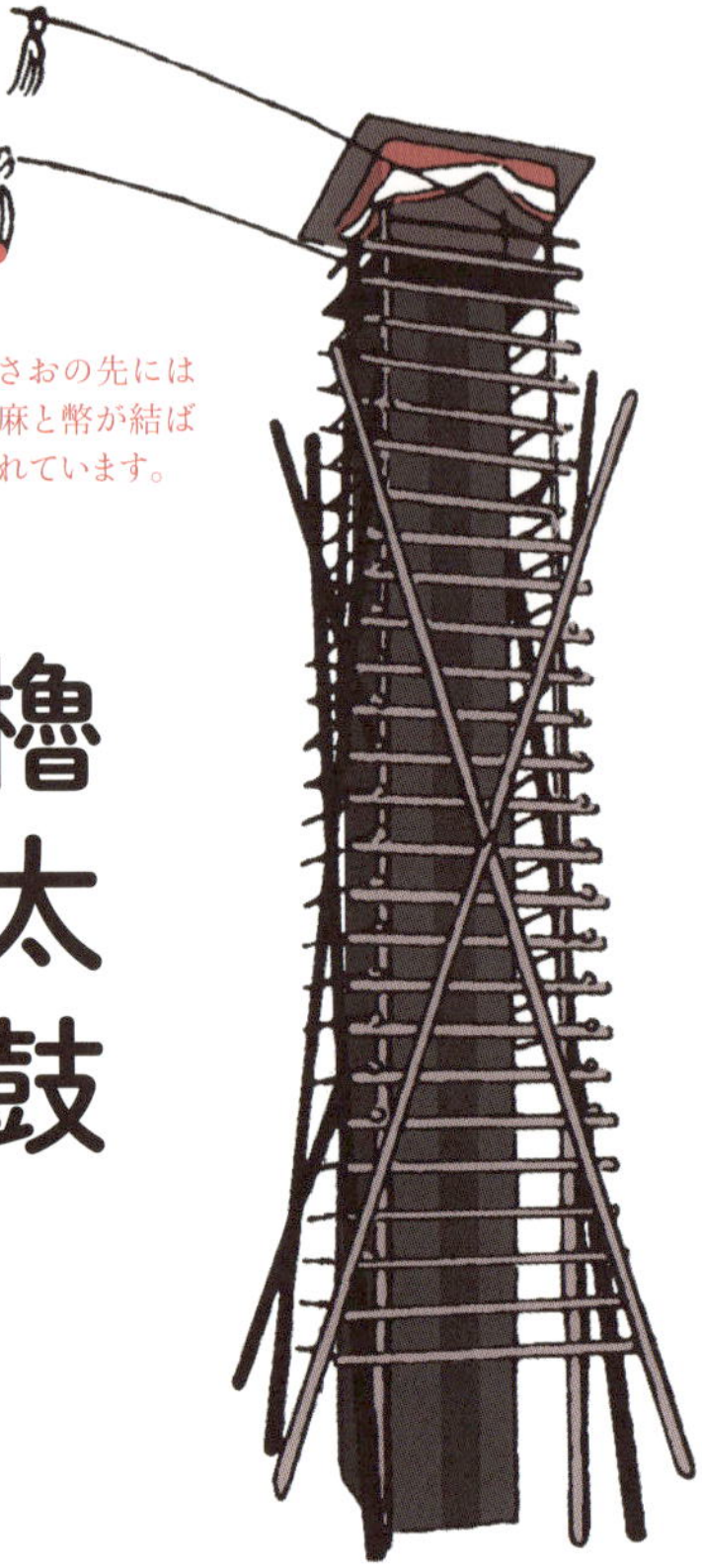
出しっ幣
さおの先には麻と幣が結ばれています。

櫓太鼓

本場所や地方巡業の期間中、開場と閉場を知らせるために呼出（136頁）が櫓《やぐら》の上で打つ太鼓を「櫓太鼓」といいます。江戸時代に始まったこの慣習は、観客を集めるための重要な宣伝ツールで、太鼓の音がより遠くまで響くよう、櫓の高さは約16ｍに設定されています。

朝8時過ぎに打つ「寄せ太鼓」には〝相撲が始まりました〟、取組終了後の夕方6時過ぎに打つ「跳《は》ね太鼓」には〝ご来場ありがとうございました。明日もお待ちしています〟といった思いが込められています。よって、跳ね太鼓は千秋楽や一日興行では打ちません。

現在、両国国技館の正面玄関脇に設置されている櫓は、平成7（1995）年の五月場所前に完成しました。鉄骨製でエレベーターが完備されていますが、昔の櫓は約80本の丸太を組んで作られていて、呼出は丸太を足場にしてよじ登り、縄で結び付けた太鼓をてっぺんまで引き上げていました。地方場所などでは、今でもこうした櫓が継承されています。

3 大相撲観戦のポイント

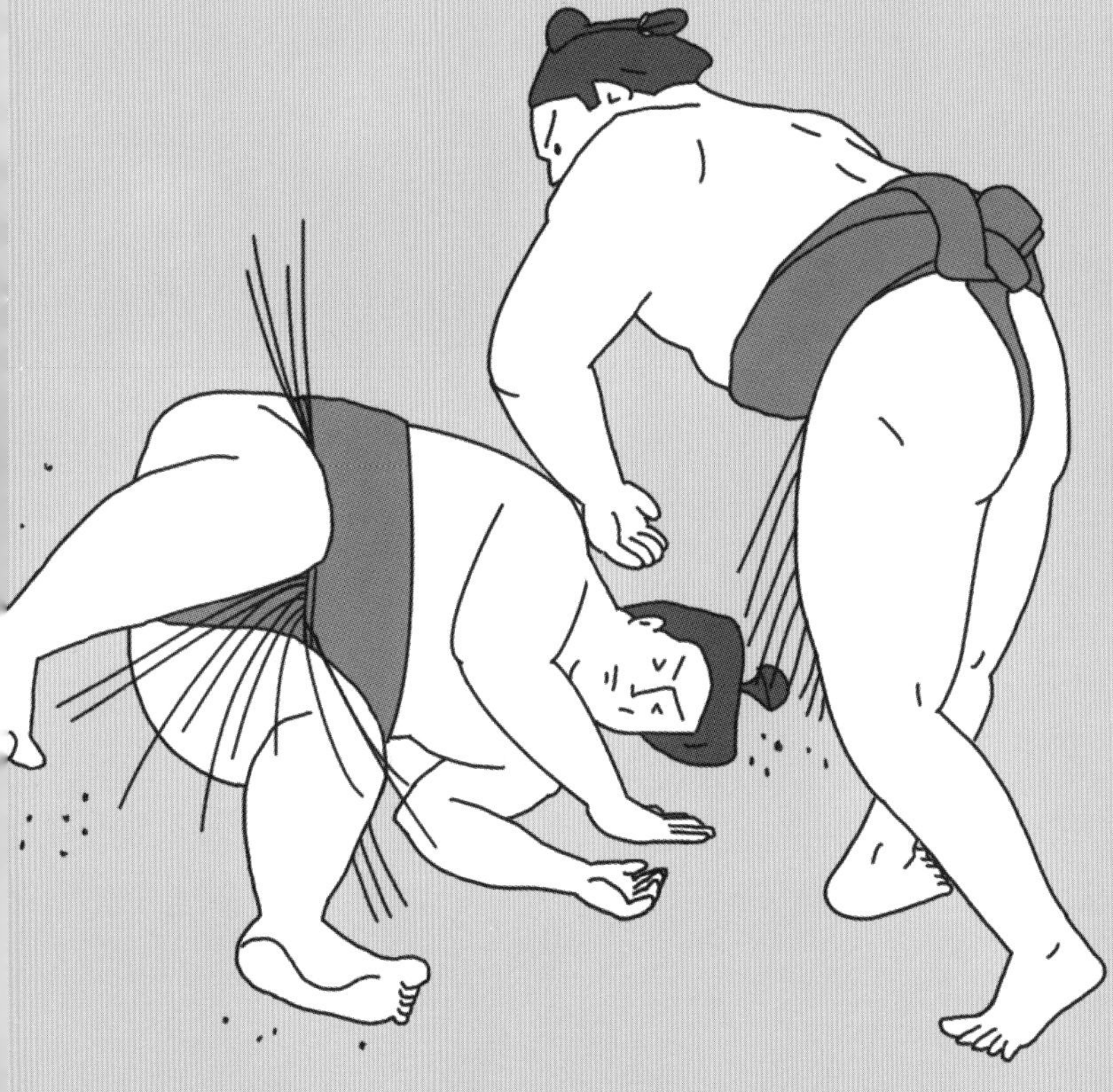

ルールは簡単、だからこそ見どころがたくさん！

勝負規定

相撲は足の裏以外の体の一部（頭髪も含む）が相手より先に土俵についた場合、もしくは土俵外に体の一部が先についた場合に負けとなる、という単純明快なルールで成り立っています。分かりやすいルールだからこそ、人びとを惹きつけてやまないのでしょう。

『日本相撲協会寄附行為施行細則』の勝負規定には、17か条からなる細かいルールが定められています。力士が立ち合うまでには仕切りの制限時間があり、幕内は4分、十両は3分、幕下以下は2分以内と、階級ごとに決められています。制限時間は呼出が東西の力士の名を呼び終わった時点から計り始めます。制限時間が経った後に、行司（130頁）や審判委員（140頁）が、力士が故意に立たないことを認めた場合や、力士が土俵外に出た場合も負けとなります。

また俵の上に乗った足先やかかとが外に出ていても、土俵外の砂についていなければ負けにはならず、締込《しめこみ》のさがり（118頁）が土俵についても負けにはなりません。

こうなったら負け！

体の一部が土俵についたとき

土俵内で立ち合いが成立した後は、足の裏以外の体の一部が先に砂についた者が負けとなります。

土俵外に出たとき

土俵外の砂に体の一部でもついた者は負けとなります。ただし、例外もあります。(56頁)

頭髪が砂についたとき

頭髪が砂についたときも負けです。

廻しが外れたとき

廻し（前立褌《まえたてみつ》）が外れた場合は、外れた方の力士が負けとなります。俗に「不浄負け」ともいわれます。

ここはどうなる？　土俵際

俵の上を歩いても、または俵の上の足先やかかとがどれほど外に出ても、土俵外の砂（蛇の目の砂）につかなければ負けとはなりません。

土俵外の空中を片足、または両足が飛んで土俵内に戻った場合でも、土俵外の砂につかなければ負けとなりません。

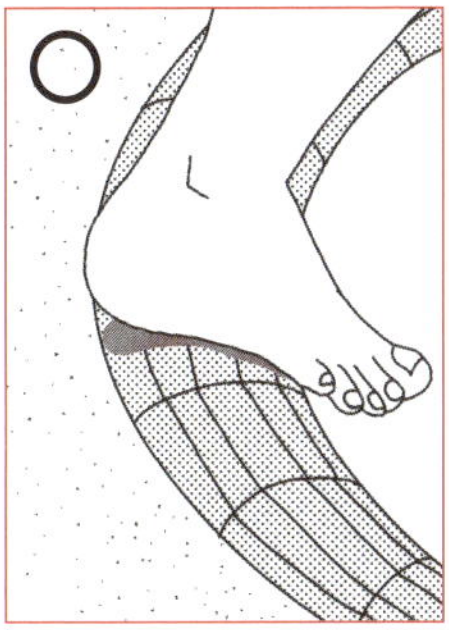

まだ大丈夫

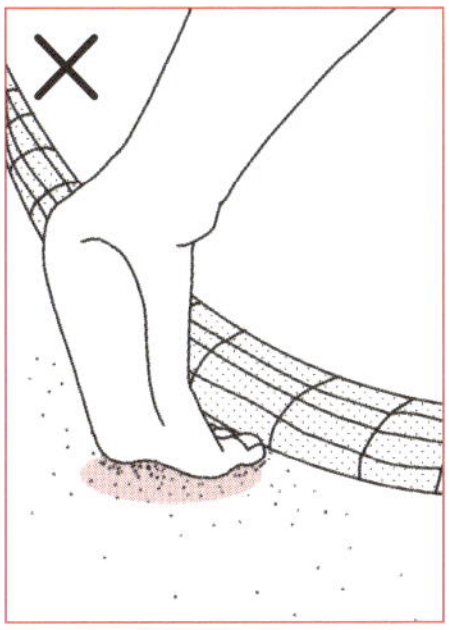

土俵外の砂についたので負けです

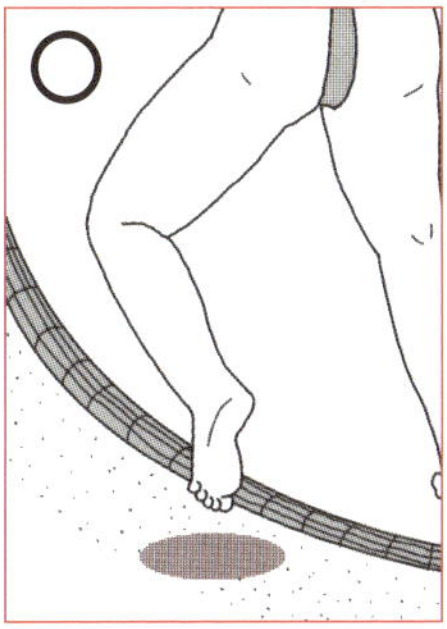

まだ生きてます

意外と知らない？大相撲のルール

行司が力士の廻しを締め直したり、休憩したり、先に手をついても負けなかったり。

相撲は、通常数秒から、長くても3〜4分以内で決着がつく競技です。そんな短い取組の間にも、行司が力士の廻しを締め直したり、先に土俵に手をついても負けにはならなかったり、といった、意外かつ奥深いルールがあるのです。

競技が長引き両力士の疲労が認められた場合、審判委員の合図を受けた行司が取組を中断させ、休憩を取ることができます。目安は取組がおおよそ3分を超えたとき。これを「水入り」といいます。水入りの際、行司や審判委員は、力士の手足の位置や体勢をしっかり把握しておき、水入り後、水入り直前の体勢から勝負が再開されます。なお、水入りが適用されるのは十両の取組から。幕下までは、「二番後取り直し」となります。

また、行司の判定に不備があることを意見する「物言い」は審判委員だけでなく、控えの力士もつけることができます（140頁）。東西に最低1人ずつ力士が控えに座らなくてはならないのも、そのためです（114頁）。

これは知っておきたい！
意外なルール

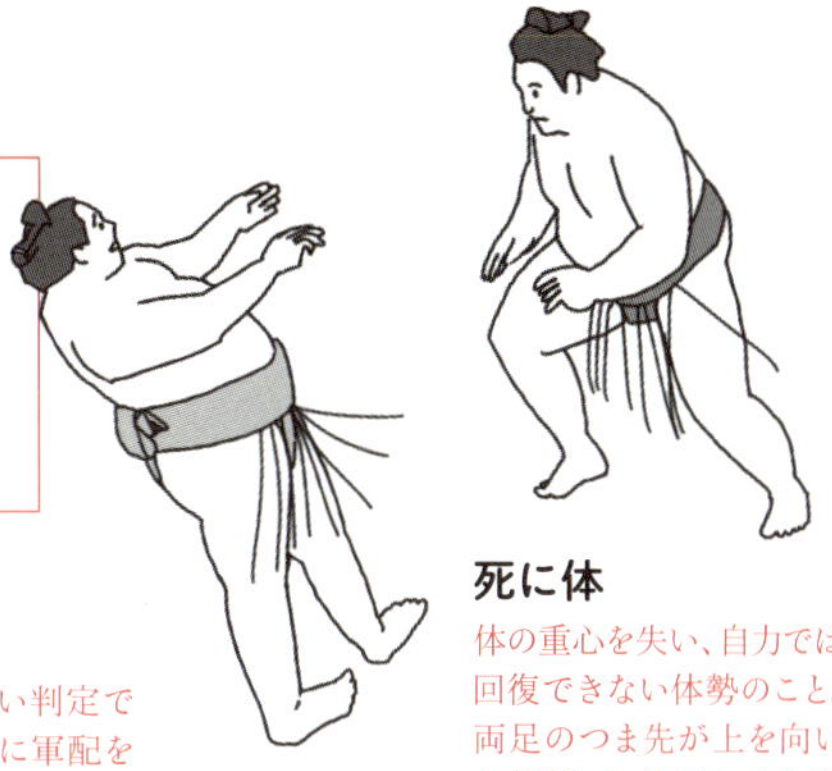

死に体

体の重心を失い、自力では回復できない体勢のこと。両足のつま先が上を向いた状態で、体がおよそ30度以上後方へ傾いた場合は、明らかな死に体であるとされます。死に体の状態での攻撃は不可能なため、死に体と判定された時点で負けが認められます。

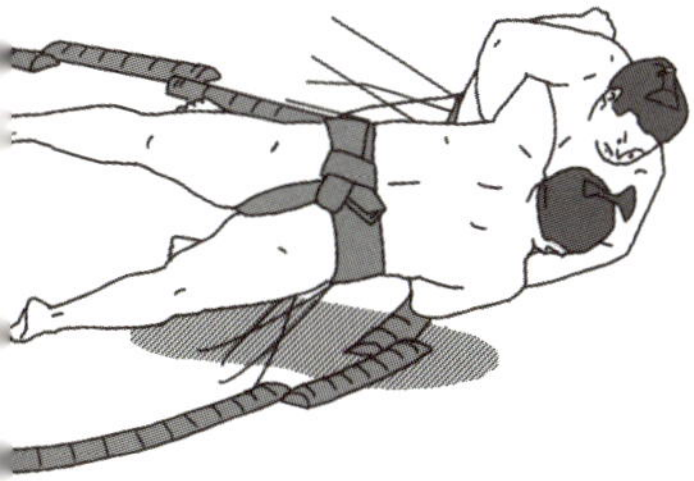

同体取り直し

行司は、どんなに難しい判定であっても東西どちらかに軍配を上げなくてはならず、引き分けの判定を下すことはできません。そのため、両力士の体が同時に土俵についた「同体」の判断も行司は下せません。物言いがつき、同体であったと判断された際に、初めて「同体のため取り直し」が認められます。

つき手

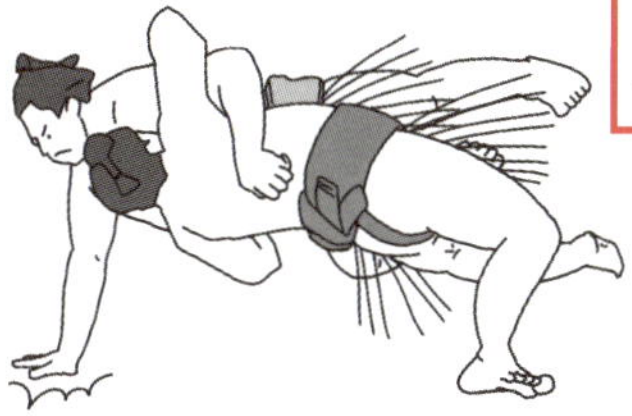

かばい手

つき手とかばい手

投げの打ち合いなどで、下になった力士をかばうために、相手の体が落ちるより先に手をついたときは「かばい手」と判断され、負けにはなりません。かばい手の場合、相手の体は死に体である必要があります。相手の体が死に体でなければ、「つき手」となり、先についた方が負けとなります。

送り足

勇み足

勇み足と送り足

土俵際まで攻めた際に、相手の足がまだ土俵内に残っているのに、相手より先に自分の足が出た場合は「勇み足」で負けになります。しかし、相手をつったとき、相手の足がまだ空中にある状態で先に自分の足が土俵外に出るのは「送り足」とされ負けにはなりません。

解説者の言葉を解説しますと…。

知っておきたい取組キーワード

相撲には一見普通の言葉に見えて、一般的な使われかたとは異なる独特の用語表現があり、大相撲の解説でも頻繁に使われます。相手の手を自分の廻しをから放させることを「切る」、相手の力の向きをそらすことを「いなす」、体を開きながら相手の体を払うように叩くことを「叩《はた》く」、頭を低くして組み合い、片足を後ろに引いた体勢を「半身」、対戦中に土俵の外に出ることを「割る」、逆に土俵を割らずに、攻めに耐えることを「残る」という、など。相撲独特の表現が分かれば、相撲に対する理解はもっと深まることでしょう。

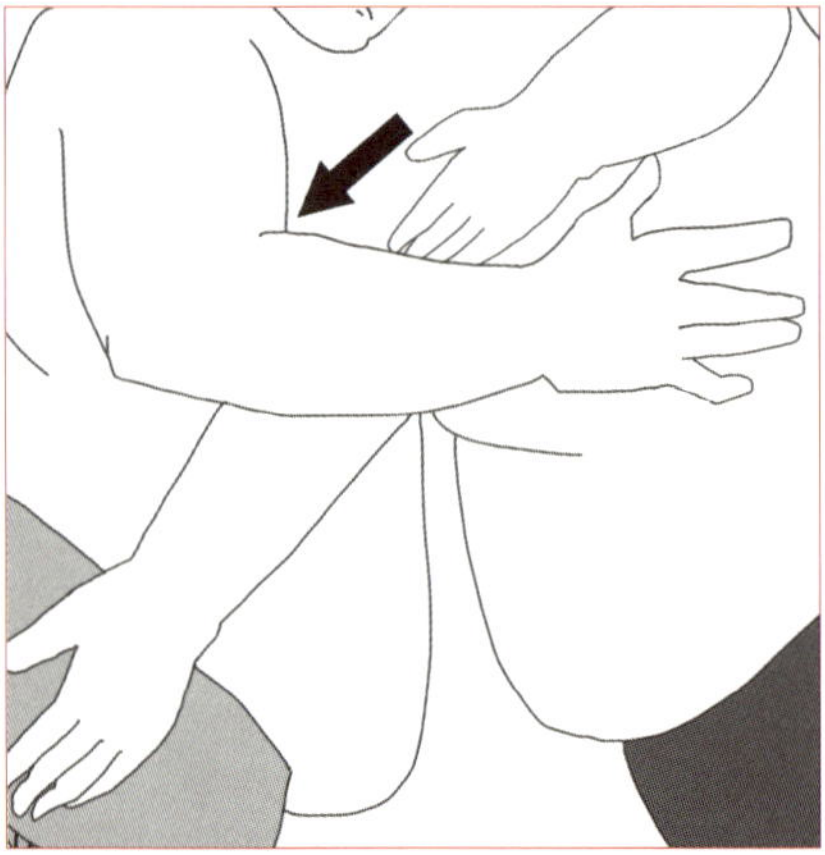

差す

四つ（68頁）の体勢で、自分の腕を相手の脇の下に入れること。相手の廻しを取っても取らなくても、自分の腕が下手になっていれば「差す」といいます。

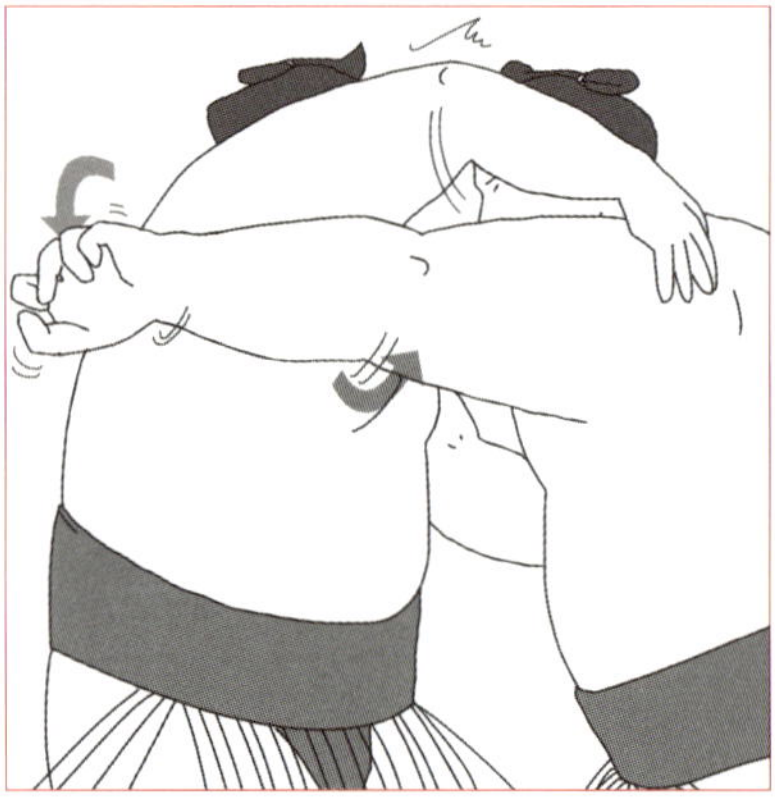

腕《かいな》を返す

差したとき、廻しを取らずに差し手を相手の体に密着させた状態で、手首を返しながら肘を張るような動きのこと。これにより相手の腕が跳《は》ね上がり、こちらの廻しに手が届きにくくなります。腕を返して相手の上手を跳ね上げる動作を「掬《すく》う」といい、掬ったと同時に投げる技を掬い投げといいます（72頁）。

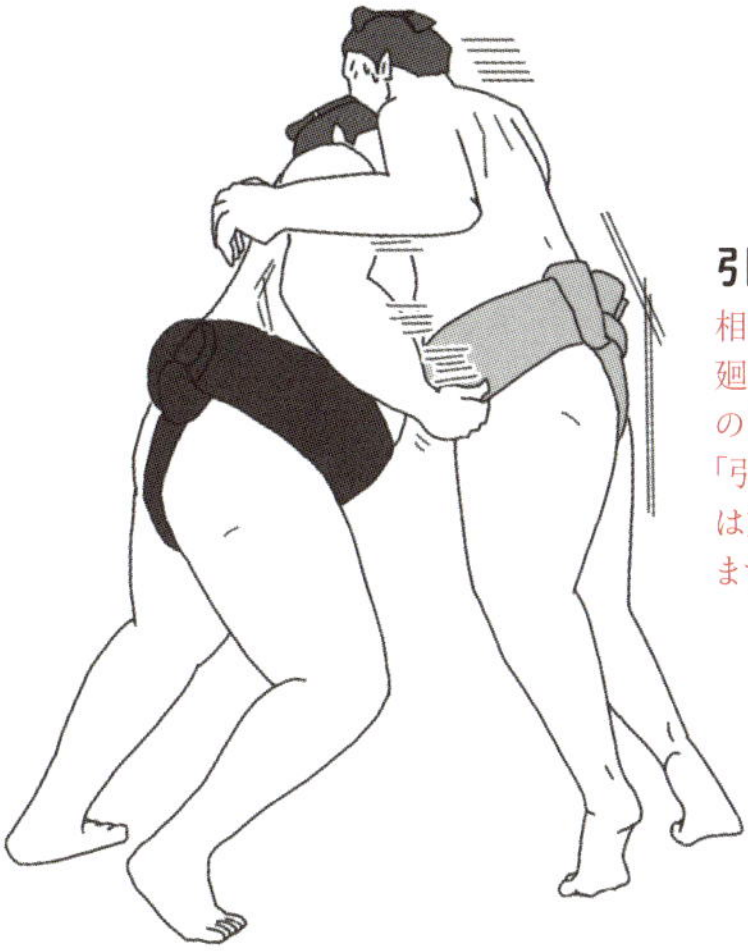

引きつける

相手の両廻しを取るか、片方の廻しを取って自分の方へ相手の体を強く引き寄せることを「引きつける」といいます。相手は重心が浮き、動きを封じられます。

肘を張る

差したときに肘をくの字形に曲げて、上手になった相手の腕を外側に押し出すようにする動き。相手の上手を切ったり、遠ざけたりする効果があります。

極《き》める

相手の差し手を片手、または両手で外側から抱え、肘の関節を押さえ込んで動けないようにすること。両腕を極めた状態を「閂《かんぬき》に極める」ともいいます。

頭をつける

対戦中に頭を相手の胸あたりにつけること。相手の上体を起こす効果があります。

巻き替える

四つの体勢で、上手になった腕を下手に差し替えることを、「巻き替える」といいます。

がぶる

四つの体勢で自分の体を上下にあおるようにして、相手を揺さぶりながら前に出ること。がぶることで自分の腰は次第に下がり、相手の腰は浮いてくるので、通常の寄りよりも効果的です。

禁じ手

神事たるもの、危険行為はダメ、絶対。

大相撲では８つの禁じ手が規定されています。取組で禁じ手を使った場合、『寄附行為施行細則 附属規定』の「審判規則 禁じ手反則」の規定に基づいて、その行為を規則違反として負けとすることができます。

また競技中に、行司や審判委員が注意し、一時中止にして直す場合もあります。後立褌《うしろたてみつ》（背中側の廻しの縦の部分）、サポーター、包帯のみをつかんだときは、行司の指示によって離したり、取りかえたりする必要があります。また競技中に廻しが緩んだり、解けたりした場合は、行司の指示により締め直すこともあります。

特に２０００年代以降は、髷《まげ》つかみによる反則が激増したことから、平成26（２０１４）年10月２日の理事会で禁じ手反則にある「頭髪を故意につかむこと」という従来の規定から、「故意に」という文言を削除することが承認されました。

定められている禁じ手の多くは、相撲道に反すること、危険行為になりうることです。

8つの禁じ手

握り拳で殴る

相撲はボクシングではありません。

**目または
みぞおちなどの
急所を突く**

人体に危害を加えることは、相撲道に反します。

のどをつかむ

ただし片手で相手ののどをつかむ「のど輪」という技は反則ではありません。

頭髪をつかむ

まだ髷を結っていない力士の頭髪も、つかんではいけません。

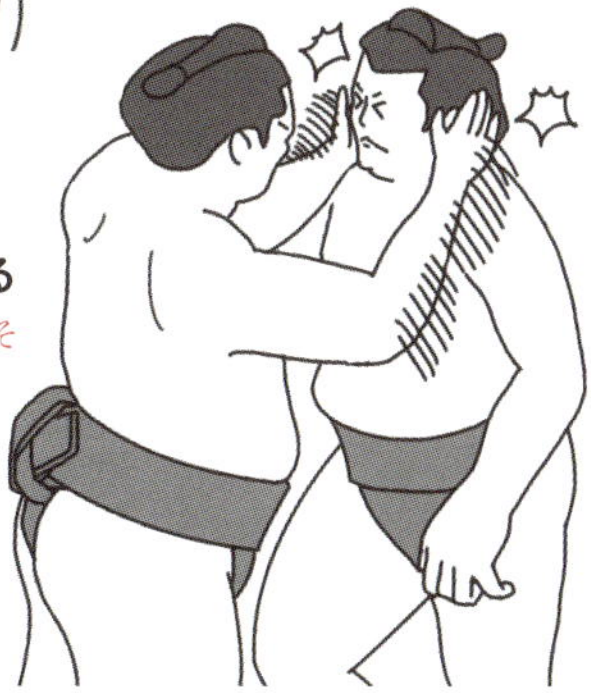

**両耳を同時に
両手のひらで張る**

鼓膜が破れるなどのおそれもあります。

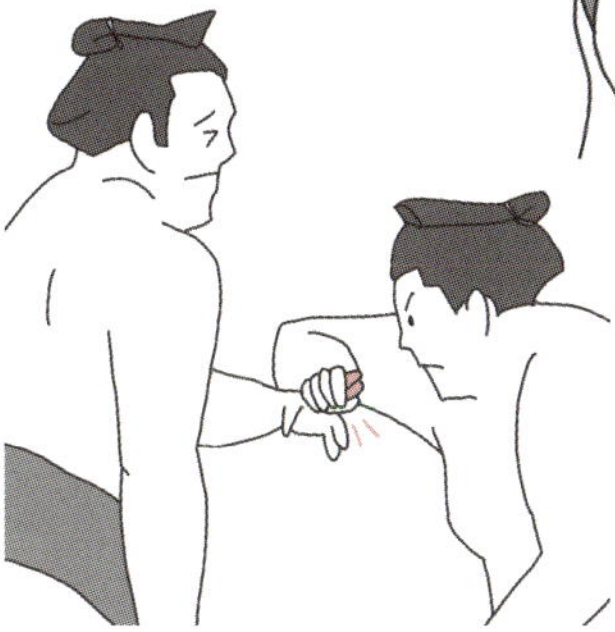

**前立褌をつかみ、
また横から
指を入れて引く**

廻しが外れた場合は外れた方の力士が負けですが、相手の前立褌《まえたてみつ》（廻しの正面の縦の部分）をつかむ行為は反則です。

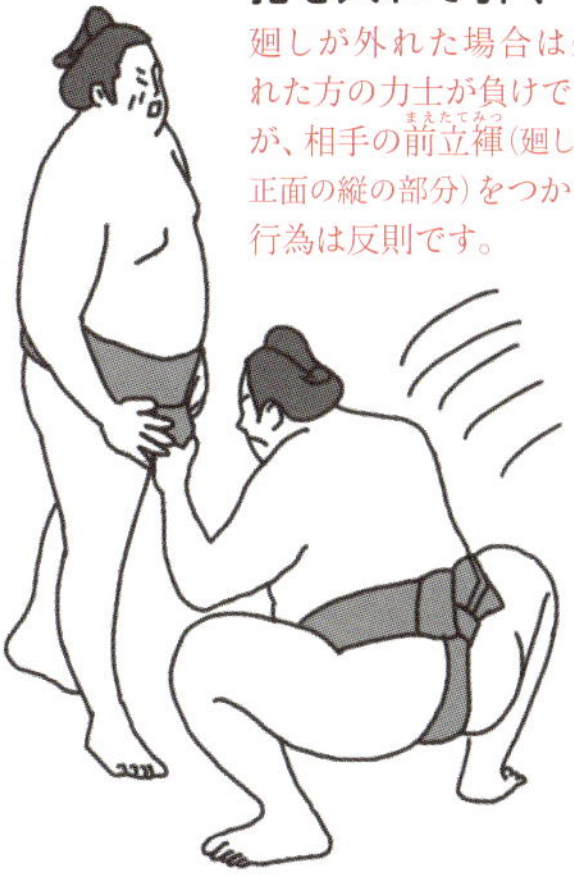

指を折り返す

これも危険です。

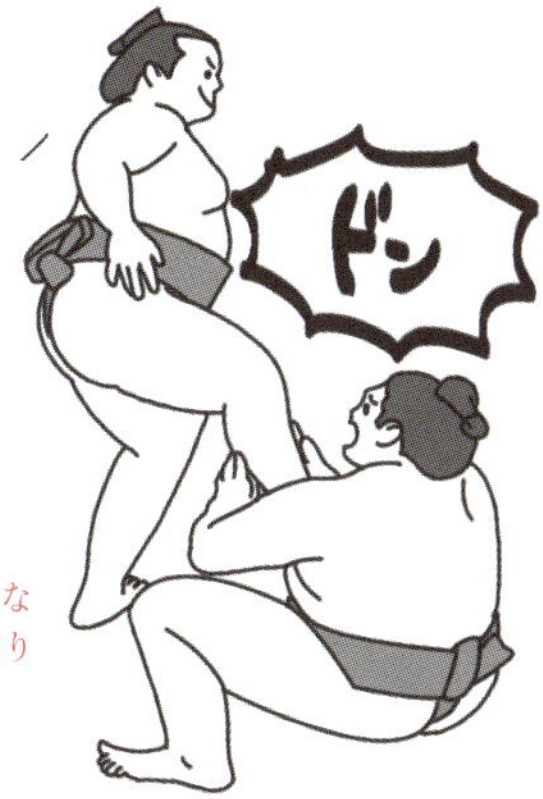

胸や腹を蹴る

ただし、「蹴手繰《けたぐ》り」などの足を使った決まり手もあります。

仕切り〜立ち合いの見かた

始まりが勝負の分かれ目!? お前はもう負けている…のかも。

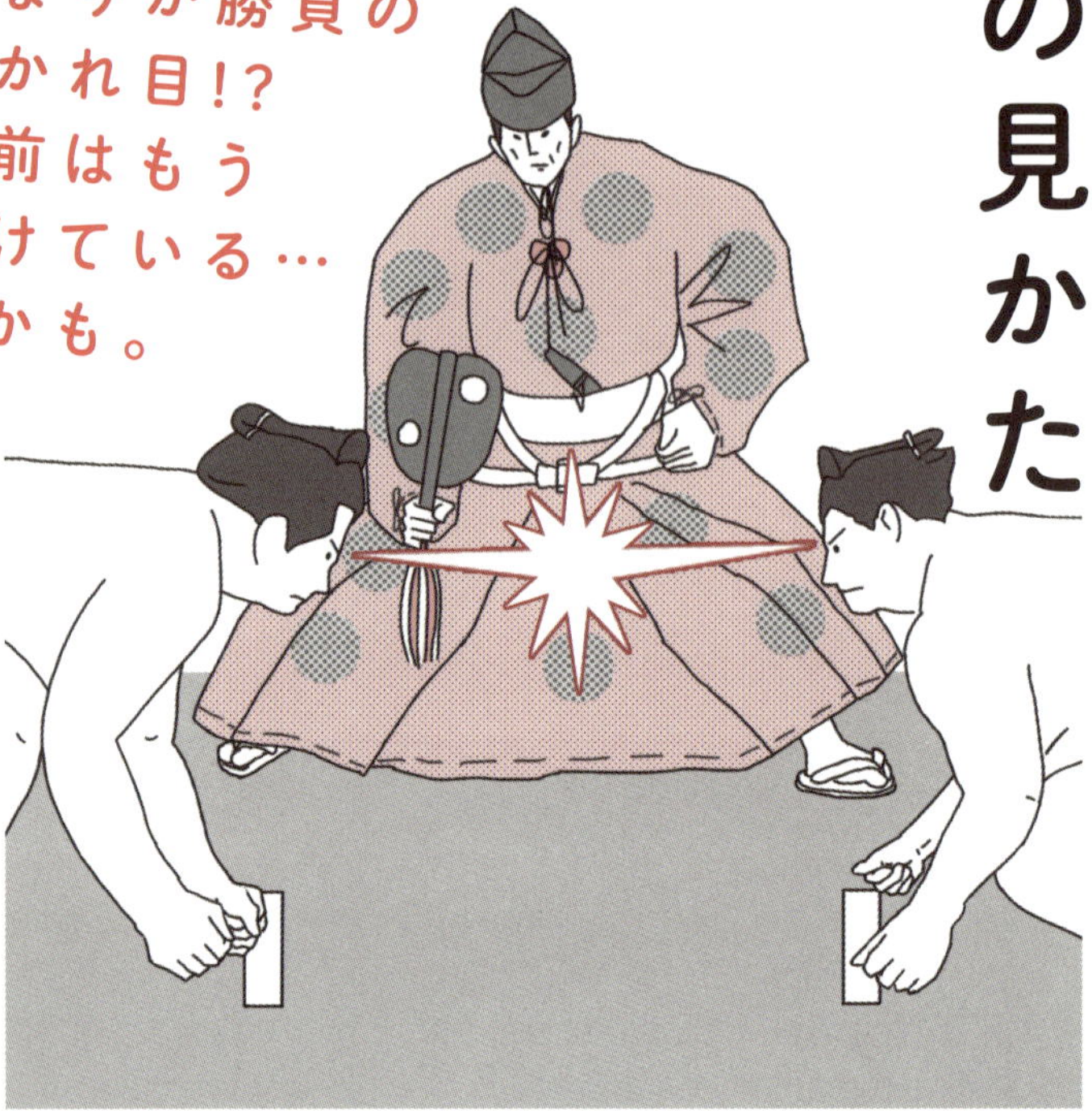

取組は、仕切り線で構えて互いの呼吸を合わせる「仕切り」、立ち上がって勝負が始まるまでの「立ち合い」を経て、攻防が繰り広げられます。

相撲の勝負はこの立ち合いで8割が決まるといわれ、一瞬でも立ち遅れると戦況が不利になるため、力士は立ち合いに全てをかけるといっても過言ではありません。しかし立ち合いは本来、呼吸を整え精神を統一し、互いの息の合ったところで立つのが正しいとされています。行司も、両者の呼吸が合ったと判断したところで軍配を引いて取組を見守るため、自分が有利に立つことだけを考えていては成立しないところが、ほかの競技と違って難しい点です。また動きを有利にするために、視線から相手の動きを予想して自分の立ち合いを決めるなど、仕切りの段階からさまざまな駆け引きが行われています。

ちなみに以前は仕切りに制限時間はありませんでしたが、昭和3（1928）年のラジオ中継開始に伴い、放送時間内に取組を終わらせる必要が生じたため、制限時間が設定されました。

仕切りのチェックポイント

始まりは力士次第！

誤解されがちですが、取組は行司が合図を出して始まるのではなく、力士同士の呼吸が合った瞬間に始まるのです。両手をついて待つ、片手をついた状態で待つ、両手を同時について瞬時に立つなど立ち合いのタイプはさまざま。相手と呼吸を合わせ、両手をついてから立つのが基本です。

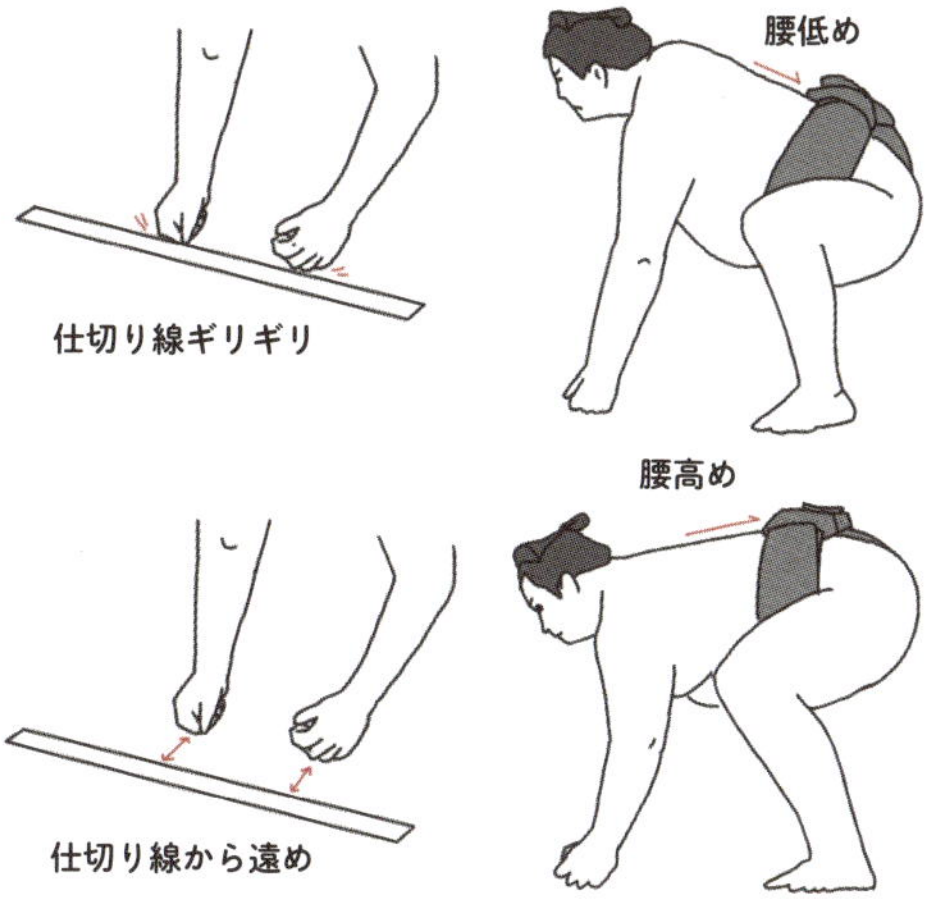

立ち合いの手の位置と腰の高さ

右上手狙いの場合は仕切り線より右にずれて仕切るなど、仕切る手の位置によって立ち合いの狙いが見えてくることがあります。サッと懐に入りたいときは仕切り線近くで仕切る、離れて仕切るときは思い切り当たって相手を弾きたい、あるいは相手の出かたを見ながら立つことなどが考えられます。また腰の高さやすねの角度にも注目してみましょう。

仕切り直し

力士同士の呼吸を合わせるのが行司の務めです。立ち合いで力士の呼吸が合わなければ行司が「待った」をかけ、やり直すこともあります。

力士の心理・読み

立ち合いで「変化」(64頁)を目論んでいる力士は仕切りの際、飛ぼうとしている方向に視線がチラチラと動くことがあるそうです。このように、目線などから相手の立ち合いを予測することもできるのです。

始まりに全てをかける！
それが俺たちの
やりかたさ

立ち合いの見かた

相撲は一瞬の競技なので、立ち合いでいかに先手を取るかが重要になってきます。そのため立ち合いを見れば、力士がどのような相撲を取ろうとしているのか、といった力士の狙いが見えてきます。

例えば、しっかり腰を下ろした低い姿勢から頭でぶちかまし、自分の体重を強く前にかけて当たり勝てば、次の攻撃を有利に運ぶことができます。当たり負けしたほうは上体が起きてしまうため、引きや叩《はた》きにいくケースが少なくありません。

四つ相撲（68頁）の力士に多く見られるのが、得意な四つの腕をカギ型に曲げて脇を締めた状態で胸から当たる立ち合いで、当たった瞬間に素早く差そうとします。両腕を自分の胸の前でクロスさせながら当たるときは、もろ差し狙いの立ち合いです。

立ち合いで上手を取りたい場合は、狙っている上手の方向に体の軸をずらして当たることもあります。相手の圧力をかわすときは左右どちらかに変化して立つこともあり、「注文相撲」ともいわれます。

立ち合いのテクニック

張り差し

文字通り平手で相手の顔を張って、相手の突進を一瞬止めてひるんだ隙に差す、または素早く懐に入ってもろ差しになるのが張り差しです。

かち上げ

脇を固めるように肘を曲げた状態で相手の胸から顎のあたりを突き上げ、上体を起こす攻め方をいいます。頭から当たってくる相手に対し上体を起こす効果があります。

もろ手突き

突き押しタイプ（66頁）でときおり見られるのが、もろ手突きです。両手で相手の肩や胸を突いて、相手の出足を止める効果があります。相手に対する一発の圧力はあるものの、変化に即応できないという弱点も。

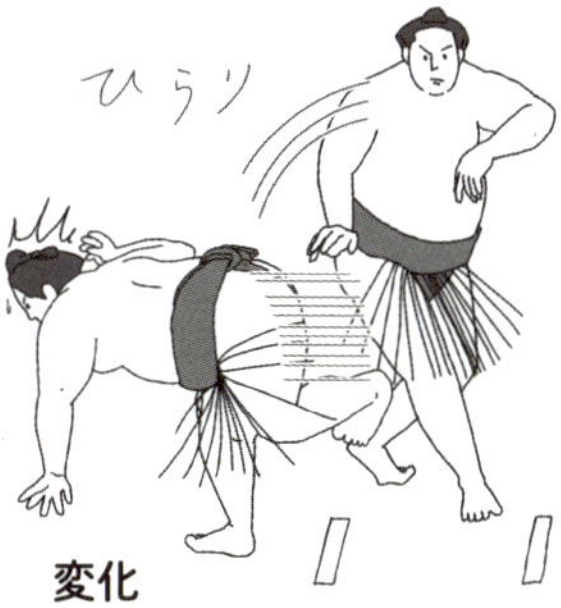

変化

変化にはいきなり右または左に動く場合と、当たってから素早く横に動く場合があります。相手の突進をかわす、または上手廻しを取るなどの意図があります。

ぶちかまし

頭を低くして、相手の胸から頭を目掛けて当たっていくことをいいます。低すぎると叩《はた》かれる可能性もあります。

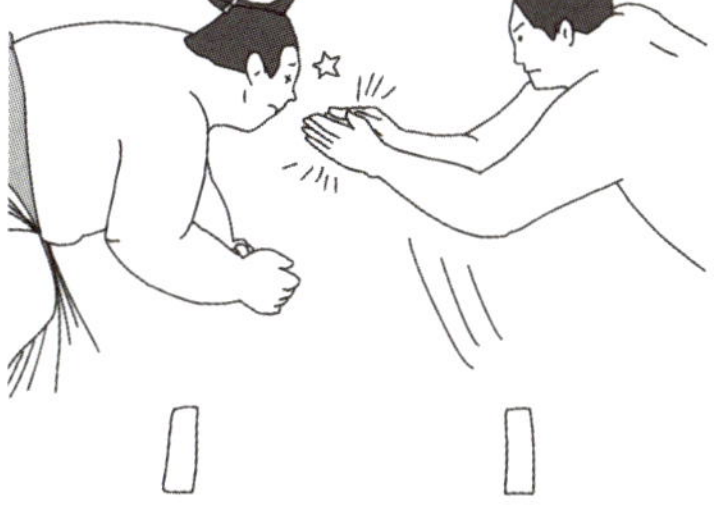

猫だまし

立ち合いの瞬間に相手の目の前で両手を叩いて、ひるんだ隙に有利な形に持ち込もうとする狙いがあります。通常は格下が格上相手に見せる奇襲とされています。

のど輪

相手ののどをハズ（66頁）にあてがって押す技。立ち合い以外の場面でも比較的よく使われます。

当たって砕けろ、
ひるんでいては勝負にならぬ！

取組の攻防と取り口

力士の取り口（相撲の取りかた）は、大別して突き押しと四つ相撲のふたつのタイプに分かれます。突き押しタイプの力士は、相手に廻しを取らせないように終始、突っ張るか、押し相撲なら相手が差そうとする腕を下からおっつけたり、ハズにあてがって廻しを遠ざけたりします。互いに突き押しタイプであれば体格が勝るほうが一見有利ですが、小兵でも技を使って相手の上体を起こすことができれば、優勢になります。四つ相撲も右四つか左四つ、あるいはもろ差しで力を発揮するのか、それぞれタイプがあります（68頁）。同じ右四つ同士であれば、どちらが先に上手《うわて》（相手の腕の外側に自分の腕がある状態）を取るかも重要なポイントです。

相撲には「下手《したて》は深く、上手は浅く」という鉄則があります。下手を深く、相手の背中側の廻しで取ると、相手の上手を遠ざけられます。また、上手で前褌《まえみつ》（廻しの腹側）を取って引きつければ、小兵でも大きな相手の重心を浮かせられます。力士のタイプを把握すると観戦は断然、面白くなります。

突き押し相撲の基本

相手の廻しを取らず、終始押しや突きだけで攻めるのが突き押し相撲です。下から上へ押し上げて相手の上体を浮かせば、体の重い相手も軽くなります。突っ張り合いや、押し合いから形勢を変えるためのいなし（相手の力の向きをそらすこと）や引きも効果的。

突き押し相撲の技・キーワード

ハズ

親指とほかの4本指とで手をY字型に開き、その手のひらを相手の脇の下や脇腹にあてがう形を「ハズ」といいます。矢の後ろ端の部分を「矢筈《やはず》」といいますが、名前はそこからきています。

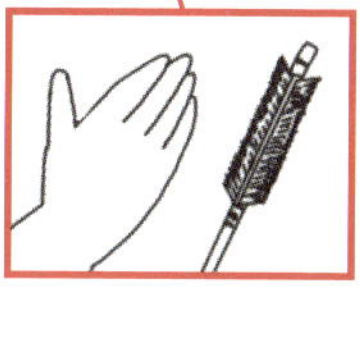

おっつけ

相手が差してきたときに、相手の肘や二の腕あたりに手をあてがい、下から上へ絞り上げるように力を加えることを「おっつけ」といいます。守りから攻めに転じる技でもあります。

四つ相撲の基本

互いに
右手が下手の
右四つ

互いに
左手が下手の
左四つ

右四つ・左四つ

右手を相手の左脇の下に通して下手に差し、左手は上手にある状態の四つに組んだ形を「右四つ」、逆の場合を「左四つ」といいます。対戦する両者が同じ四つを得意とする場合は「相《あい》四つ」といい、たとえば右四つ同士だと「右の相四つ」などといいます。力が拮抗する者同士が相四つだと、取組時間の長い相撲になることが少なくありません。

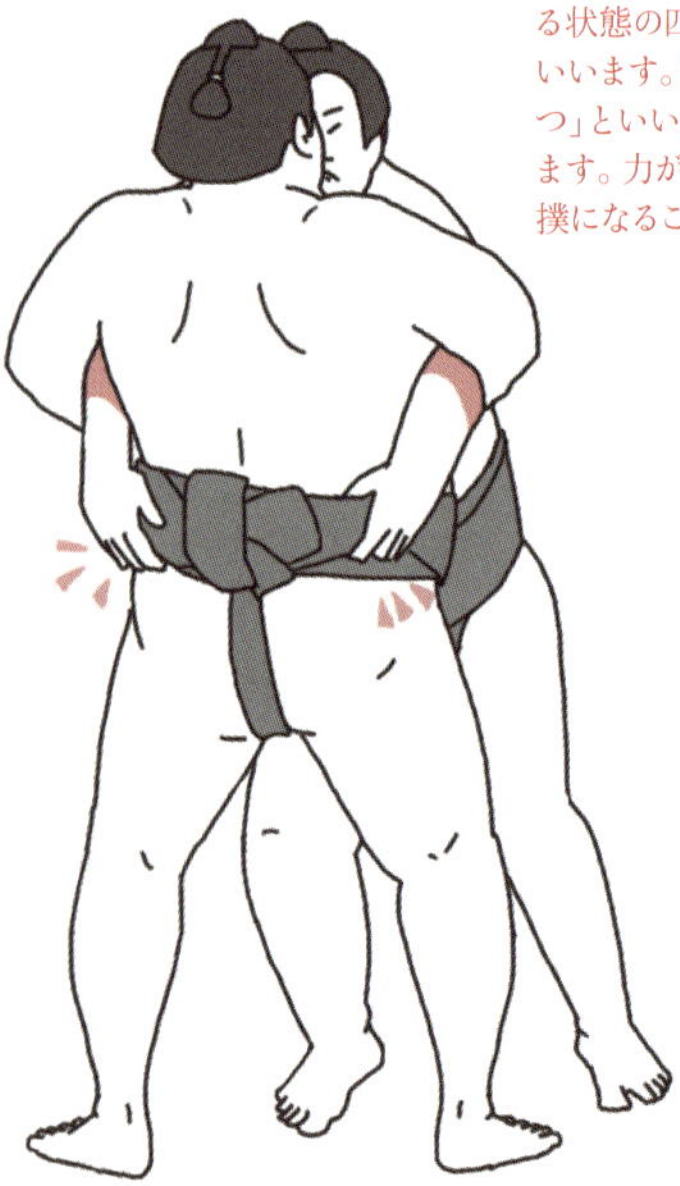

もろ差し・外四つ

左右両方の手を差した状態が「もろ差し」です。このとき、相手の廻しを取っても取らなくても両腕が下にあればもろ差しになり、「二本差し」ともいいます。逆に相手にもろ差しを許し、左右とも上手になった状態を「外四つ」といいます。基本的にもろ差しの方が有利ですが、差した両腕を極《き》め(関節を締め付け、相手の動きを封じること)られたり、大きな相手に外四つで両上手を取られたりした場合は不利になることもあります。

けんか四つ

対戦相手と得意な四つが違うことを「けんか四つ」といい、相四つの反対の意味になります。右四つが得意な力士と左四つが得意な力士はけんか四つであり、自分の有利な四つになろうとして、「差し手争い」が展開されることが少なくありません。

廻しの取りかた

「廻しは小指から取れ」という格言があり、小指を突き指するのは相撲が上手い証拠で、人差し指を突き指する力士は相撲が下手だといわれています。親指を廻しに通せば、切られにくく（廻しをつかんだ手を離されにくく）なります。

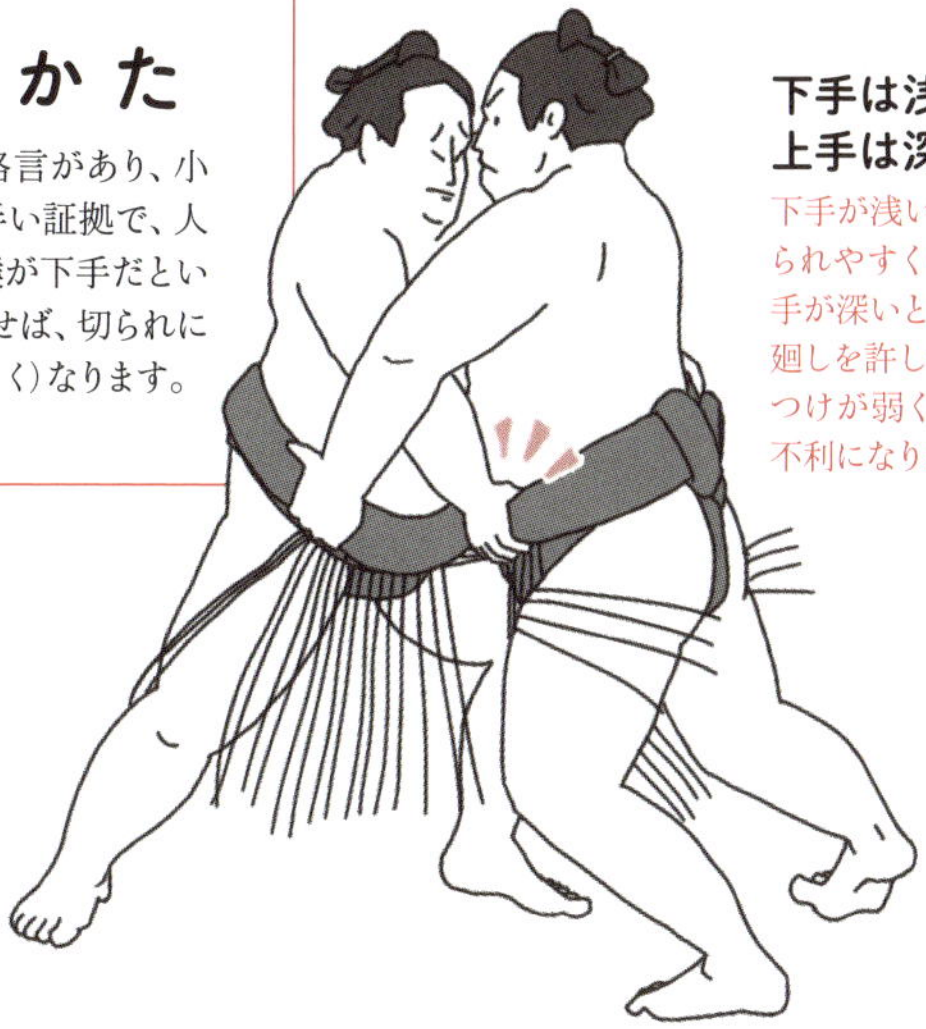

下手は浅く上手は深く、だと…

下手が浅いと相手に上手を取られやすくなります。また、上手が深いと相手に簡単に下手廻しを許してしまったり、引きつけが弱くなったりするので不利になります。

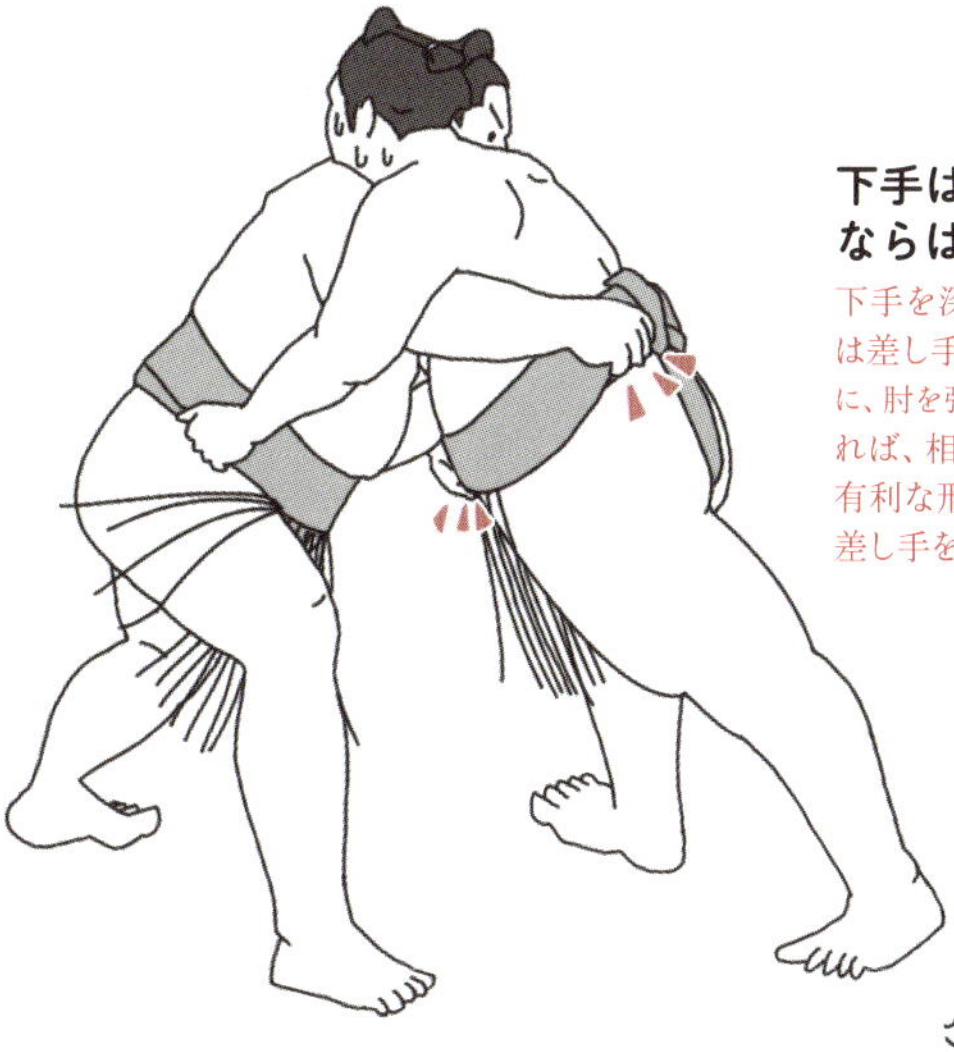

下手は深く上手は浅く、ならば…

下手を深く差して相手に密着する、または差し手を返した（差し手で廻しをつかまずに、肘を張って相手の腕を上げる）状態になれば、相手の上手を遠ざけることになり、有利な形になります。浅い上手は相手の差し手を殺す効果があります。

観客には見えない？
がっぷり四つの攻防

四つに組み合った力士が、引きつけ合い、密着した状態を「がっぷり四つ」といいます。がっぷり四つで膠着《こうちゃく》状態になったときは、相手の呼吸を測り前に出るタイミングをうかがいながら、巻き替え（上手になった腕を下手に差し替えること）や投げで崩す、あるいは相手が動くのを待つなど、さまざまな駆け引きが展開されています。

ここは見逃すな！
相撲の技の
魅せどころ

決まり手

力士が仕掛けた技によって勝敗が決まったとき、その技を決まり手といいます。現在、決まり手は82手に定められ、これ以外に5つの勝負結果（勇み足、腰砕け、つき手、つき膝、踏み出し）があります。決まり手は、ビデオ室に詰めている決まり手係の親方と、アナウンス担当の2人の行司が相談して決定し、その場で発表されます。

相撲協会は昭和10（1935）年に決まり手56手を制定しましたが、昭和30年に68手となり、さらに昭和35年から「出し投げ」を「上手出し投げ」と「下手出し投げ」に区別し、「河《かわ》津《づ》掛《が》け」を加えて70手としました。しかし、相撲のスピード化や力士の体格の変化もあり、既存の技に当てはまらない技も見られるようになったため、平成13（2001）年一月場所から、新たに12の決まり手と3つの勝負結果を加えて82手としました。土俵の形が定まらなかった時代には、「四十八手」といって、投げ、掛け、反り、ひねりの4つに分類された技にそれぞれ12手ずつあったとされています。

決まり手の基本技

押し出し（押し倒し）

ハズにした手を相手の脇の下や胸に当てて、そのまま相手を土俵の外に出す技を「押し出し」といいます。この攻めで相手の体を倒せば「押し倒し」となります。

寄り切り（寄り倒し）

四つに組んだ状態で、前に出て相手を土俵の外に出せば「寄り切り」。寄って出たときに相手が倒れれば「寄り倒し」となります。

突き出し（突き倒し）

突っ張りながら出足（相手の方に踏み出す足の運び）で圧倒し、相手を土俵の外に出すのを「突き出し」、そのまま相手が倒れれば「突き倒し」になります。

浴びせ倒し

四つに組んだ状態で相手が弓なりに上体を反らせたり、腰が砕けた体勢になったりしたとき、自分の体重を預けるようにそのまま覆いかぶさって倒す技を「浴びせ倒し」といいます。

駄《だ》目《め》押《お》しについて

ほぼ勝ちを手中にした状態で、勝利を確実にするために技を仕掛けたりすることを「駄目押し」といいます。土俵際で駄目押しをすれば、相手の力士だけでなく観客にもケガをさせる可能性があり、大変危険であると戒められています。ただし、攻めている方も足元が見えない場合が多く、土俵際で力を抜けば逆転負けにもなりかねず、対応が難しいところです。

よく使われる決まり手

上手投げ

相手の差し手の外側から廻しを取って、投げます。

下手投げ

差し手で相手の廻しを取って、投げます。

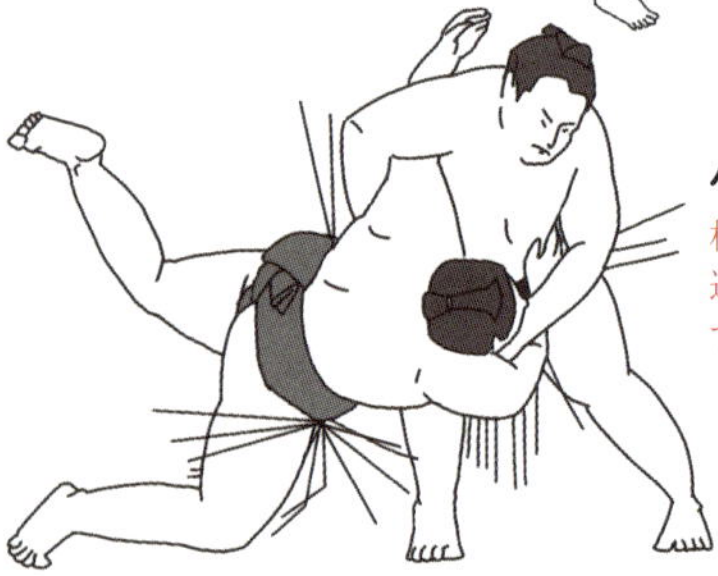

小手投げ

相手の差し手を抱え込んで、廻しを取らずに投げます。

掬《すく》い投げ

廻しを取らず、差し手を返して相手の脇の下から掬うように投げます。

上手出し投げ

上手で廻しを取った肘を自分の脇腹につけ、体《たい》を開いて（相手と正対していた体の向きを、左右どちらかに向けること）相手の体を前に押し出すように投げます。

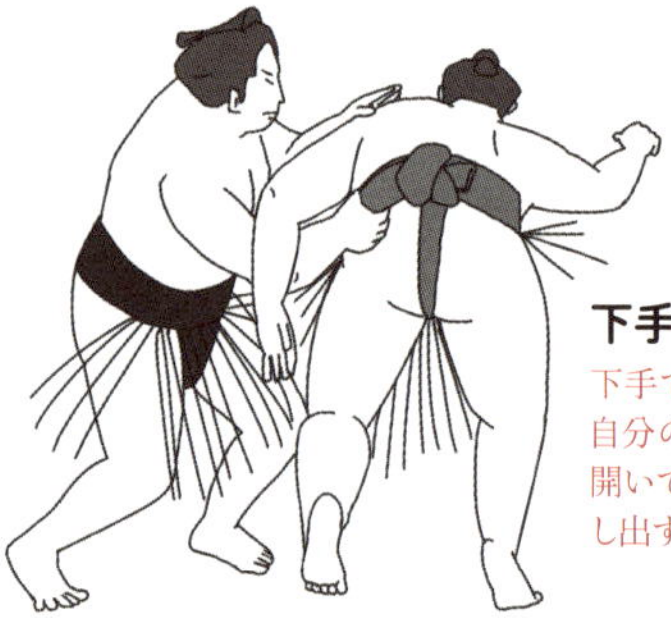

下手出し投げ

下手で廻しを取った肘を自分の脇腹につけ、体を開いて相手の体を前に押し出すように投げます。

突き落とし

体を開きながら、片手で相手の脇腹や肩を強く突いて下に落とします。

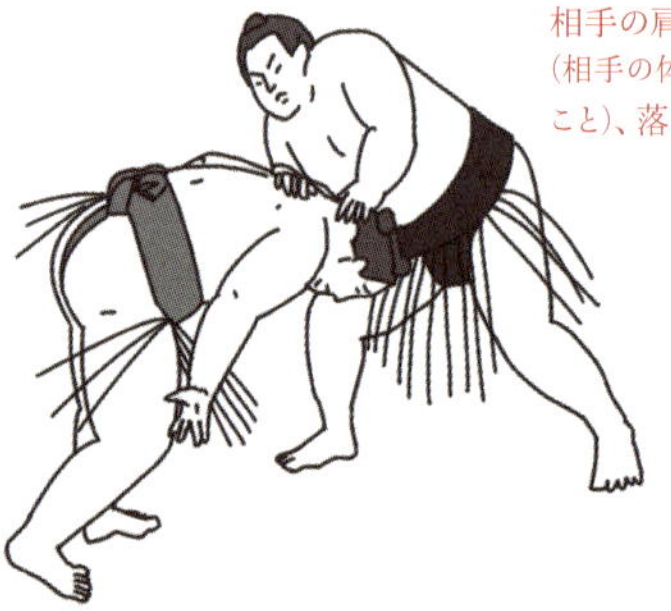

叩《はた》き込み

相手が低く出てきた場合などに、体を開きながら、相手の肩や背中を叩いて（相手の体を払うように叩くこと）、落とします。

めったに見られない!? 珍手

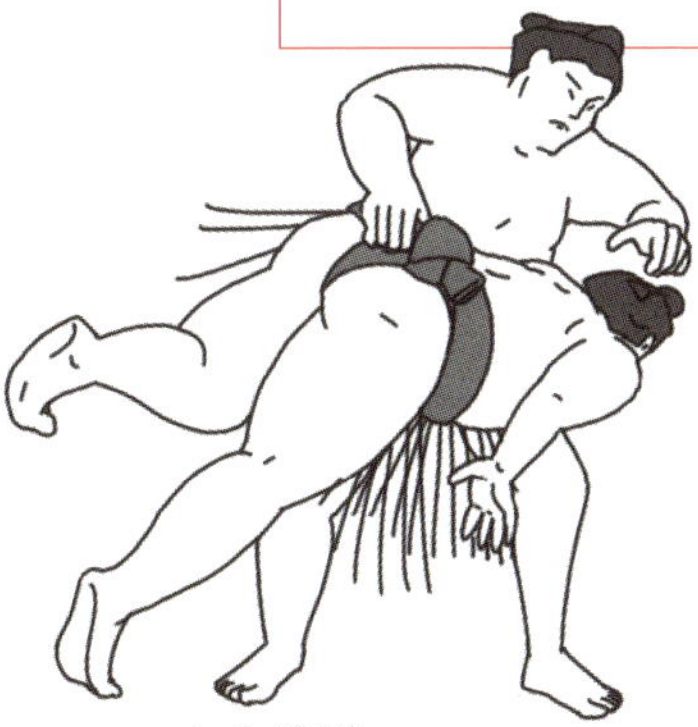

撞木《しゅもく》反《ぞ》り

頭を相手の脇の下に入れ、肩に担ぎ上げて後ろに反り倒します。

つかみ投げ

上手で相手の後ろ廻しをつかみ、相手を宙に浮かせて後方に放り出すように投げます。

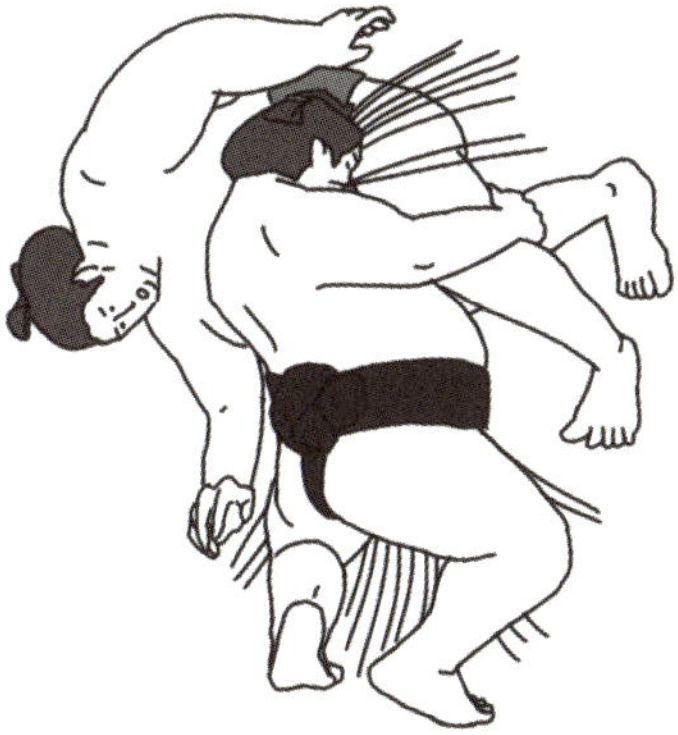

居《い》反《ぞ》り

相手が圧し掛かるように攻めてきたとき、または相手の懐に入ったとき、体勢を低くして相手の膝を抱えながら、後ろに反って後方に投げ落とします。最近では宇《う》良《ら》が得意としているので、実際に見られる日も近いかもしれません。

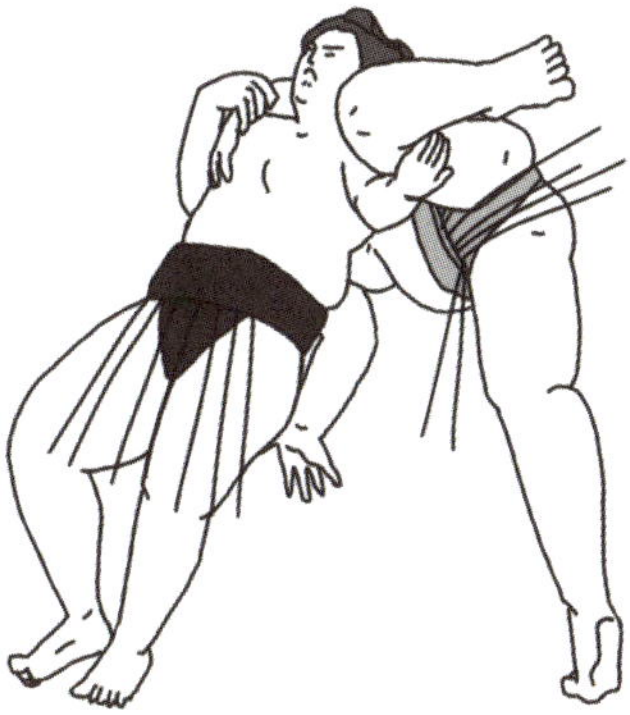

たすき反り

相手の脇の下に頭を入れ、片方の手で相手の足を内側から取り、たすきを掛けるようにして相手を肩に担ぎ、体を反らせて後方に落とす技です。

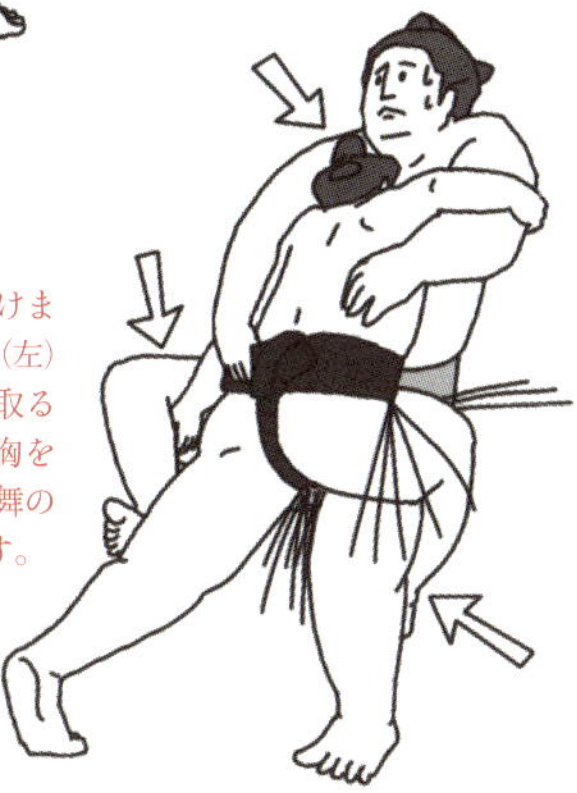

三《み》所《とところ》攻《ぜ》め

相手の右（左）足を外掛けまたは内掛けで攻め、右（左）手で相手の左（右）足を取るか掬って、頭で相手の胸を押すようにして倒す技。舞の海の三所攻めが有名です。

呼び戻し

廻しを引きつけるなどして相手をいったん手前に呼び込み、反動をつけるようにしてもう片方の差し手を返し、腕を前に突きつけて相手を倒す豪快な技です。一度は呼び戻しで勝ってみたいと憧れる力士も少なくありません。

昭和〜平成の
大相撲史を振り返る！

大相撲名勝負

70連勝ならず！大記録を前にした大番狂わせ

対戦者
安藝ノ海（前頭3枚目）vs 双葉山（横綱）

対戦日
昭和14（1939）年一月場所4日目

決まり手
外掛け

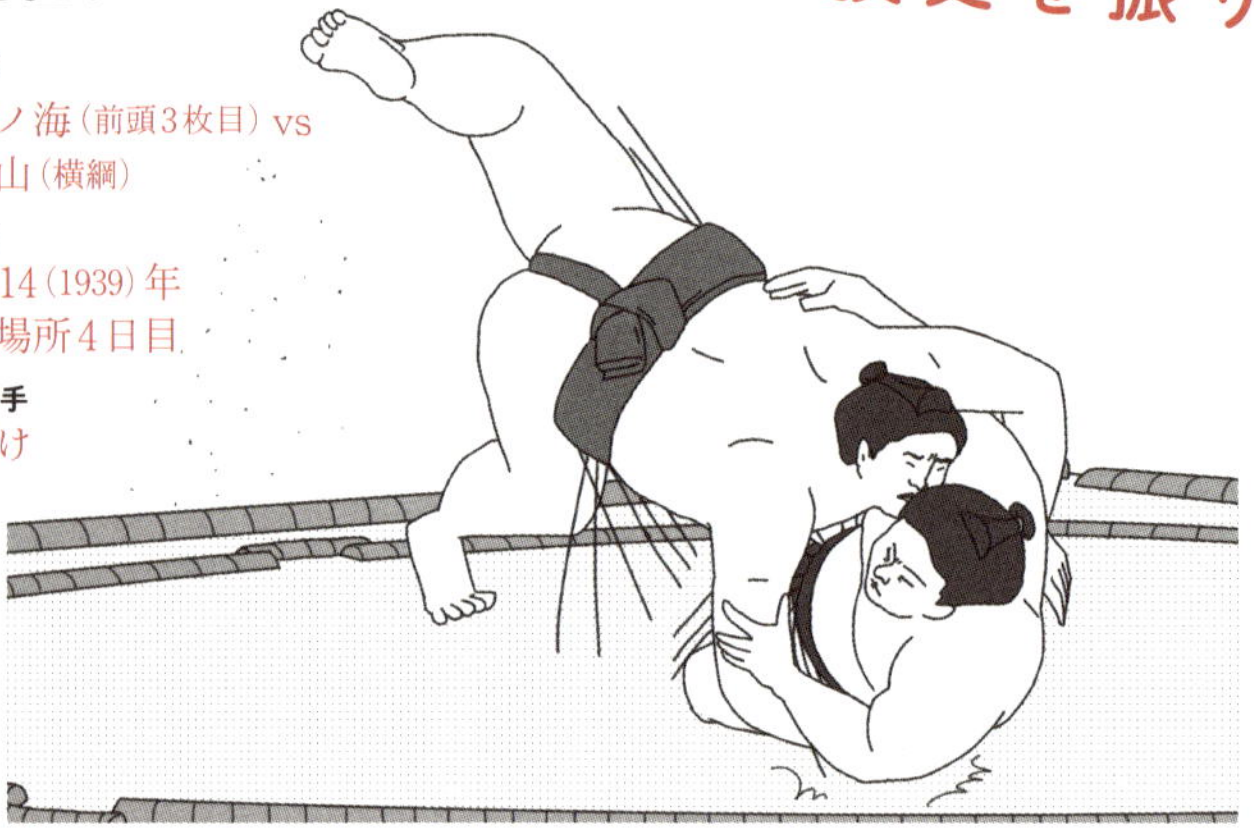

足かけ4年にもわたって負け知らずだった“不世出の大横綱”双葉山が、平幕・安藝ノ海が放った左外掛けに左腰から崩れ、69連勝でストップしたという歴史に残る名勝負。世紀の大番狂わせに、旧国技館の天井「大鉄傘」を揺るがすほどの轟音《ごうおん》が館内に鳴り響き、土俵には座布団、たばこ盆、ありとあらゆるものが投げ込まれるほどの熱狂ぶりでした。大金星を上げた安藝ノ海は国技館からわずか200ｍほどにある出羽海部屋にさえもたどり着けないほど、大勢の人びとが押し寄せたといいます。双葉山はこの日から3連敗と調子を崩しました。

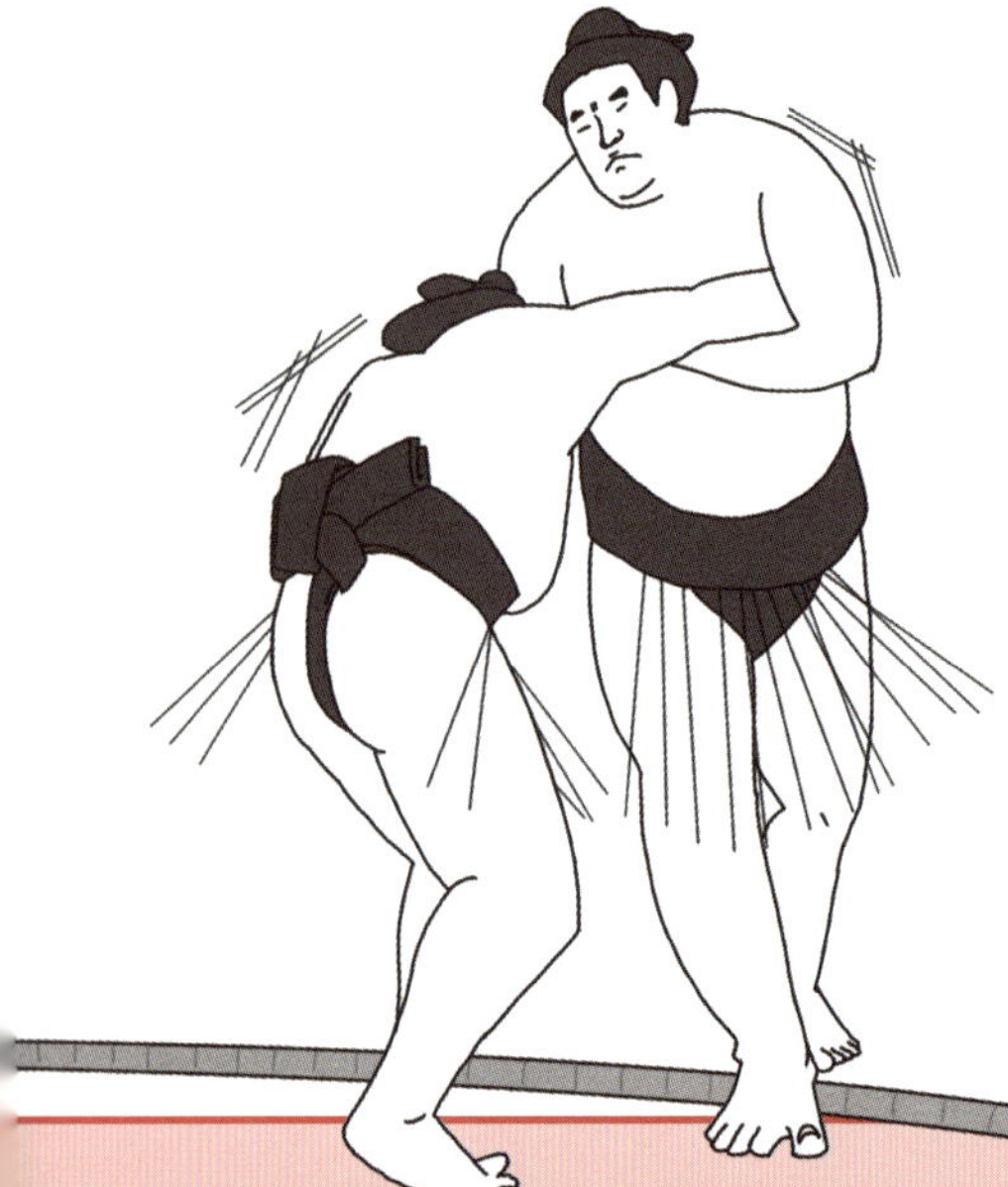

栃若最後の名勝負

対戦者
若乃花（横綱）vs 栃錦（横綱）

対戦日
昭和35（1960）年三月場所千秋楽

決まり手
寄り切り

テレビの普及とともに、大相撲も栃錦・若乃花という2横綱の活躍によって黄金時代を迎えていました。“栃《とち》若《わか》時代”とも呼ばれ、最高潮を迎えたのがこの場所。ともに初日から14連勝と譲らず、優勝賜盃は史上初の全勝での相星《あいぼし》（成績が同点であること）決戦で争われました。いつものように左四つがっぷりの体勢から栃錦が若乃花の上手を切ろうとすると、若乃花は右も入れてもろ差しとなり、寄り切りました。若乃花は初の全勝優勝で、通算8度目の賜盃。栃錦は翌場所2日目に引退を表明し、この取組が最後の栃若対決となりました。

ビデオ導入のきっかけとなった世紀の大誤審

対戦者
戸田（前頭筆頭）vs 大鵬（横綱）

対戦日
昭和44（1969）年三月場所2日目

決まり手
押し出し

前日に藤ノ川を下し、前年九月場所2日目からの連勝を45とした大鵬。続く2日目は初顔（本場所で初めての対戦）の新鋭、戸田ののど輪押しで東土俵に詰まり、右に回り込みながら叩《はた》き込むも押し出されてしまいました。行司はその前に戸田の右足が俵を踏み出したとして軍配を大鵬に上げましたが、物言いがつき、協議の結果、軍配差し違えで戸田の勝ちとなりました。しかし、直後にこれが誤審と判明。大鵬の連勝記録は誤審でストップしましたが、この一番をきっかけに勝負判定にビデオが導入されるようになりました。

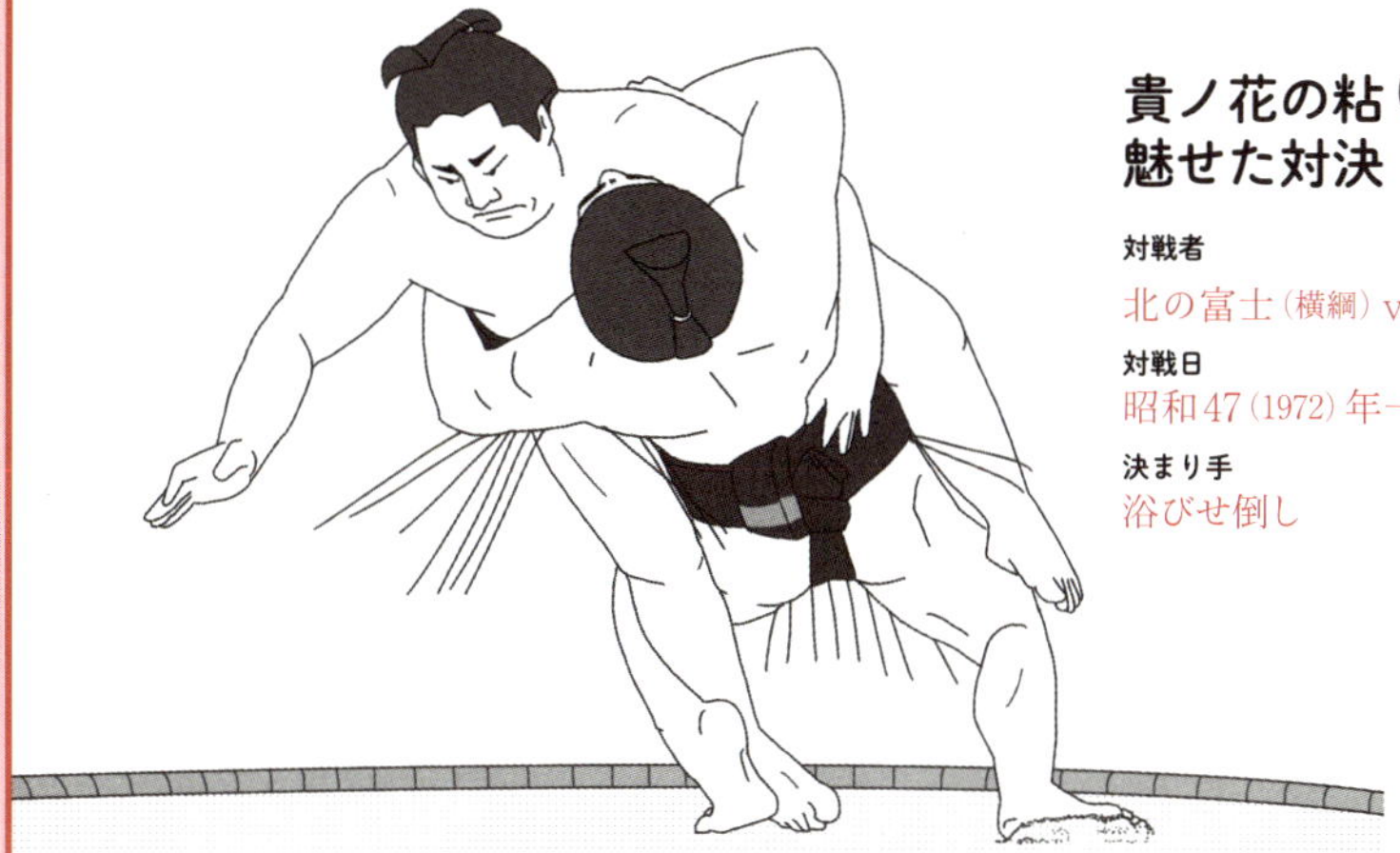

貴ノ花の粘り腰が魅せた対決

対戦者
北の富士（横綱）vs 貴ノ花（関脇）

対戦日
昭和47（1972）年一月場所8日目

決まり手
浴びせ倒し

貴ノ花の驚異の身体能力で、今なお語り継がれている一番。この取組では、土俵中央での北の富士の右外掛けに、貴ノ花の背中は大きくのけ反りましたが、同時に貴ノ花は体を左にひねり、右から上手投げを仕掛けました。貴ノ花が倒れるより先に、北の富士の右手が早く土俵につき、行司軍配は貴ノ花に上がりましたが物言いがつき、協議判定へ。その結果、貴ノ花の体は「死に体」と判断され、北の富士の右手は「つき手」ではなく「かばい手」として勝ちとされました。敗れたものの、驚異の粘り腰を見せた貴ノ花の相撲は当時、“行司泣かせ”といわれていました。

大相撲史上最高視聴率！ウルフフィーバーの始まり

対戦者

千代の富士（関脇）vs 北の湖（横綱）

対戦日

昭和56（1981）年
一月場所千秋楽・優勝決定戦

決まり手

上手出し投げ

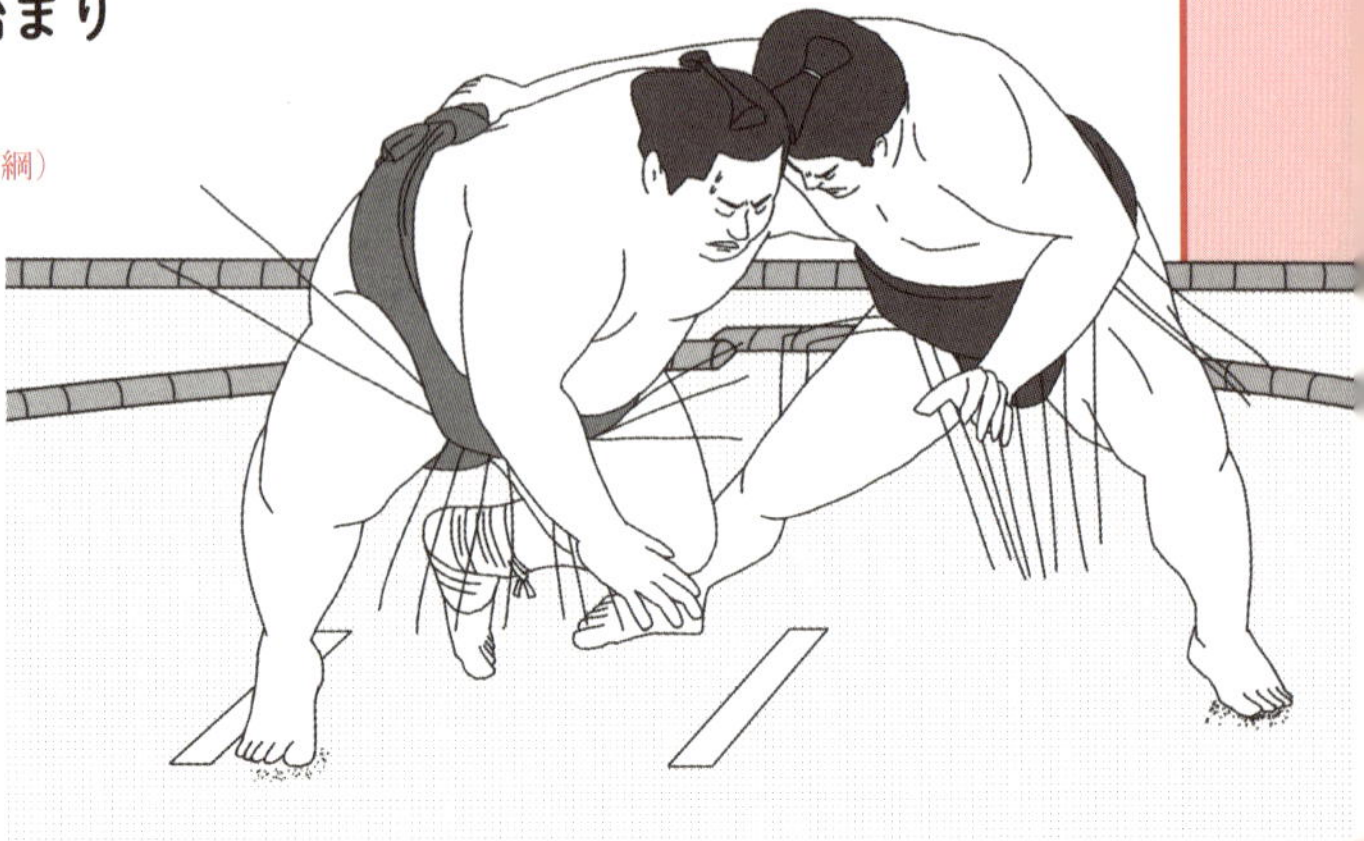

昭和56年一月場所では、この場所で引退した人気大関・貴ノ花と入れ替わるように、初日から連勝を重ねた千代の富士がニューヒーローに躍り出ました。14戦全勝で迎えた千秋楽は北の湖のつり出しに屈し、両者は1敗で並びましたが、優勝決定戦では千代の富士が上手出し投げで北の湖を土俵に這わせ、初優勝を飾りました。テレビ視聴率はなんと52.1%、瞬間最高65.3%と、いずれも大相撲中継の史上最高記録を打ち立てました。この場所から始まった“ウルフフィーバー”は全国を席巻し、千代の富士の横綱昇進で最高潮に達しました。

若武者vs大横綱、世代交代の一戦

対戦者

貴花田（前頭筆頭）vs
千代の富士（横綱）

対戦日

平成3（1991）年五月場所初日

決まり手

寄り切り

横綱の初日の対戦相手は小結が通例ですが、協会の粋なはからいでファン待望の“夢の対決”がいきなり実現した一戦。18歳の若武者・貴花田が優勝31回の大横綱に挑んだ一番は、予想に反して右をのぞかせ左からもおっつけて貴花田が果敢に攻め込み、防戦一方の千代の富士は寄り切られてしまいました。敗れた千代の富士は「五重丸だよ」と貴花田を絶賛。この敗戦をきっかけに、千代の富士は2日後に引退を表明しました。大相撲は平成のニューヒーロー誕生により、空前のブームを迎えました。

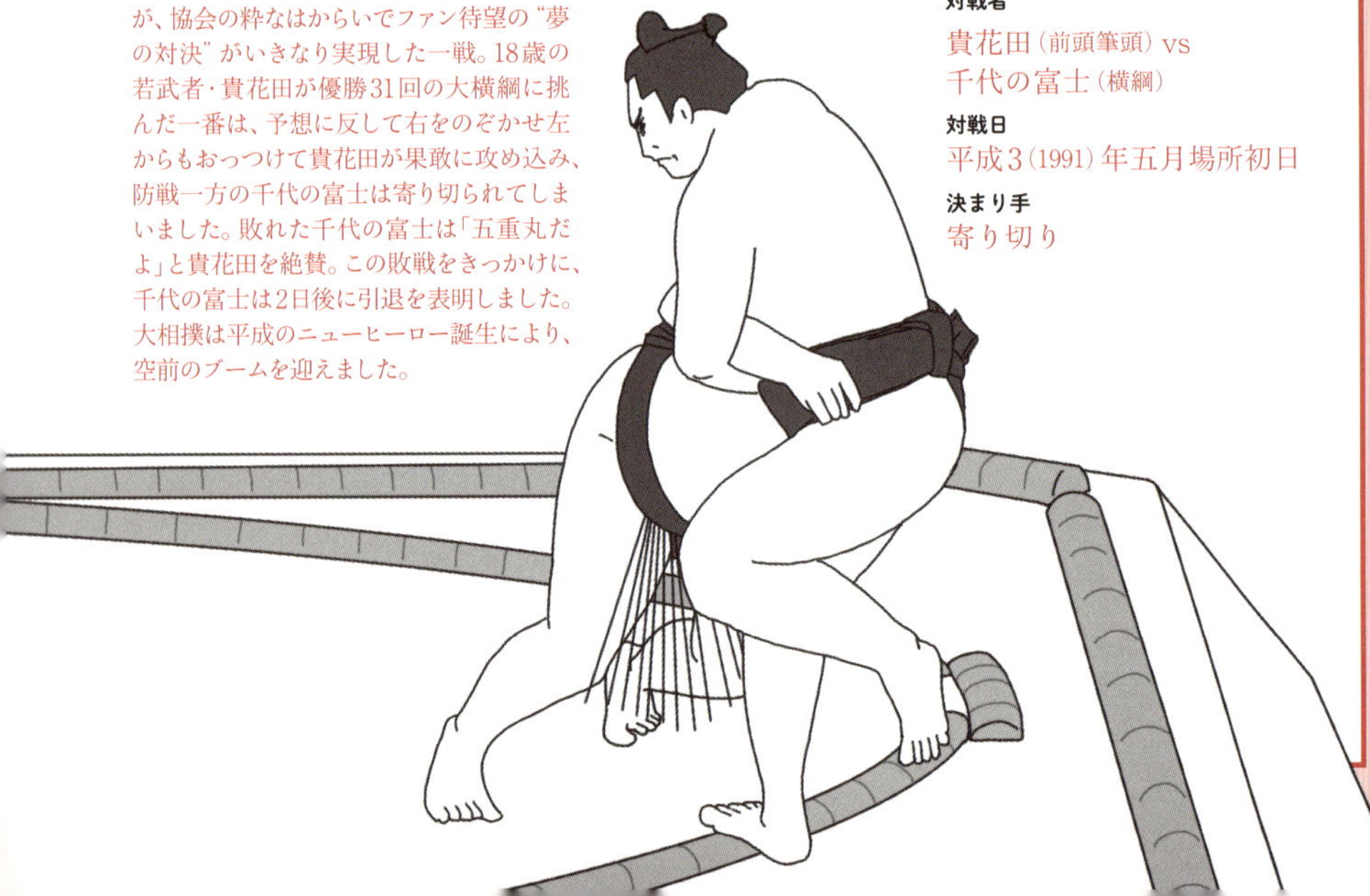

日本中が「感動した」！ 執念で勝ち取った優勝

対戦者

貴乃花（横綱）vs 武蔵丸（横綱）

対戦日

平成13（2001）年五月場所千秋楽・優勝決定戦

決まり手

上手投げ

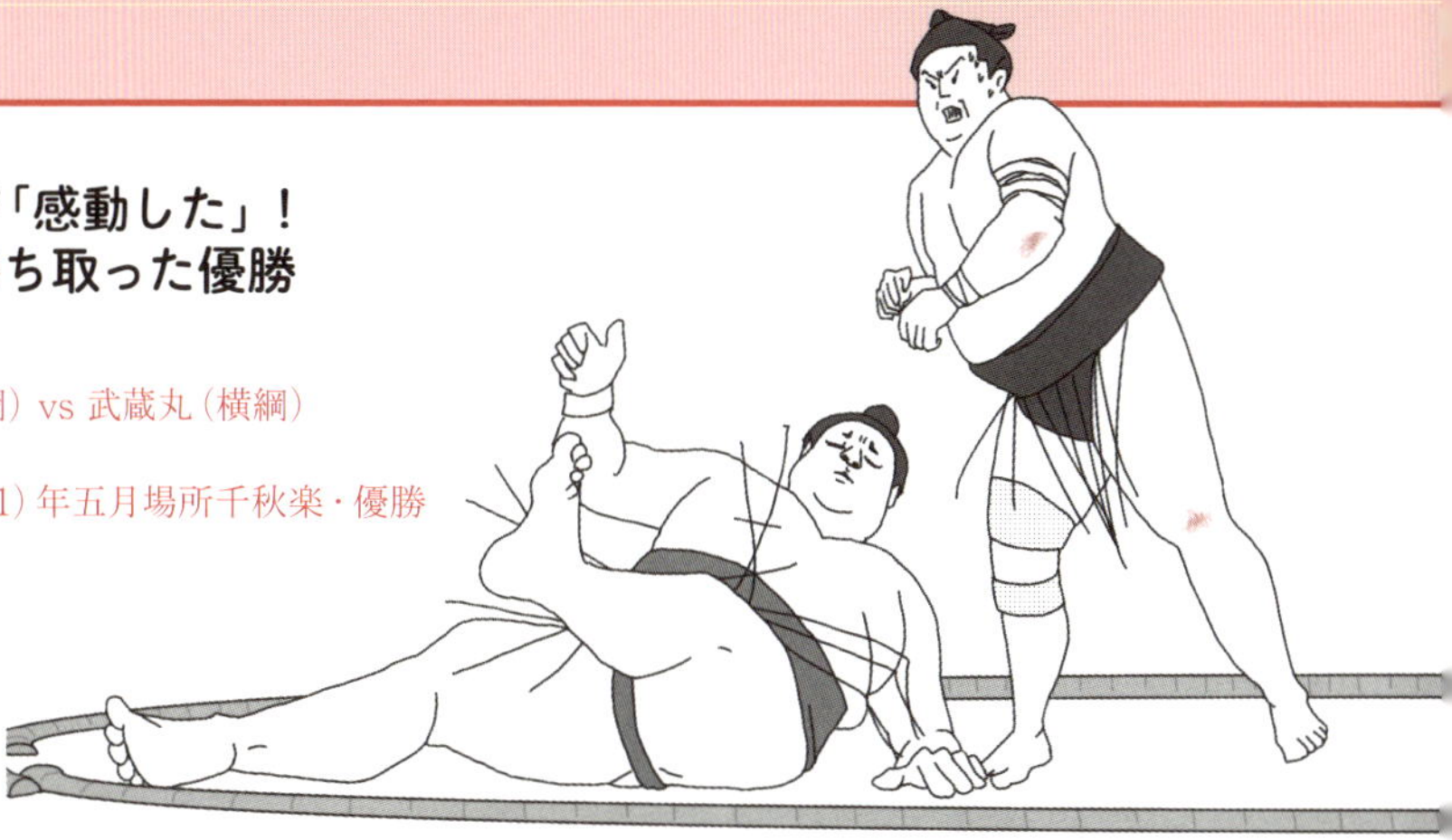

13日目まで全勝の貴乃花は14日目、武双山の巻き落としに屈した際に右膝亜脱臼の重傷を負っていました。休場濃厚と思われましたが、千秋楽は強行出場しました。しかし、武蔵丸戦は相撲にならず完敗。両者は2敗で並び、優勝決定戦で再度、雌雄を決することになったのです。貴乃花は仕切りの歩みすらおぼつきませんでしたが、執念の左上手投げで22度目の優勝を達成しました。表彰式では小泉首相（当時）が、「痛みに耐えてよく頑張った。感動した！」と絶叫。ファンの記憶に永遠に刻み込まれた優勝となりました。

大記録を前に 痛感した「負け」、 立ちはだかる稀勢の里

対戦者

稀勢の里（前頭筆頭）vs 白鵬（横綱）

対戦日

平成22（2010）年十一月場所2日目

決まり手

寄り切り

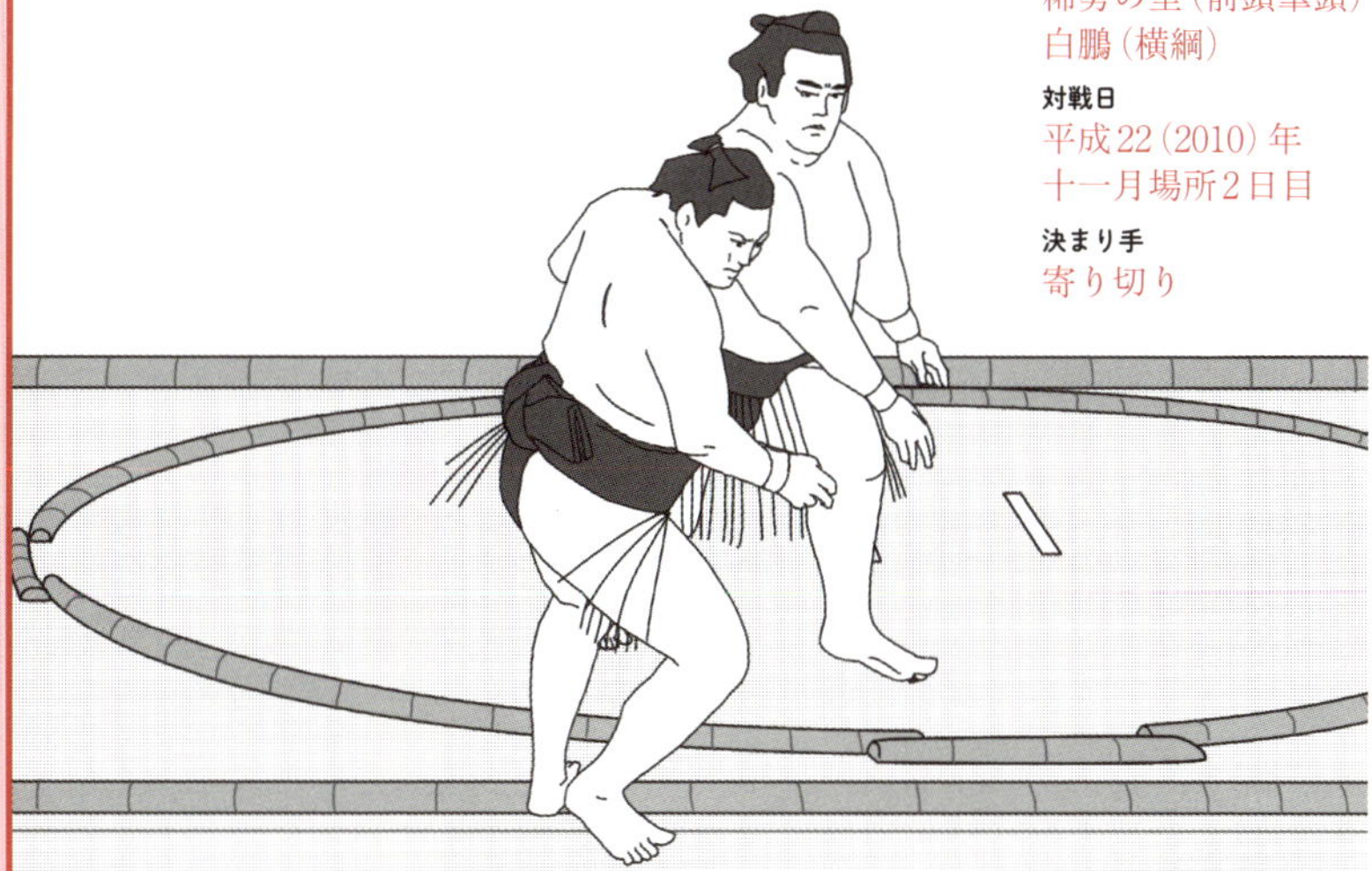

空前の4場所連続全勝優勝で九州入りした白鵬は初日、栃ノ心を下し、双葉山の持つ連勝記録、69連勝まであと6と迫っていました。ところが翌2日目、稀勢の里が突っ張りの猛攻で横綱を優勢に攻め立てると、最後は右上手を引きつけて寄り切り、白鵬の連勝は63で止まりました。“双葉超え”はならず、土俵下で茫然自失となり、しばらく立てなかった白鵬は「これが負けか」とつぶやいたといいます。白鵬は、平成25年七月場所14日目にも稀勢の里の寄り倒しに屈し、連勝が43でストップしました。

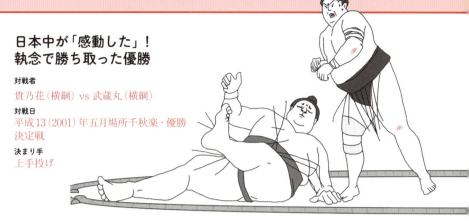

相撲隠語

相撲の世界を言葉でのぞき見!

相撲界には、テレビ中継や力士同士の会話などで使われる独特の表現があります。ここではその一部をご紹介。

とんぱち
後先を考えないで行動する者を指す。トンボに鉢巻の略。

なまくら
どちらでもよいこと。右四つでも左四つでも十分に相撲を取れることを「なまくら四つ」という。

ヌケヌケ
白星と黒星が交互に続くこと。

ばかまけ(馬鹿負け)
バカらしくてやってられないこと。

はがみ
借金の証文。借用書のこと。

ばける(化ける)
くすぶっていた力士が急に強くなること。

ばりき(馬力)
お酒のこと。

ひたちがた(常陸潟)
見栄を張ったり威張ったり、自分を等身大以上に大きく見せようとすること。明治時代末にいた常陸潟力三という力士に由来する。最近は「ひたち」ということが多い。

やまいく
病気やケガをすること。「病に入る」が変化した言葉と思われる。

よかた(寄方)
相撲関係者以外の一般人、素人のこと。

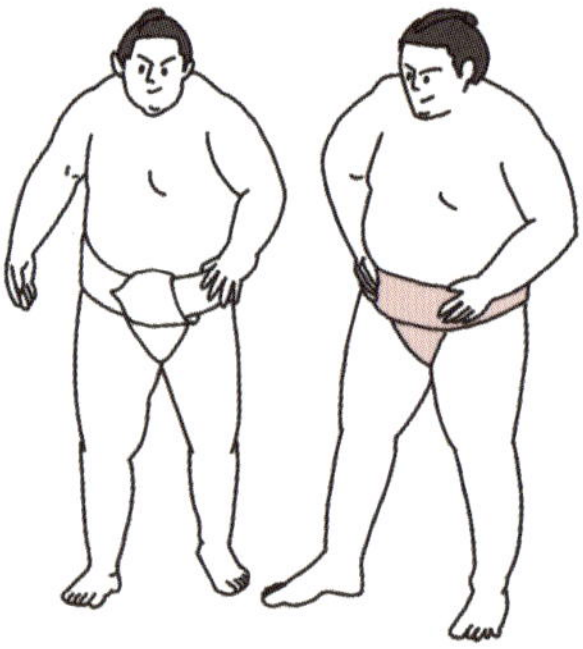

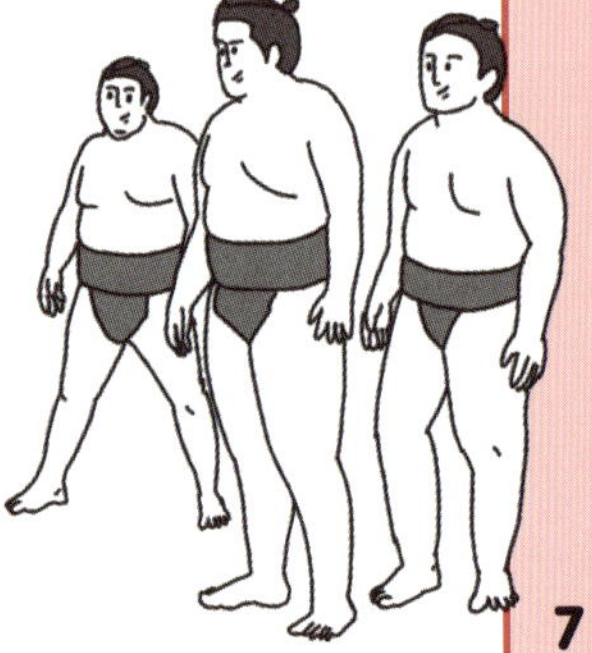

あごをかます

何かを頼まれたとき、きっぱりと断ること。「あごを食う」といえば、逆にけんもほろろに断られること。

あんま（按摩）

下位力士が上位力士の稽古の相手をすること。実力が段違いの上位力士にとっては体をほぐす程度だから、というのが由来。

えびすこ（恵比寿講）

腹いっぱい食べること。大食漢のことを「えびすこが強い」という。

おこめ（お米）

お金や小遣いのこと。

おっつける

たかったり、奢らせたりすること。

かおじゃない（顔じゃない）

身分不相応なこと。

かどばん（角番）

大関は2場所連続で負け越すと降格することになっていて、1場所負け越した次の本場所のことをいう。

きんぼし（金星）

平幕（三役以外の幕内力士）が横綱を倒すこと。また、美人を指す場合もある。

くびなげ（首投げ）

女性と関係を持つこと。

こめびつ（米びつ）

実力や人気のある力士を指す。収入が多いという意味で使う。

こんぱち

人差し指や中指を親指で押さえ、人の額を思い切り弾くこと。初めて髷《まげ》を結えた新弟子に兄弟子が行い、ご祝儀（鬢《びん》付け油代）を渡すというしきたりがある。

しょっぱい

相撲が弱いこと。ケチな人に対していうこともある。

スカす

相撲部屋を脱走する。

せきたんたく（石炭焚く）

急ぐこと。汽車が馬力を出すとき、石炭をたくさん焚いたことから来ている。

たにまち（谷町）

ひいき筋や後援者のこと。明治時代、大阪の谷町筋4丁目にあった医者が熱狂的な相撲ファンで、力士を無料で治療したことに由来している。

ちょうしをおろす（調子を下ろす）

相手を甘く見て油断すること。

つらずもう（つら相撲）

連勝や連敗が続くこと。「連なる」という意味から来ている。

てがあう（手が合う）

気が合う、仲が良いこと。

でんしゃみち（電車道）

立ち合いから一直線に寄ったり押したりすること。土俵に電車のレールのような跡が残ることから来ている。最近は略して「しゃみち」というケースが多い。

とうすけ（藤助）

ケチなこと。明治時代にいた藤田川藤助という三段目力士が非常な倹約家だったことに由来する。

どざえもん（土左衛門）

溺死者のこと。江戸時代、肌が青白く太っていた成瀬川土左衛門という力士に由来するといわれる。

生観戦のポイント

朝から晩まで、
相撲三昧の一日も
いいものです。

大相撲の取組は朝8時半ごろから始まり、結びの一番が終わるのが午後6時。結びの一番で取組を行う横綱は、登場するだけで土俵が華やぎますが、観戦上級者は午後2時半ごろの「幕下上位5番」に最も熱い視線を注ぎます。相撲界は幕下までは修行の身であり、給料はもらえません。しかし十両に昇進すればいきなり月給100万円以上を手にすることになり、関取（十両以上の力士）を目前にした幕下上位の取組は相撲人生をかけたサバイバルの様相を呈してくるのです。

テレビでは退屈に感じる十両以上の数分の仕切りも、生観戦では制限時間に近づくにつれ、徐々に力士の上半身の肌がピンク色に紅潮し、気合いが乗ってくるのが分かります。制限時間いっぱいとなり行司の軍配が返ると、拍手と歓声で沸いていた館内が一瞬にして静まり、取組が始まる瞬間、緊迫した空気が張り詰めます。1万人の静寂は大歓声を上回る迫力で、背筋がゾーっとするほど。ほかのエンターテインメントでは決して味わえない興奮です。

生観戦の前に…

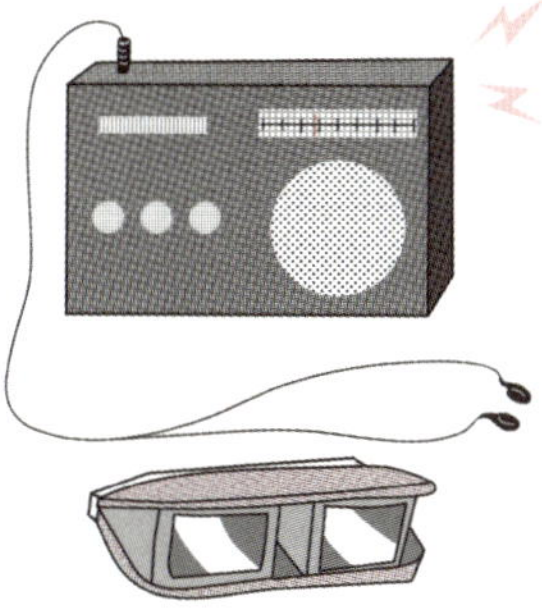

観戦で役立つ持ち物

国技館ではNHK大相撲中継（日本語、英語）とオリジナル館内放送「どすこいFM」（42頁）の3つのFM放送を聞けます。解説付きで観戦したいという人はラジオが必須ですが、館内でもラジオの貸し出しがされています。また土俵から遠い席で観戦する場合は、双眼鏡もあるとより楽しめるでしょう。

テレビ録画

相撲の細かいテクニックを見るなら、何度もリプレイできるテレビが一番。事前に録画予約をして観戦に出掛け、帰宅後に見ると、会場では分からなかった技を復習できたり、冷めやらぬ興奮がよみがえったりして、相撲の楽しさも倍増するかも。

知っておきたい観戦マナー

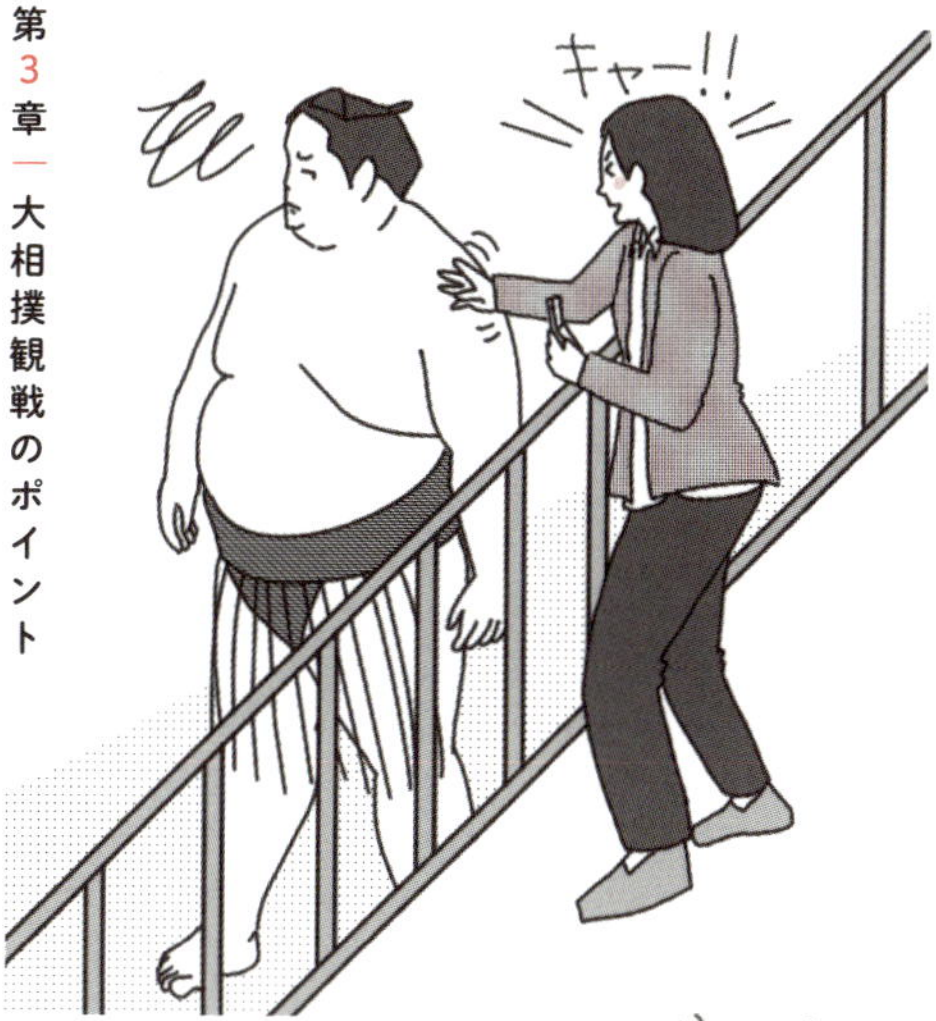

×
取組前の力士の体を触る

場所入りする力士にサインや握手を求めるのはマナー違反。出番前の力士に触ったり話しかけたりするのもやめましょう。記念写真やサインは取組を終えた力士が帰るときに頼んでみましょう。

○
掛け声

声援は力士本人にとってもうれしいもの。ただし立ち合い直前、行司の軍配が返り、取組が始まる瞬間は、拍手も掛け声も禁止です。鳴り物はいうまでもなくご法度。力士の名前を連呼するコールも望ましいものではありません。

×
座布団投げ

大番狂わせが起こったとき、興奮した観客たちが土俵に向かって座布団を投げる光景がしばしば見られます。これは江戸から明治時代にかけての「投げ纏《は》頭《な》」という風習の名残ですが（96頁）、乱舞する座布団が顔を直撃しケガをした人もいます。危険なのでやめましょう。

テレビ観戦のコツ

国技だもの、本場所中は
公共放送で毎日放送中！

生観戦の迫力にはかないませんが、テレビ観戦はリプレイもあり、細かい攻防もチェックできるので、より深く相撲を堪能できるという利点があります。

テレビ観戦を楽しむコツはまず、ひいきの力士を見つけること。締込《しめこみ》の色が好き、顔が知り合いに似ている、出身地に馴染みがあるなど、きっかけは何でもいいのです。専門誌や力士本人のブログ、ツイッターなどのＳＮＳでサイドストーリーやオフショットをチェックするのもおすすめです。

また、仕切り時間を退屈に思う人がいるかもしれませんが、毎日見続けていると仕切りにも力士１人ひとりの個性が見えてきます。自分だけの発見があれば、それも楽しみのひとつになるでしょう。

さらに、ひいき力士の得意技、強みを覚えましょう。突き押しタイプなのか四つ相撲なのか、四つ相撲であれば、右、左を意識することです。右四つが得意なのか、右四つ得意でも左上手を取ると力を発揮するのか、そこが分かれば、テレビ観戦でも相撲の面白さが倍増すること間違いなしです。

4 大相撲の仕組み

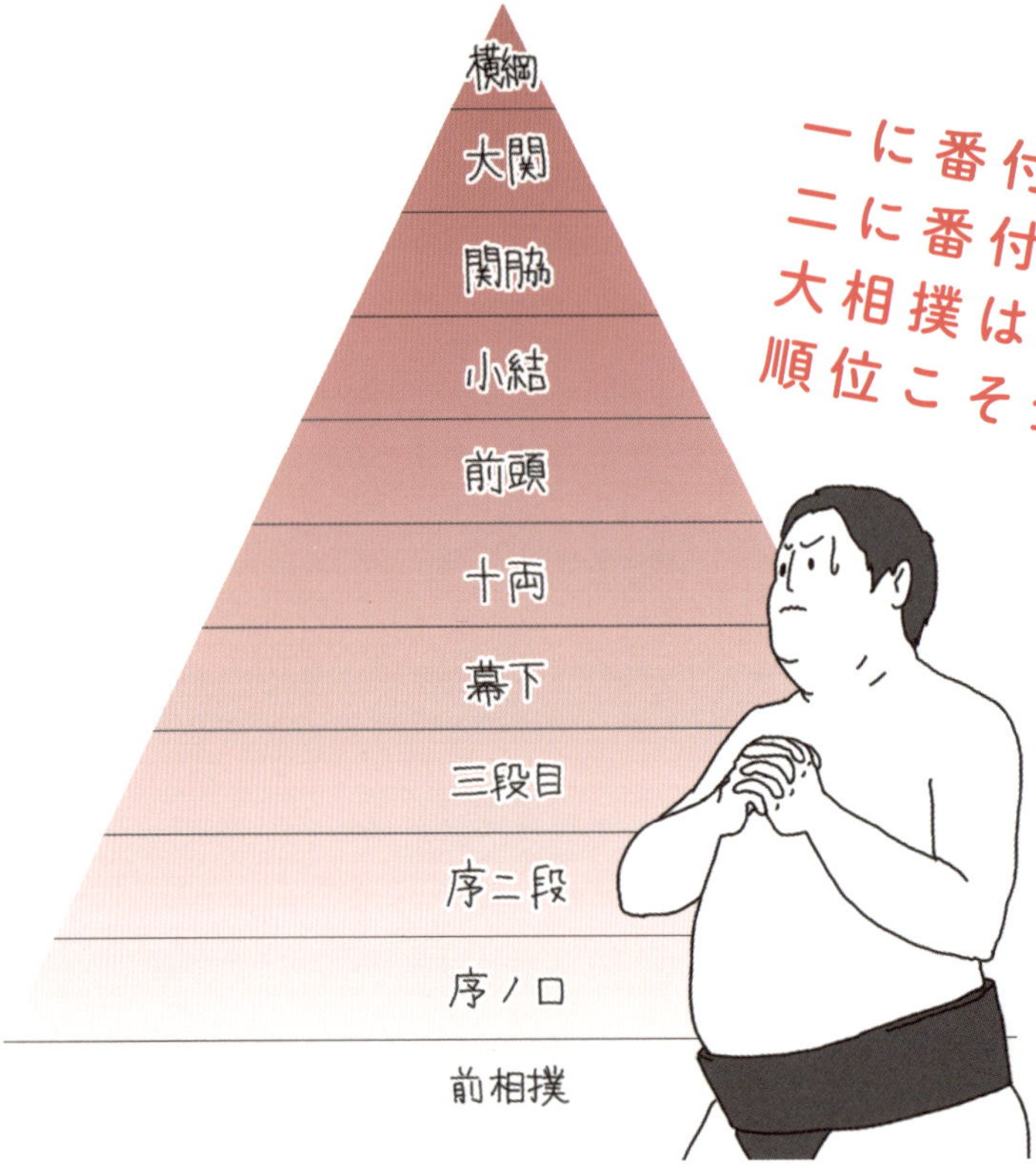

一に番付、二に番付、大相撲は順位こそ全て！

番付

相撲界は番付社会ともいわれ、番付表を見れば角界内での序列は一目瞭然。番付によって、衣食住をはじめとするありとあらゆる面で、厳然と待遇の違いが存在します。

最も大きく違うのは、十両以上の関取衆と幕下以下の若い衆との差。西十両14枚目と東幕下筆頭では、番付はわずか半枚の差ですが、生活環境はまったく違ってきます。一番大きいのは給料が出るか出ないかの差でしょう。十両になれば月給も１００万円以上もらうことになりますが、幕下以下は無給です。角界では「番付が一枚違えば家来同然、一段違えば虫けら同然」という言葉が古くからあります。それほど番付社会とは厳しいものなのです。

稽古が終わって風呂に入るのも番付が上の者から、ちゃんこ（146頁）にありつけるのも番付順です。若い衆は食事をする関取衆の後ろに立って給仕をしなくてはならず、食べられるのは関取衆が食べ終わった後です。「悔しかったら強くなれ」という単純明快な論理で、力士たちは日々稽古に励むのです。

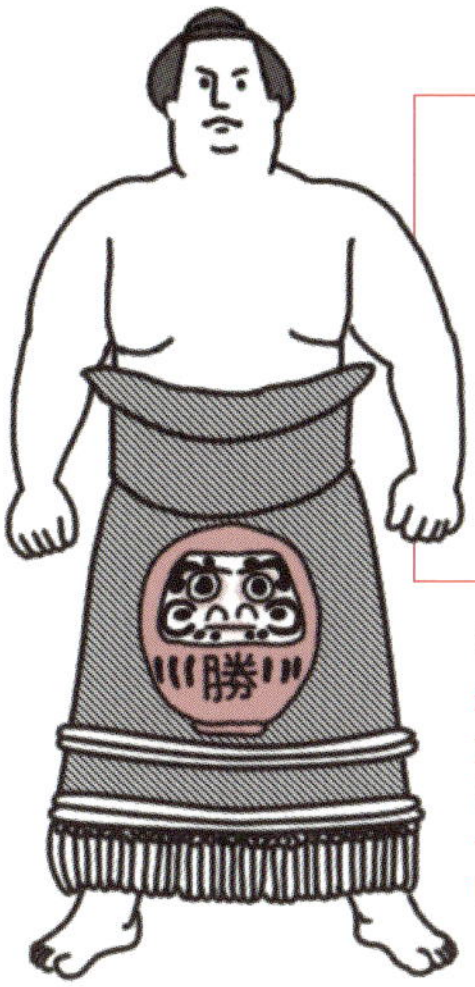

力士の階級について

力士の階級は、序ノ口から横綱まで、全部で10段階に分かれていて、大関・関脇・小結は、東西に最低1人ずつ、番付に載ることになっています。ここでは最高位・横綱（86頁）以外の階級と服装について解説します。

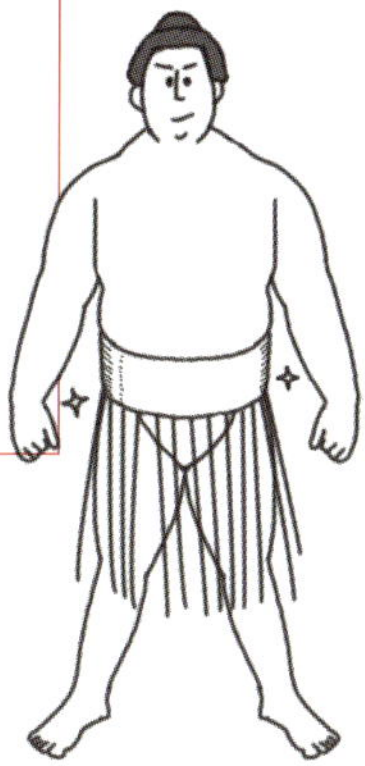

大関

最高位である横綱に次ぐ地位で、明治時代に横綱が明文化されるまでは大関が最高位でした。大関以上になると、国技館での場所入りは、車で地下駐車場に直接乗りつけることができます。また、化粧廻し（118頁）の下端の「馬簾《ばれん》」に紫色を使用することが許されます。

三役（関脇《せきわけ》・小結《こむすび》）

横綱、大関に次ぐ地位で、給与やそのほかの待遇面は横綱、大関、三役（関脇・小結）というように区分されています。大関も含めて三役という場合もあります。横綱を倒しても金星（78頁）にはなりません。

前頭

横綱〜前頭を「幕内」といい、定員は42名以内と決められています。小結以上と区別して前頭のことを「平幕」ともいい、小結より下位の幕内力士を指します。自分の四股名を染め抜いた着流しを着用できるのは、幕内以上の力士の特権。給与は前頭筆頭も幕尻（幕内力士の最下位の通称）も同額です。

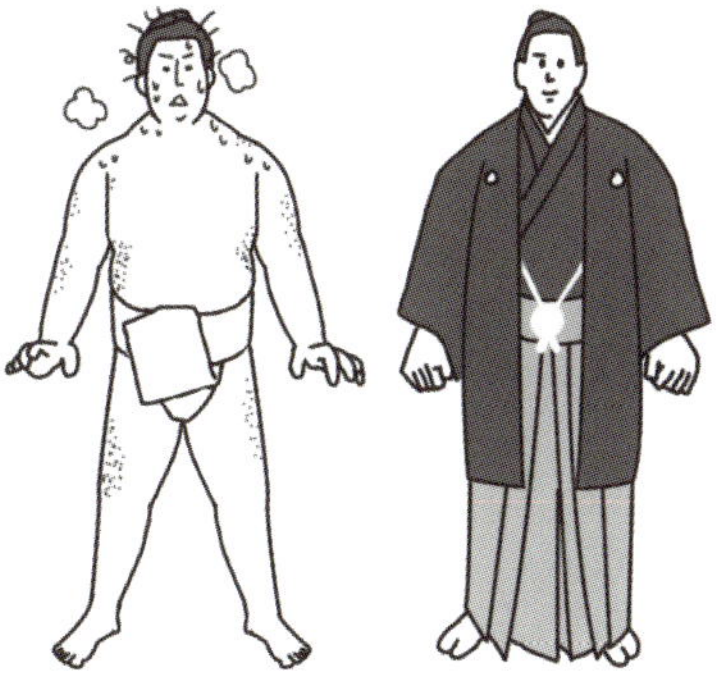

十両

正式には「十枚目」といい、十両以上の力士は「関取」と呼ばれます。また十両以上になると大銀杏《おおいちょう》（138頁）を結い、締込《しめこみ》を締め、化粧廻しを締めて土俵入りができ、稽古用の白い廻しを着けられるようになります（118頁）。給料が支給され、部屋では個室が与えられ付け人（129頁）が付き、紋付羽織袴、白足袋の着用も許されるなど、待遇が一気に変わり、一人前の力士とみなされるようになるのです。

幕下

十両に次ぐ階級で、幕下に昇進すると博多帯が締められるようになり、外套、マフラーの着用も認められます。番傘の使用も可。

序ノ口・序二段

入門した力士は通常、前相撲を終えると序ノ口から相撲人生をスタートさせ、序二段、三段目へと昇格していきます。序二段以下の履物は裸足に下駄が原則です。

三段目

三段目は、エナメルの雪駄が履けるようになり、黒足袋も認められます。さらに公式の場では着物に羽織を羽織ることもできます。

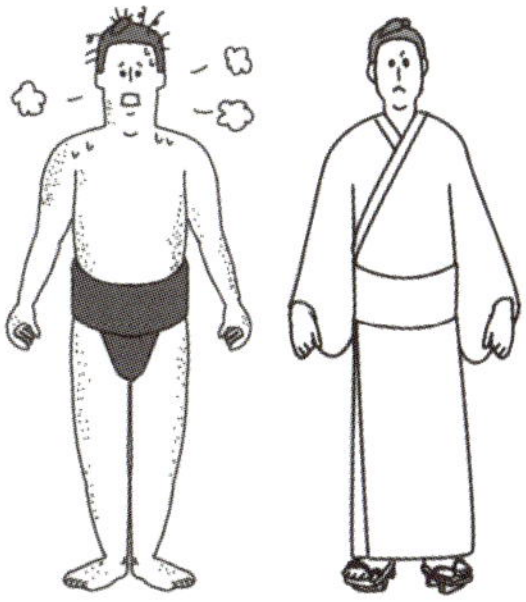

一番強くて、
一番カッコいい
のはこの俺だ！

横綱

「横綱」は力士の最高位で、江戸時代から数えてもたったの72人しかいない、狭き門です（２０１７年現在）。ただし、初代から3代目までは謎が多く、史実として確認できるのは第4代横綱谷風と第5代横綱小野川の2力士が寛政元（１７８９）年に、横綱土俵入りを行ったのが最初であるとされます。当初は、横綱とは今のような地位ではなく、強い力士に与えられた称号にすぎませんでした。

明治23（１８９０）年五月場所から番付に横綱が記載されるようになりましたが、地位として明文化されたのは明治42年のこと。また、横綱に与えられる横綱免許は、江戸時代より相撲の故実に詳しい吉《よし》田《だ》司《つかさ》家が授与していましたが、昭和26（１９５１）年からは相撲協会が独自に決定しています。

現在の横綱昇進基準は、大関で2場所連続優勝するか、これに準ずる成績を残し、かつ品格・力量が抜群と評された場合です。横綱から降格することはありませんが、不振が続けば横綱審議委員会から引退勧告が出されるなど、引退があるのみです。

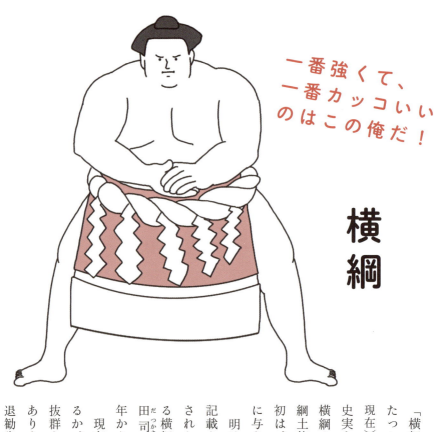

横綱あれこれ

横綱推擧状
○□の海太郎
品格力量抜群に付き
横綱に推擧す
平成○年□月△日
財団法人
日本相撲協会

横綱に求められるものとは？

横綱に推挙された力士には、「横綱推挙状」が相撲協会から与えられます。横綱推挙状には「品格力量抜群に付き横綱に推挙す」と書かれ、力量よりも品格が先に書かれていることから、横綱が単に強ければよいと考えられていないことは明らかです。不滅の69連勝を誇る第35代横綱双葉山はただ強いだけでなく、心技体を極めようと真摯に相撲道を追求し、その姿勢は今も理想の横綱像とされています。

横綱になるまで

大関が横綱に昇進する際には、①本場所千秋楽で、審判部が理事長に臨時理事会の開催を要請、②通常翌日に開催される横綱審議委員会（協会外の有識者15名以内で構成された委員会。横綱に関する案件について、協会の諮問に対し答申、進言する権限を持つ）に協会が当該大関の横綱昇進を諮問し、委員の賛成を得る、③千秋楽の3日後に開かれる番付編成会議で、横綱に推挙され、理事会で承認を得て、正式決定、という過程を経ます。

伝達式

理事会で正式決定すると、理事と一門の審判委員の2名が使者として、昇進力士の所属部屋に派遣され、横綱に推挙されたことを伝達する儀式が行われます。このときに、昇進力士が決意などの口上を述べます。若乃花・貴乃花以降、四字熟語を盛り込むケースも見られます。また、新大関誕生のときも同様の伝達式が行われます。

強さと人数比が一目で
分かる発明品！ 面白さは細部に宿る…

番付表の見かた

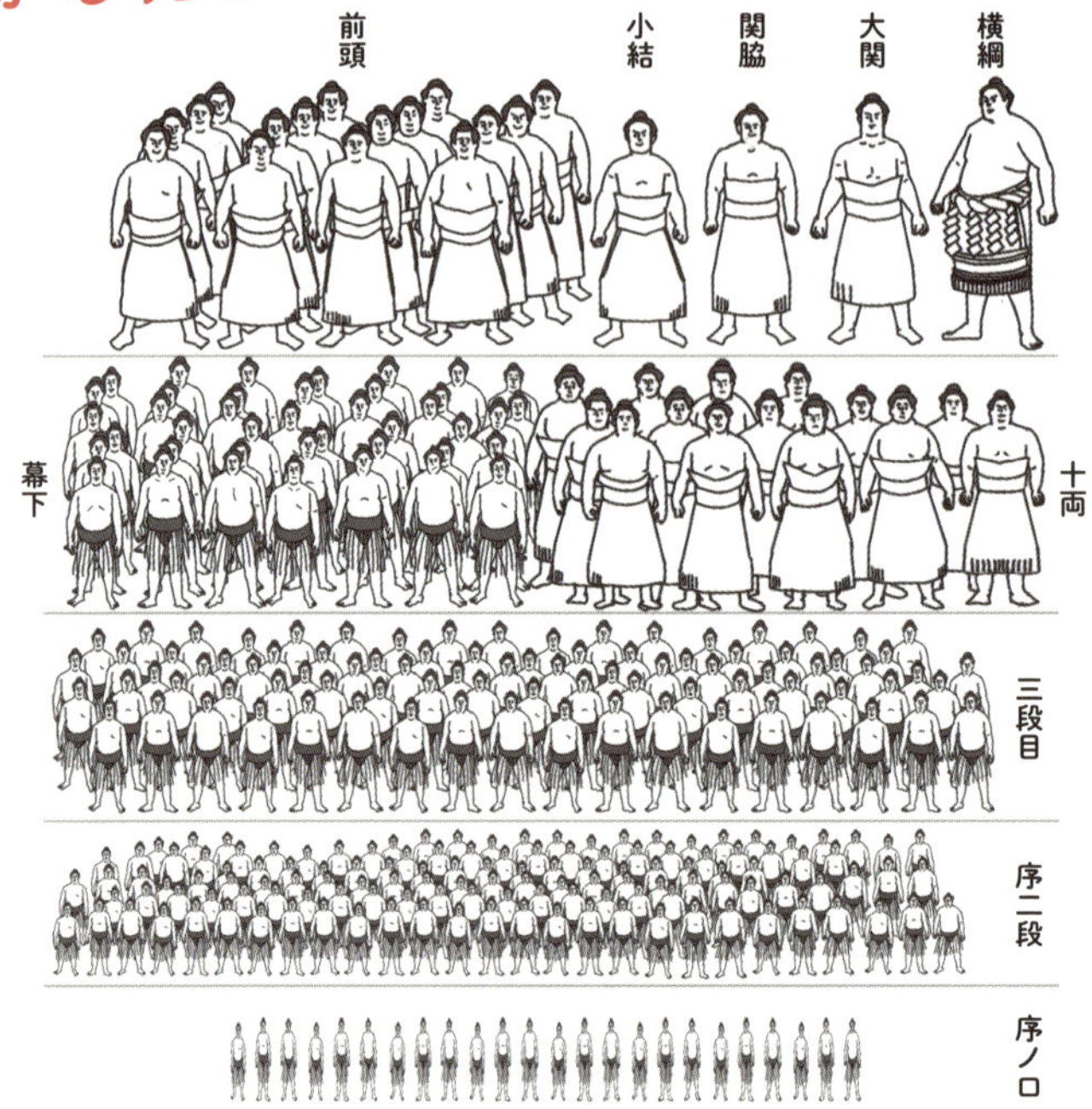

力士のランキングが一目で分かるのが番付表です。東と西に分かれて書かれていて、どちらも下から上、左から右に行くほど格が上がり、最上段右端が最強の力士です。字は「根岸流」と呼ばれる独特の相撲字（130頁）で書かれています。最上段の幕内力士の名は大きく、中でも横綱が最も太く大きな力強い字で書かれています。2段目にやや太字で書かれているのが十両力士。その左側に細い字で幕下力士が続きます。全5段の一番下に書かれている序ノ口力士の名前はあまりに細くて見づらいことから、彼らを別名「虫眼鏡」ともいいます。

番付表には力士以外にも、中央部分に行司と審判委員、最下段には親方衆、呼出、床山らの名前も載っています。千秋楽3日後に開かれる番付編成会議で次の場所の番付が決まると、担当の行司が1人で縦110㎝、横80㎝のケント紙に書き上げていきます。作成期間は10日から2週間程度。完成すると約4分の1に縮小して印刷されます。印刷部数は55万部程度で、番付発表日まで機密扱いとされています。

東・西

力士の番付や土俵入り、取組、支度部屋などは全て東と西に分かれます。番付表で右側半分に四股名が書かれた方が東方、左側半分に書かれた方が西方で、同じ地位や枚数（平幕以下の力士の番付の位置を数える単位。少ない方が上位）ならば、東方力士の方が半枚格上とされています。土俵上では正面から見て左が東方、右が西方です。

蒙御免（ごめんこうむる）

番付中央の一番上にひときわ大きな文字で書かれます。江戸時代に相撲興業を行う際、寺社奉行から興業の許可を得たことを示したもので、その名残です。

前頭・同

もともと前頭は「前相撲の頭」という意味があり、十両以下も前頭であったことから「前頭」と書かれています。幕下以下は前頭を省略して「同」の字が書かれます。

興行の開催期間・場所

西

東

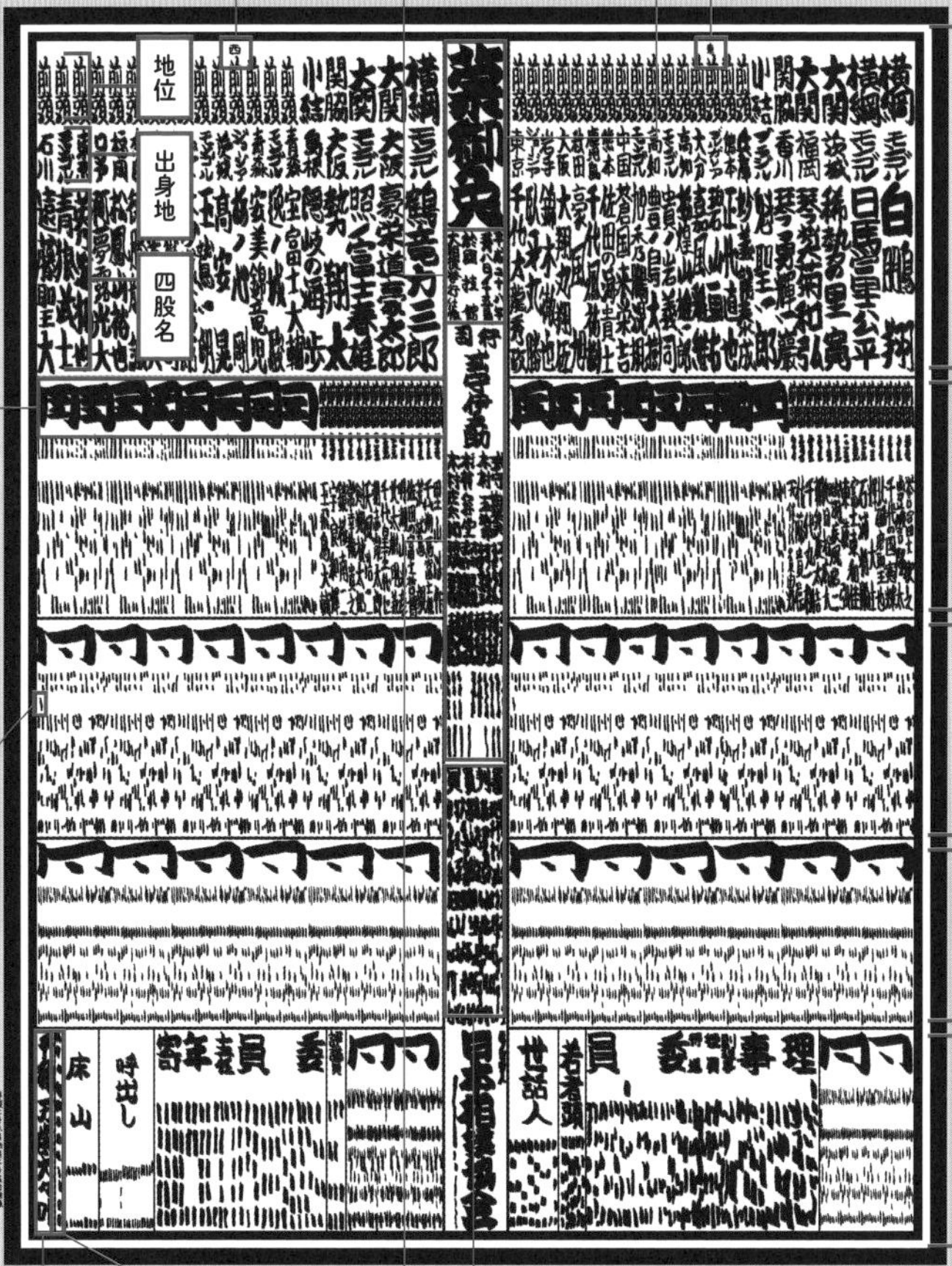

横綱、大関、関脇、小結、前頭

十両、幕下

三段目

序二段

改名

四股名を改名すると、出身地の下に「○○（改名前の四股名）改」と書かれます。行司や親方らの場合も、同様に入ります。

千穐万歳大々叶《せんしゅうばんざいだいだいかのう》

末永く大入りが続くように、という大相撲の繁栄を祈った祝詞。

此外《このほか》中《ちゅう》前《まえ》相撲《ずもう》東西《とうざい》ニ《に》御座候《ござそうろう》

この番付表に載っていない力士、つまり前相撲（102頁）を行った力士が東西にいることを意味します。

審判委員

行司

行司は、一番大きく書かれる立《たて》行司から序ノ口まで、全員の名前が書かれます。（130頁）

序ノ口、理事、委員、世話人、若者頭、年寄、呼出、床山

序ノ口の左側には、理事などの年寄（104頁）や、世話人などの裏方（113頁～）の名前が記載されます。呼出は十両格以上、床山は特等と一等が載ります。

縁起が良くて、
強そうで、
カッコいい名前が
いいよね！

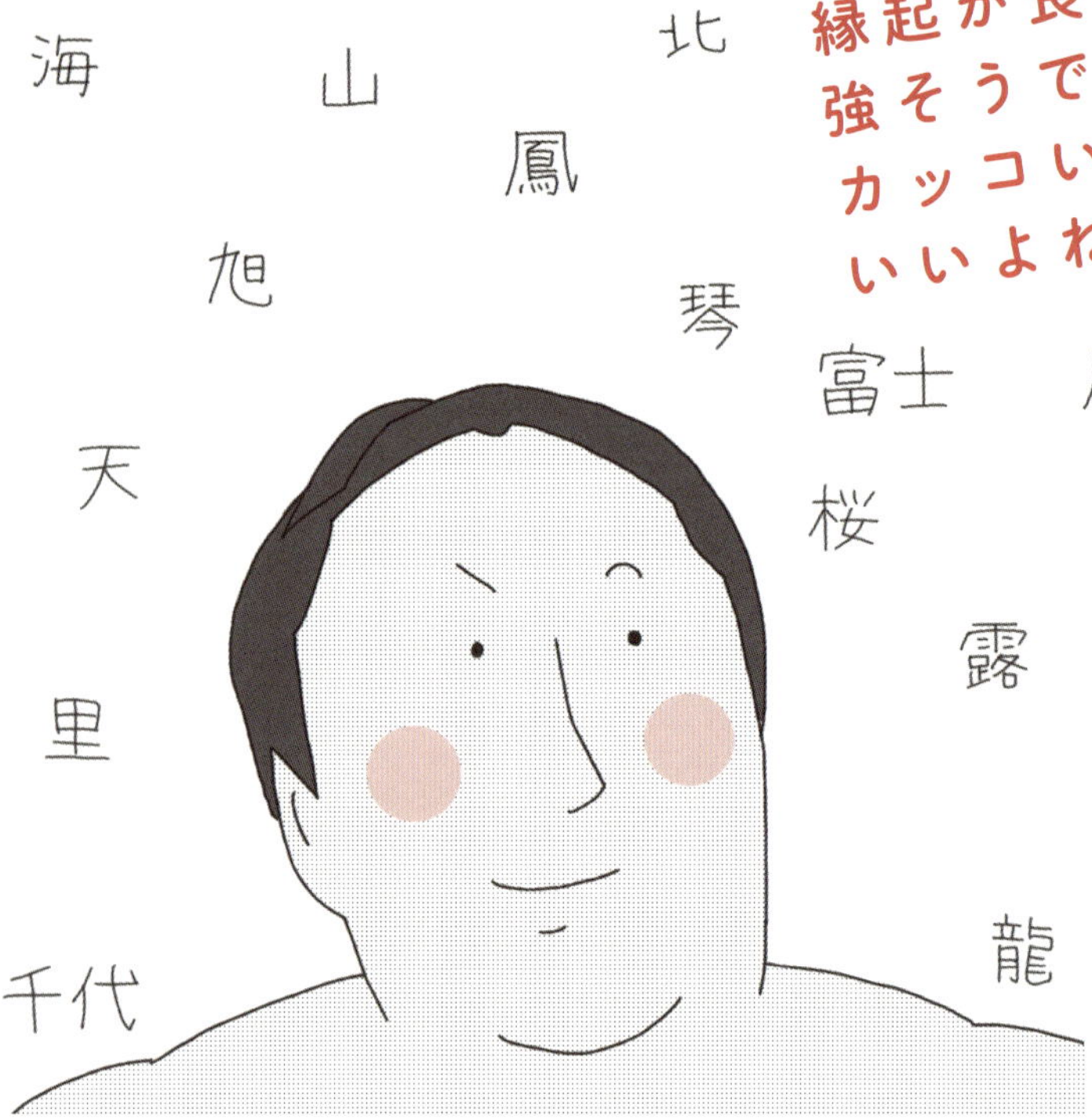

四股名

力士にはそれぞれ、「四股名《しこな》」という相撲のための芸名のようなものがあります。もともと四股名は「醜名《しこな》」と書き、大地を踏みしめ地中の邪気を追い払う儀式を行う者のことを指しました。また、「醜」という字から、自分は名乗るほどの者ではないという謙遜の意味もありました。江戸時代になり、力士が土俵上で四股を踏むことから、四股名の文字が使われるようになりました。

四股名に出身地の山、川、海などの文字があてられるケースが多いのは、江戸時代に大名に抱えられた力士が、藩にゆかりのある四股名を名乗っていた名残とされます。出身地にちなむもののほかに、師匠の現役名をそのまま継承する、または師匠の四股名の一字をもらう、部屋伝統の四股名を名乗る、あるいは本名のまま通すなどさまざま。改名もできますが、その際は所定の手続きを踏む必要があります。

珍名もときに散見され、「文明開化《ぶんめいかいか》」「三毛猫泣太郎《みけねこなきたろう》」「自転車早吉《じてんしゃはやきち》」など、おもに明治時代の力士に多く見られます。

四股名のつけかた

前相撲(102頁)のときから四股名を名乗るケースもあれば、関取昇進を機に本名から改名することもあり、タイミングはさまざま。基本的には師匠が名づけますが、親や後援者、学生時代の恩師から提案されるケースもあり、ときには本人のアイデアが採用されることも。四股名の下の名前を変えるときも同様です。ケガが重なったときなどに心機一転で改名することもよくあります。

四股名の種類

生き物

虎、鷲、狼など、強そうな動物から一字を取ることはよくありますが、朝青龍以来、「龍」がトレンドとなり、2016年現在も10人以上が名乗っています。「昇り龍」といった縁起の良さにも起因していそう。

自然

もともとは出身地の山や海、川などにちなんでつけるのが一般的でしたが、最近は減少傾向にあります。日本一の象徴である「富士」は今も人気。川は「流れる」という意味にもつながり、相撲にとっては縁起が良いとはいえず、敬遠するケースもあります。

部屋ごとに継承

平成に入ってから目立ち始めたのは、師匠の現役名にちなみ、部屋で四股名の統一を図るパターンです。佐渡ヶ嶽部屋は「琴」、春日野部屋は「栃」、玉ノ井部屋は「東」、九重部屋の「千代」、追手風部屋の「大翔」など、四股名の“ブランド化”が進んでいるのかも。

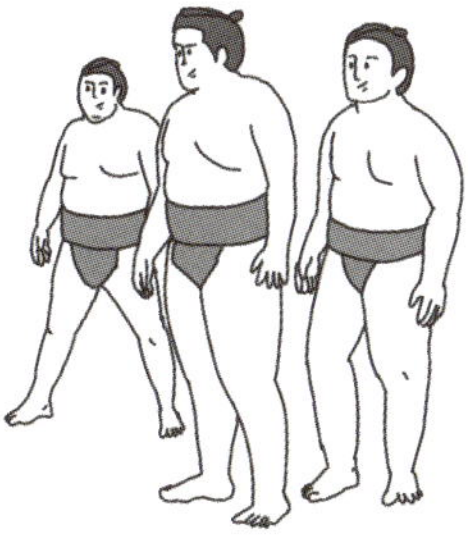

出身地

出身地の地名やイメージにちなんだ四股名も数多くあります。バルト海に面するエストニア出身の把瑠都《ばると》、ヨーロッパ・ブルガリア出身の琴欧洲《ことおうしゅう》、アメリカ・セントルイス出身の戦闘竜《せんとりゅう》、アルゼンチン出身の星安出寿《ほしあんですす》、エジプト出身で砂漠をイメージさせる大砂嵐など、特に外国出身力士は出身地にちなんだ独特の四股名が顕著です。

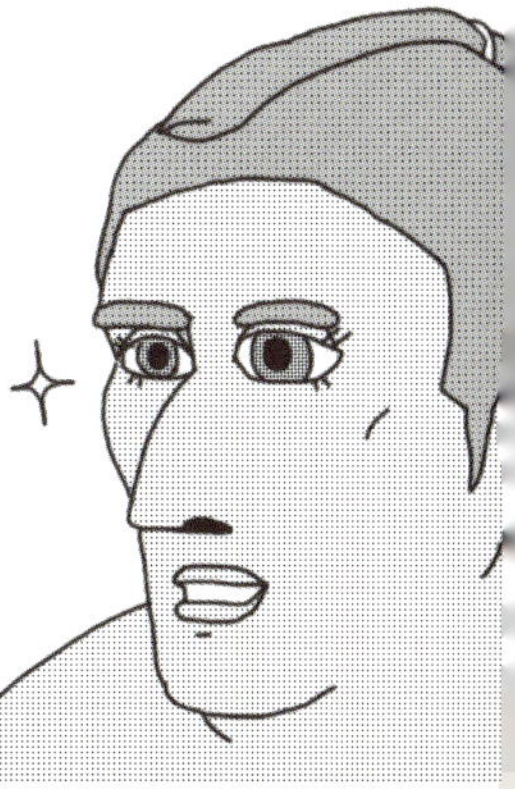

取組編成

明日の感動も
会議次第!?
名勝負はここから
生まれる

本場所で、どの力士と力士が取組を行うのか、その組み合わせを決めるのが、取組編成会議です。会議は審判部長、副部長、審判委員（140頁）で構成され、書記役として行司（130頁）が同席します。

本場所初日と2日目の取組は初日の2日前に、3日目からの取組は前日に編成され、千秋楽の取組は14日目の夕方に決定されます。欠場する力士が生じた場合は、所属部屋の師匠が即刻、審判部長に届けを出します。

取組は幕内と十両以下の各階級別に、番付順位に従って編成されます。幕内下位に好成績者がいた場合、横綱・大関戦に抜擢されることもあり、休場者が出た場合や成績によっては、幕内対十両のように、異なる階級の力士が組まれることもあります。

なお、幕下以下の取組は、幕内の取組の半分、原則的に1場所7番、2日に1番のペースとなり、最後の7番目の相撲は通常、13日目〜千秋楽のいずれかに組まれます。また取組や取組表のことを「割《わり》」ともいいます。

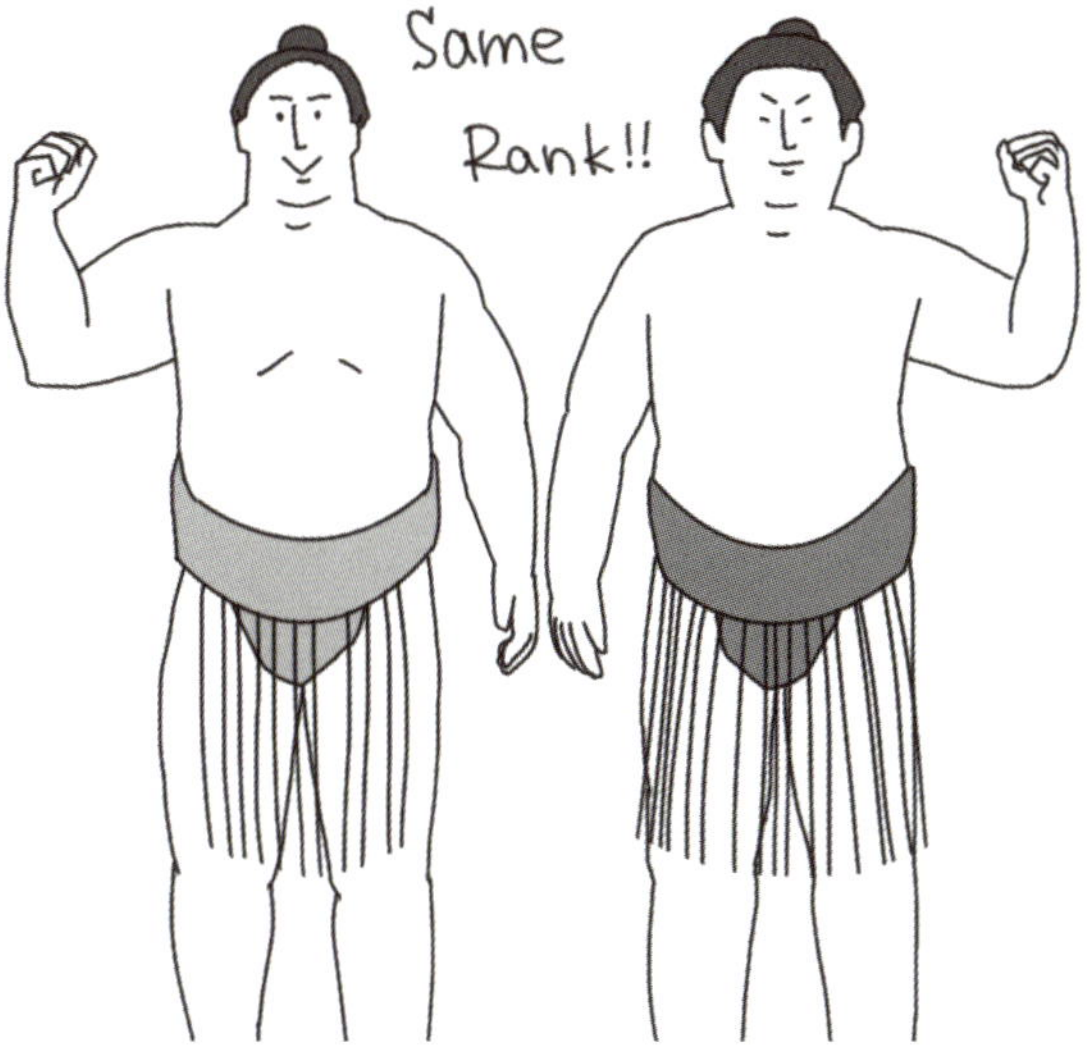

基本的な組み合わせ

横綱、大関陣の対戦相手は関脇以下の幕内力士から始まり、大関同士、大関対横綱、横綱同士は後半以降の日程に組まれます。千秋楽の結びは番付最上位者とそれに次ぐ順位者の取組が組まれるのが原則です。

絶対にない組み合わせ

現在では、同部屋同士、または違う部屋でも兄弟（義兄弟も含む）など4親等以内の力士同士は、原則として、取組が組まれることはありません。ただし、優勝決定戦は例外となります。以前は同じ一門（110頁）の力士同士も対戦しませんでしたが、部屋別総当たり制となった現在は、取組が組まれるようになっています。

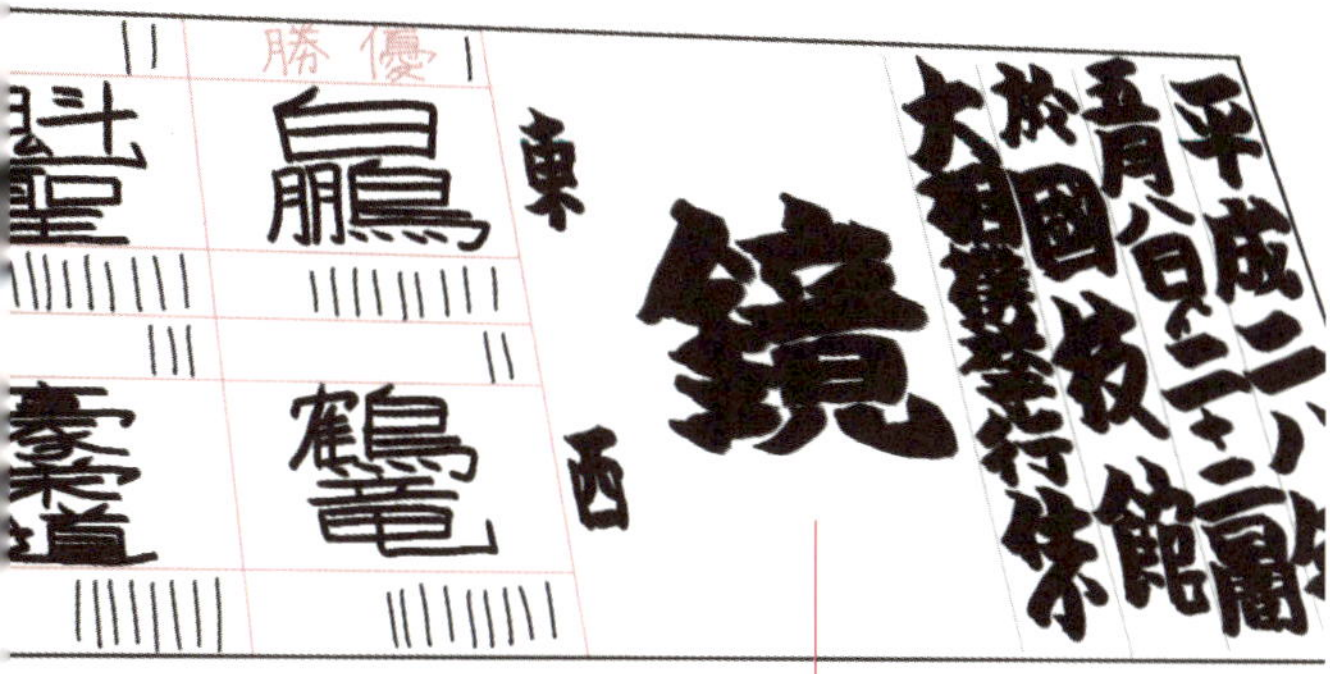

「巻《まき》」について

取組編成会議は、全力士の四股名が番付順に、東西に分かれて書かれた「巻」という長い紙を広げて行われます。そこには前日までの取組結果が記され、翌日の対戦相手が決まった力士から四股名の上に白の碁石を置いていき、漏れやダブりを防ぎます。

「鏡」の字

不正や邪心がなく、取組編成に誤りはないことを示します。巻のことを「鏡」ともいいます。

幕内優勝は栄華の頂点！
最強力士に俺はなる！

優勝制度と三賞

番付を左右する本場所では、幕内だけでなく十両以下の各段で、最高成績者に対して個人優勝が授与されます。

優勝制度は旧両国国技館が開館した明治42（１９０９）年六月場所から始まりました。当時は東西で勝ち星の合計が多かった側に優勝旗と賞金を授与する、東西対抗戦の形式でした。同時に個人の最高成績者も表彰され優勝額も授与されましたが、協会には個人優勝制度はなく、いわば一新聞社の懸賞でしかありませんでした。

相撲協会として個人優勝者を表彰したのは大正15（１９２６）年一月場所からで、優勝者に摂政宮《せっしょうのみや》賜盃（後に天皇賜盃）を授与するようになったのもこの場所からです。成績が同点の場合は番付上位者が優勝とされていましたが、昭和22（１９４７）年からは優勝決定戦制度が始まり、現在に至ります。また、相撲人気復興策のひとつとして、関脇以下で活躍した幕内力士に贈られる殊勲《しゅくん》賞・敢闘《かんとう》賞・技能賞の三賞制度も、同年九月場所から始まりました。

三賞とは？

本場所を盛り上げ、勝ち越した関脇以下の幕内力士に授与される殊勲賞、敢闘賞、技能賞の3つの賞を三賞といいます。千秋楽に開催される三賞選考委員会で、受賞力士が決定します。1人の力士が複数の賞を受賞することや、「該当者なし」とされることもあります。賞金は各賞200万円。

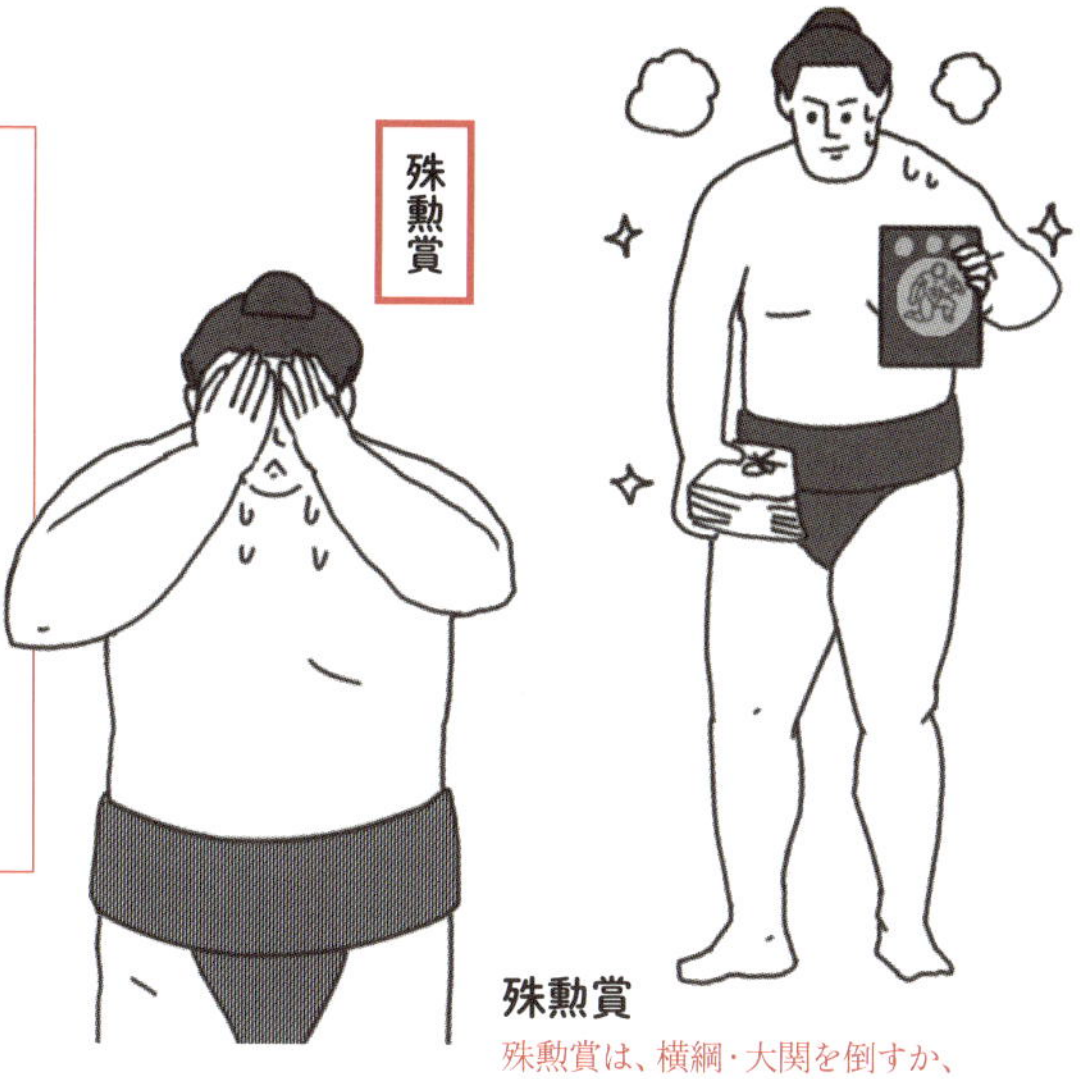

殊勲賞

殊勲賞は、横綱・大関を倒すか、幕内優勝に関わる白星を上げた成績優秀者に与えられます。

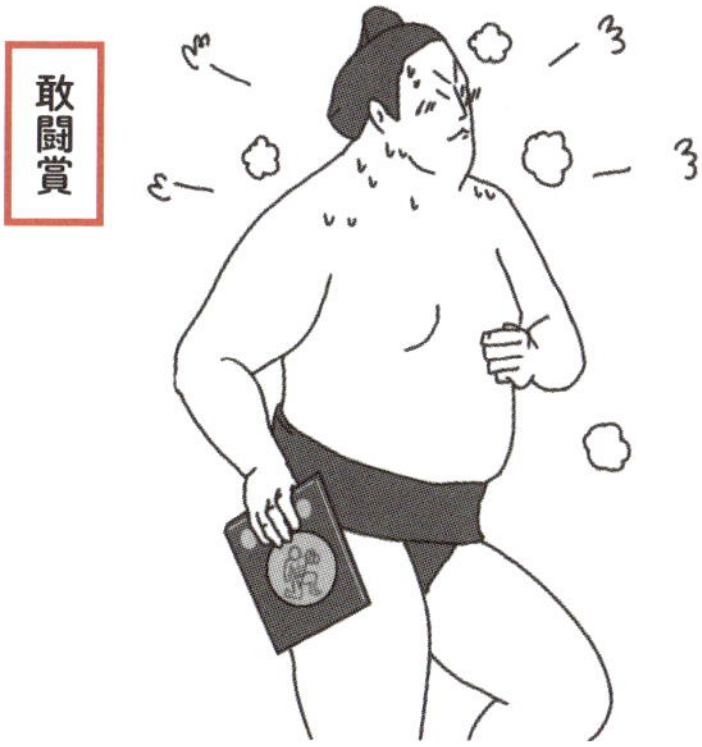

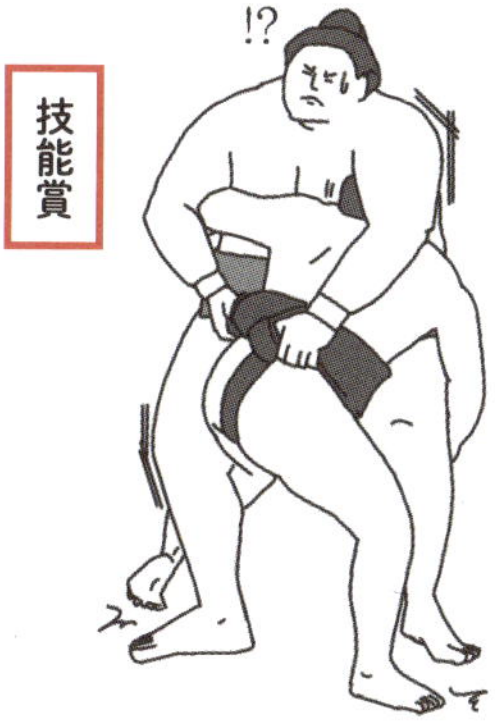

敢闘賞・技能賞

敢闘賞は「敢闘精神旺盛な成績優秀者」、技能賞は技能・技術が特に優れた力士の中からそれぞれ選出されます。

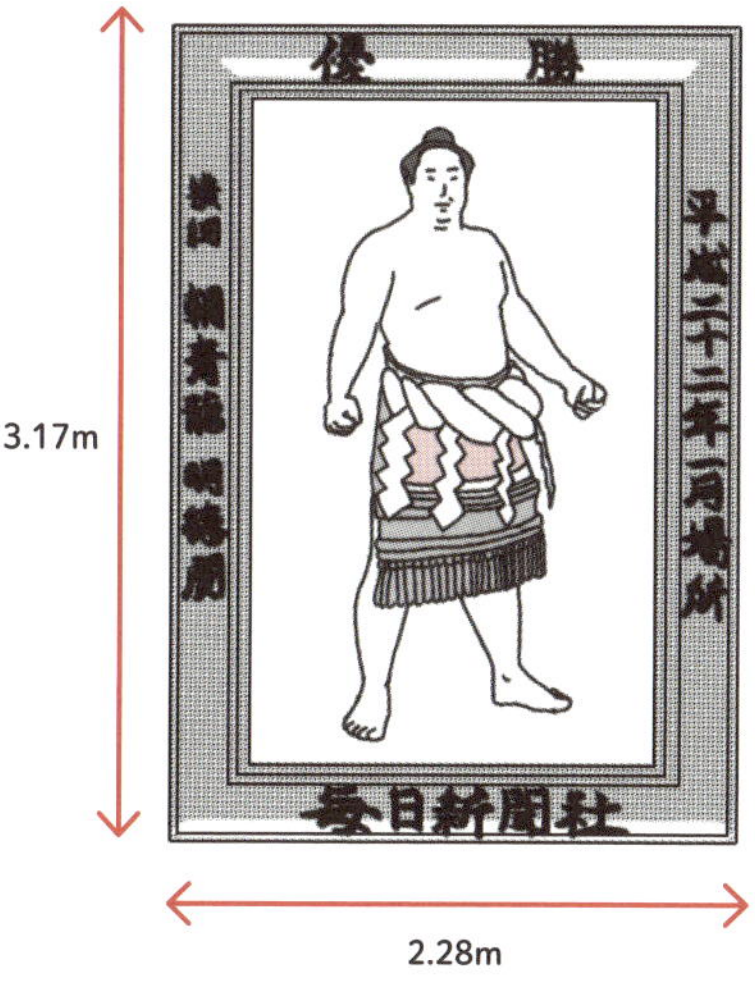

優勝額

幕内優勝力士には、毎日新聞社から優勝額が贈られます。化粧廻しを締め勇ましく立つ優勝力士の写真を収めた優勝額の大きさは畳5枚分ほど、重さは約80kgあります。国技館の天井近くに東西南北に各8枚、計32枚が飾られています。年3回の東京場所前に、古い順に2枚ずつ取り外され、新しい優勝者の額が加わります。従来は白黒写真に絵具で着色してきましたが、平成26(2014)年一月場所からはカラー写真が使用されています。優勝力士にはこの大きな優勝額と、個人用の小さな優勝額が贈られ、東京場所初日に優勝額除幕式が行われます。

お茶漬け、かまぼこ、新聞、漫画、美容整形…彼らの正体は？

懸賞金の仕組み

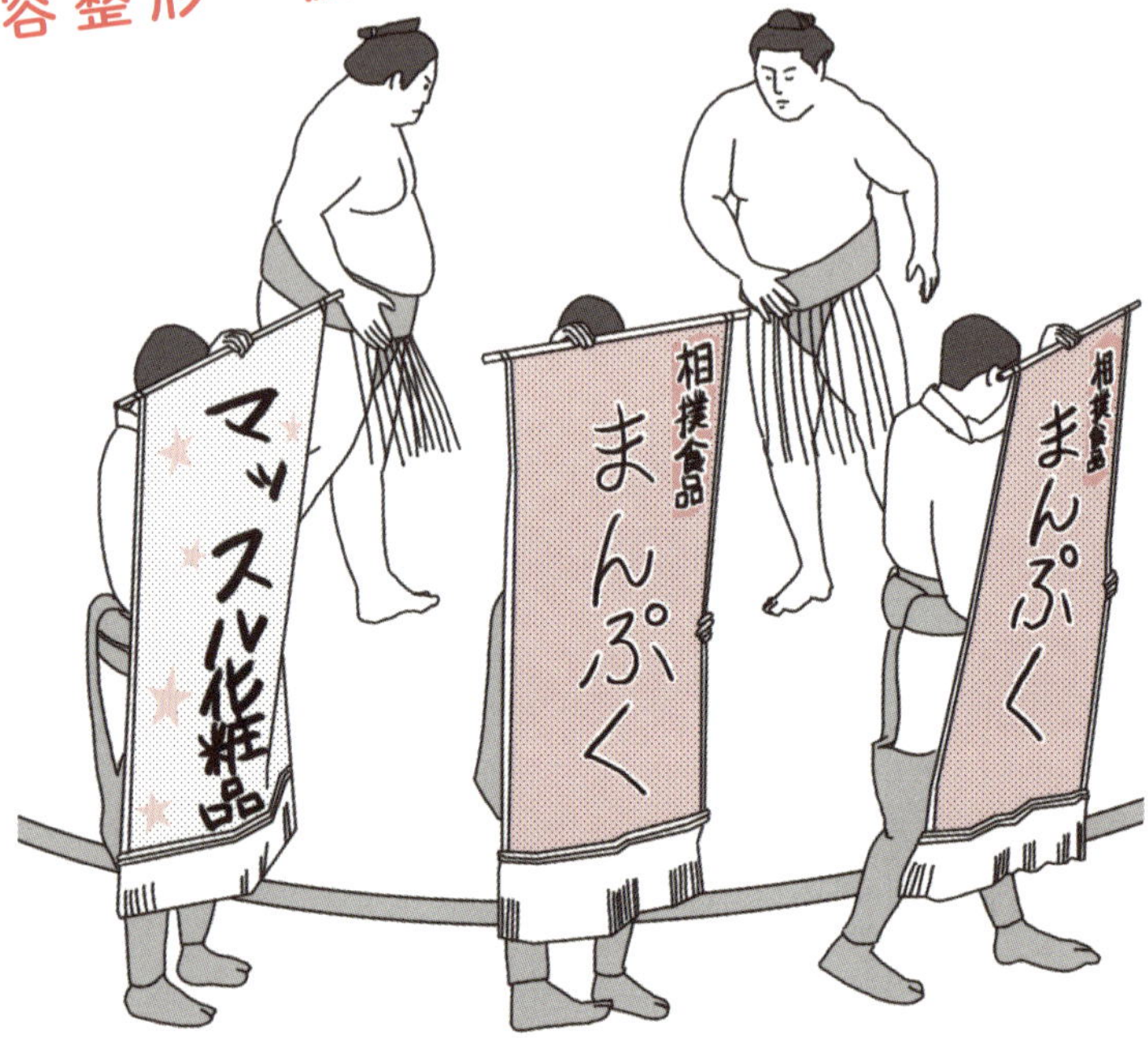

大相撲では、懸賞がかけられた幕内の取組で勝った力士に、のし袋に入った懸賞金を渡す制度があります。

懸賞の歴史は平安時代の相撲節会《すまいのせちえ》までさかのぼり、ここでは勝者に織物や米などが贈られていました。武家時代になると弓、弦、矢が贈られるようになり、江戸時代から明治時代にかけては「投げ纏頭《はな》」といって、観客が自分の名入りの羽織やたばこ入れを土俵に投げ込み、これを呼出が拾って勝ち力士に届け、その付け人が投げ主に届けるとご祝儀がもらえるという慣習がありました。投げ纏頭は旧両国国技館が開館した明治42（１９０９）年から禁じられ、昭和30年代から懸賞が賞金となりました。

現在は１本６万２０００円でかけられ、内訳は２万６７００円が勝ち力士本人名義の積立金および納税充当金、５３００円が協会手数料（取組表掲載料など）で、勝ち力士本人の手取り額は３万円。懸賞の申し込み条件は１日１本以上、１場所15本以上をかけること。個人名では申し込めません。

懸賞金の受け取りかた

勝ち力士が懸賞金を受け取る際は軍配に向かって左、右、真ん中の順に右手で手刀を切ります。これは五穀の守り三神へ感謝の意を表す礼儀で、左が神産巣日神《かみむすびのかみ》、右が高御産巣日神《たかみむすびのかみ》、真ん中が天御中主神《あまのみなかぬしのかみ》です。手刀は昭和41（1966）年七月場所から正式に規則として実施されるようになりました。

懸賞旗

スポンサー名や商品名が染め抜かれた大きな旗が懸賞旗で、懸賞がかかった取組の仕切りのときに、呼出が観客に見えるように持って土俵まわりを1周します。旗のサイズは幅が70cm、長さは120cm。生地は布製で、房飾り（馬簾《ばれん》）を付けます。宣伝文句は15字以内。

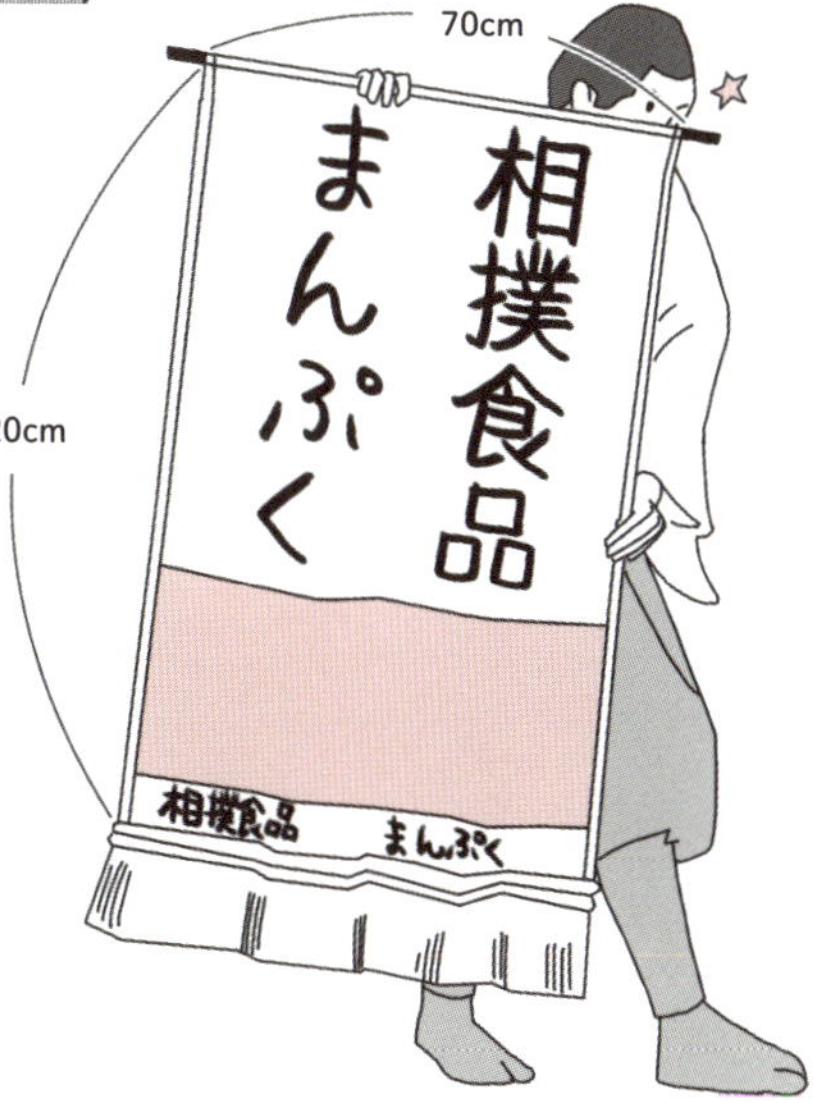

森永賞

お菓子メーカーの森永製菓が、年3回の東京場所で毎日かける懸賞を「森永賞」といいます。当日来場した観客の投票で最多票を獲得した取組に、懸賞がかけられる仕組みです。「投票用紙」は森永のお菓子の箱で、投票する際は箱の裏に自分の名前と住所を書いて投票します。森永賞となった取組に投票した人の中から抽選で数名に、森永のお菓子などの賞品が贈られます。

力士もサラリーマン!?
全ての積み重ねが
将来の収入へとつながります。

力士の給料と褒賞金

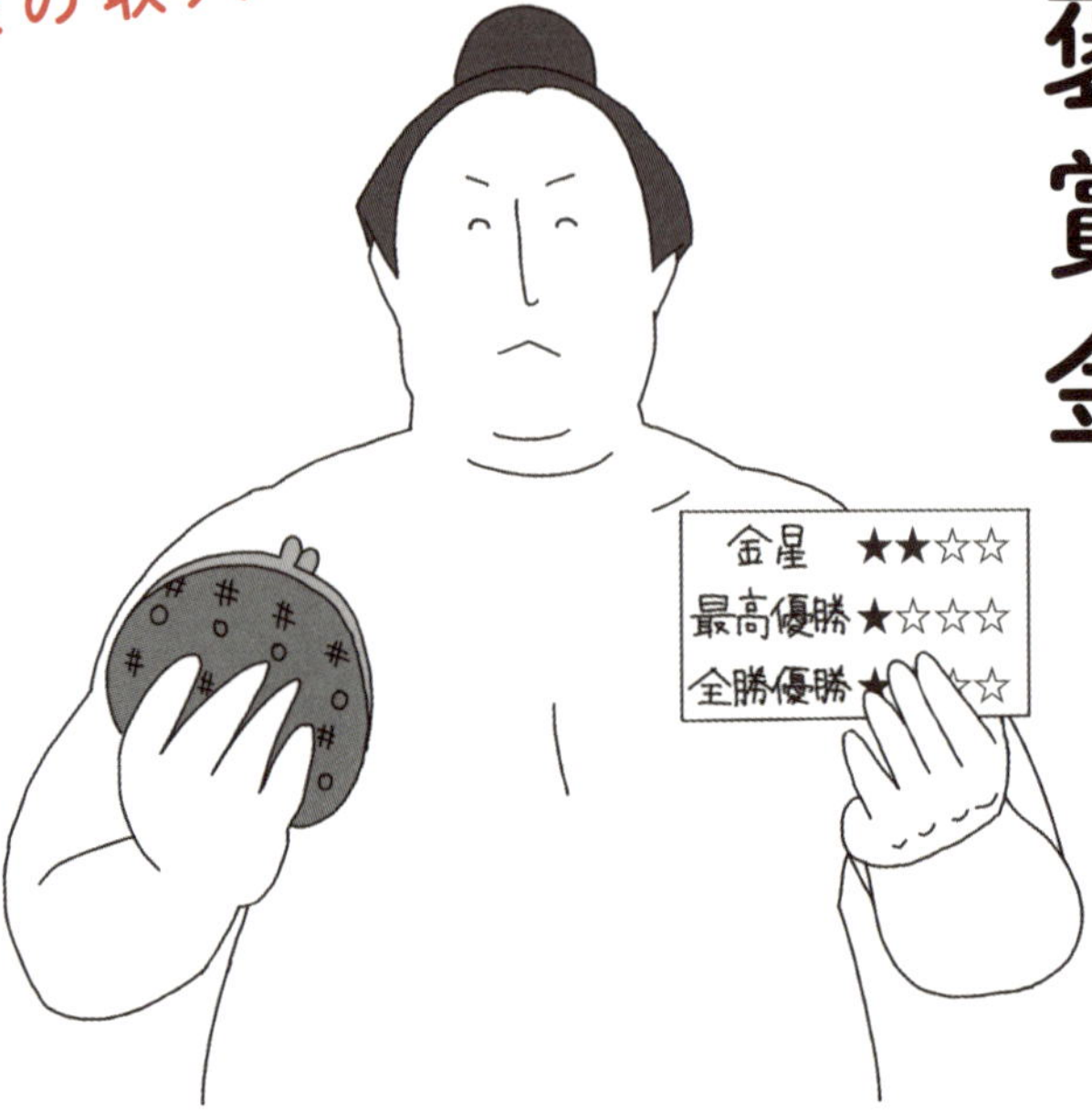

力士の給与は、月給と「褒賞金」の2本立てで成り立っています。十両以上の関取になると、相撲協会から給料が支給され、番付ごとに定められた基本給と、各種手当が力士の収入となります。

月給制は昭和32（1957）年5月から実施されました。それまでは「持ち給金」（褒賞金の旧称）と、興行の売り上げから一定の割合で分配される「歩方《ぶかた》金《きん》」の支給形態だったため、収入は不安定でした。

褒賞金は最低支給標準額3円から始まり、本場所の勝ち越し星1番につき50銭（0.5円）が加算されていきます。十両昇進時に最低標準額の40円に満たない場合はその額に引き上げられ、それを超える力士はそのまま加算されていきます。関取になるとその合計額を4000倍した金額が本場所ごとに支給されるようになり、勝ち越し星以外に金星（78頁）1個ごとに10円、幕内優勝は30円が増額されます。

幕下以下の力士に褒賞金は支給されず、加算されるだけです。関取になるまでは月給もなく、場所ごとの手当と勝ち星による奨励金が主な収入です。

力士の給料図解

＊褒賞金はこれに4000倍した金額が十両以上の力士に場所ごとに支給される
＊負け越しても褒賞金は減額されない

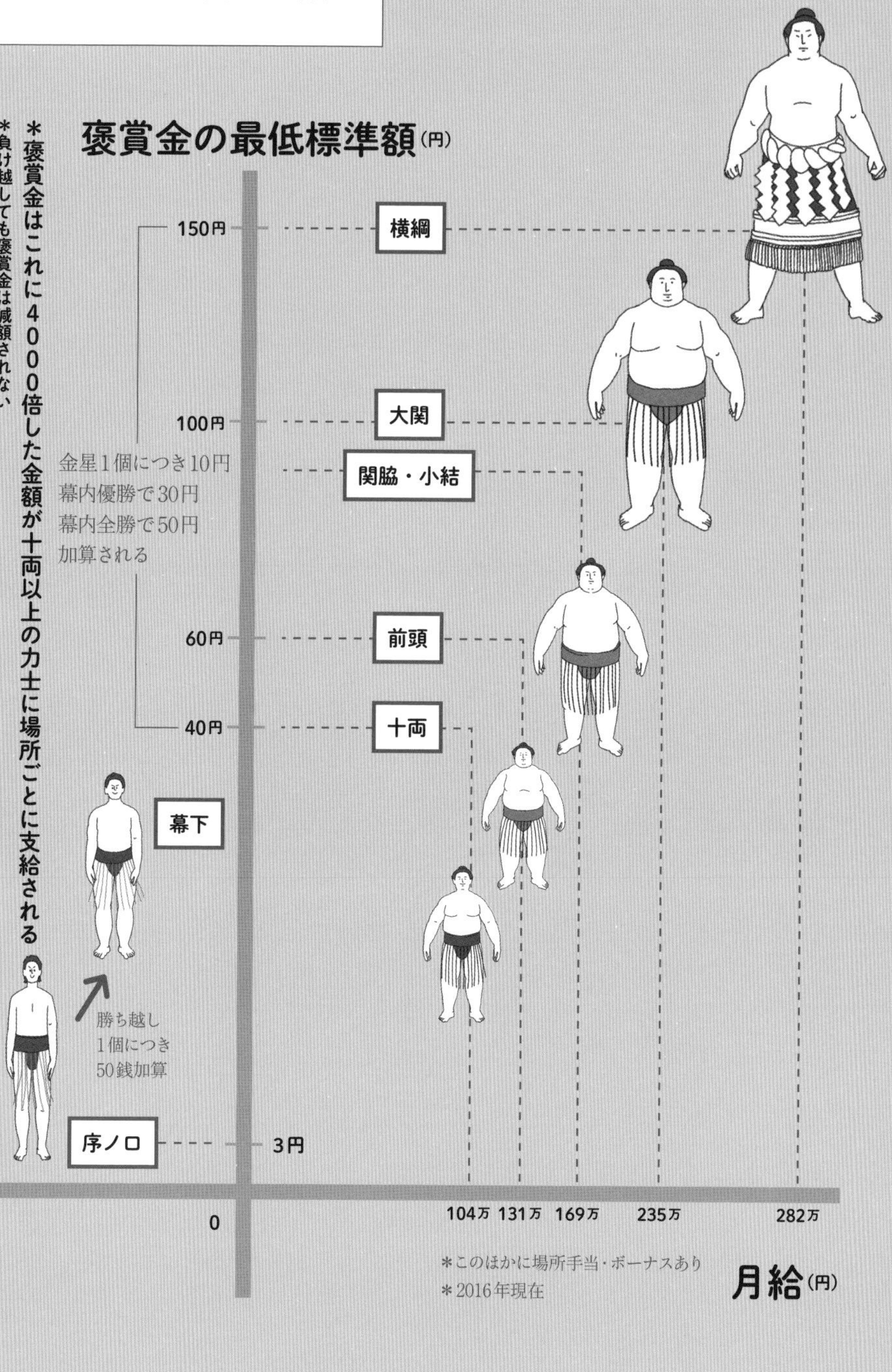

褒賞金の最低標準額(円)
150円
横綱
100円
大関
関脇・小結
金星1個につき10円
幕内優勝で30円
幕内全勝で50円
加算される
60円
前頭
40円
十両
幕下
勝ち越し
1個につき
50銭加算
序ノ口
3円
0
104万
131万
169万
235万
282万
月給(円)

＊このほかに場所手当・ボーナスあり
＊2016年現在

23歳未満の健康な男子を求む！

入門規定

力士になるには、身長167cm以上、体重67kg以上の体格基準をクリアし、義務教育を修了した健康な23歳未満の男子であることが求められます。学年度末である三月場所の新弟子検査の場合は、中学校卒業見込み者に限り、身長165cm以上、体重67kg以上が基準となっています。また、相撲協会が指定するアマチュア大会で一定の実績を残した者については、25歳未満であれば附出し《つけだ》制度で入門できます。

検査基準を満たした者は協会指定の医師の健康診断および検査に合格すると、力士として協会に登録されます。外国人の場合は保証人2人の連署による力士検査届けを提出し、協会検査を受けます。検査に合格し登録されると、外国人登録証明書を協会に提出する必要があり、現在では、外国出身力士は1部屋1人までと決められています。

平成13（2001）年一月場所からは、体格基準を満たさない者でも体力テストをクリアすれば合格とした第2検査がありましたが、平成24年三月場所限りで廃止となっています。

入門～力士になるまで

まずは入門希望の相撲部屋へ

入門希望者は各相撲部屋の師匠を通じて、協会に親権者の承諾書、本人の意思確認書、戸籍謄本または抄本、医師の健康診断書を力士検査届けとともに協会に提出します。

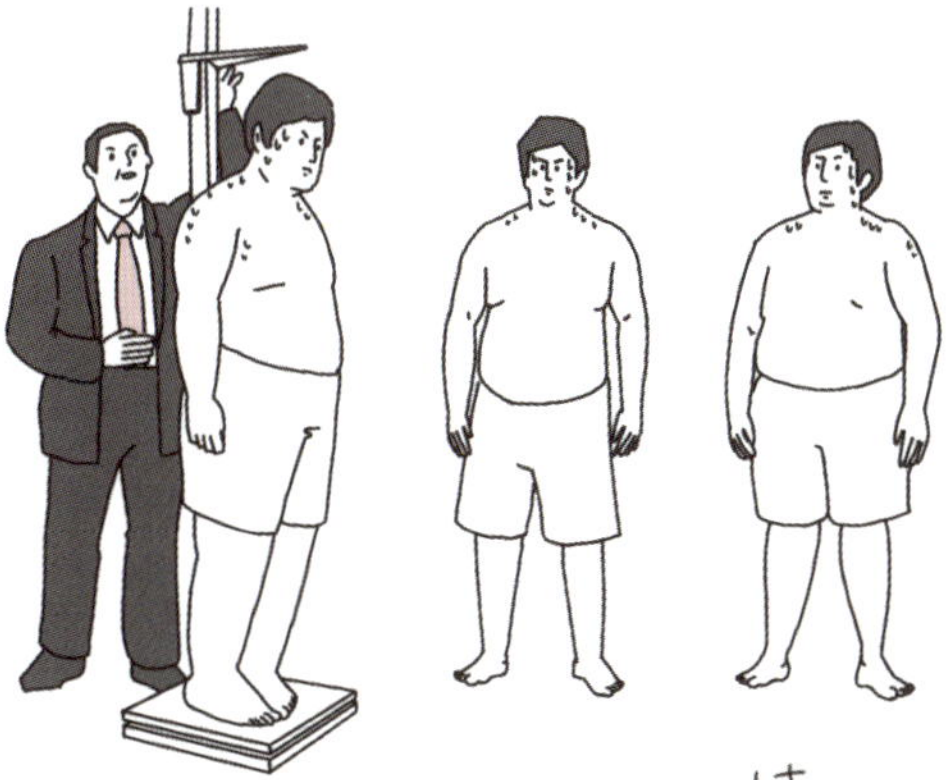

新弟子検査・健康診断

力士検査届けを提出した者で、身長・体重の検査基準をクリアすると検査合格となり、協会の指定する医師の健康診断を受けます。検査不合格となった場合は来場所以降、規定の年齢未満であれば何度でも受けられます。力士として登録されると、前相撲で初土俵を踏みます（102頁）。

附出し制度について

入門後は、前相撲を経て序ノ口に昇格し、番付を上げていくのが一般的ですが、入門時点である程度実力が認められた場合は、前相撲を取らずに番付に載ることができます。これを「附出し制度」といい、最近では遠藤や逸ノ城が有名です。全日本選手権、全国学生選手権、全日本実業団選手権、国民体育大会成年男子のいずれかで優勝した者（申請日時点で25歳未満）は幕下15枚目格附出しの資格を得ますが、優勝日から1年以内と期限が定められています。全日本選手権で優勝し、かつほかの3大会のいずれかで優勝した者は幕下10枚目格からのスタートです。

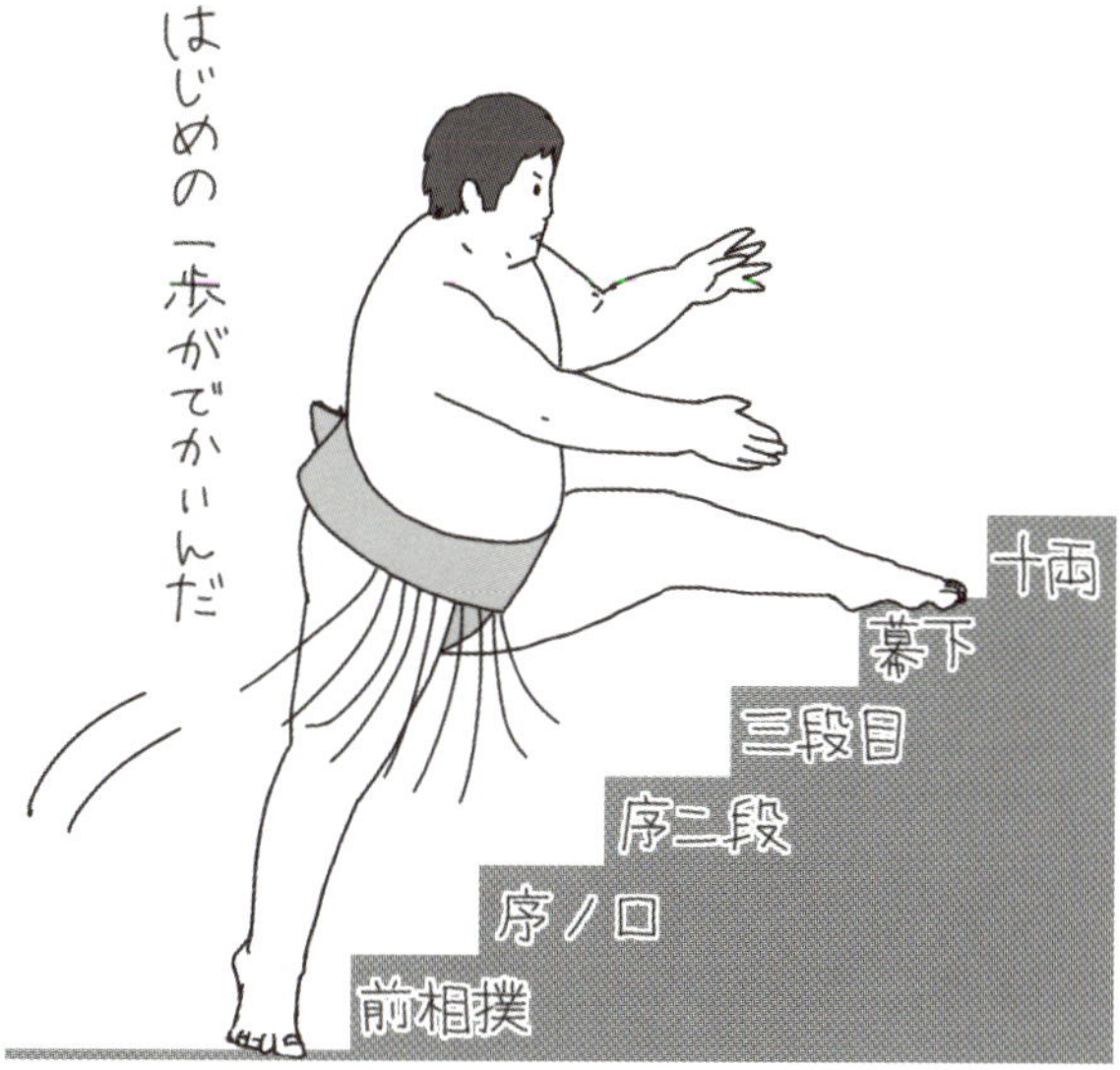

新弟子たちが挑む初土俵、ここから未来の横綱が生まれる！

前相撲

新弟子検査に合格した新弟子や、序ノ口以上に出世したものの病気やケガなどで全休が続いて番付外に降下した力士らが本場所で取る相撲のことを「前相撲」といいます。前相撲を取る力士は番付には記載されないので、地位としても前相撲と呼ばれます。入門した段階で地位が優遇される附《つけ》出《だ》し力士（100頁）は前相撲を取りません。

通常は本場所3日目から、序ノ口の取組前に行われ、基本的に1日1番ずつ取組を行い、3勝するまで取ります。早く3勝した者ほど地位が上になりますが、全敗しても前相撲には残らず、翌場所から全員が序ノ口力士として番付に記載されます。

卒業シーズンである三月場所は人数が多いため、2班に分かれて2日目から取り、2勝で勝ち抜けとなります。前相撲が終わると中日（8日目）の三段目の取組途中で新序出世披露が行われ、三月場所だけは前相撲の成績が良かった順で5日目に一番出世、9日目に二番出世と披露されます。ここから新弟子たちの相撲人生がスタートするのです。

序ノ口に上がるまで

前相撲の取組

前相撲を初めて取った場所が、その力士の初土俵とされます。かつて前土俵では仕切りをせずにいきなり取り組んでいたので「飛びつき」ともいいましたが、現在では仕切りを1回してから取り組むようになっています。

新序出世披露

前相撲を取り終えた新弟子たちは、親方や兄弟子から借りた化粧廻しを締め、土俵上で紹介される儀式「新序出世披露」に臨みます。その後、協会の各部署に所属部屋と四股名を述べて挨拶してまわります。

出世力士手打ち式・神送りの儀

「出世力士手打ち式」は、千秋楽の表彰式終了後に、その場所で新序出世披露を受けた力士たちが、審判委員らとともに土俵上で御神酒を捧げ、呼出の柝に合わせて手打ちをして締める式です。その後、行司や審判委員1人を胴上げして、土俵上の神様を天上にお送りする、「神送りの儀」を行います。

初番付に掲載

通常、前相撲の翌場所から序ノ口に昇進し、番付に載ります。序ノ口力士の文字は虫眼鏡を使わなければ見えないほど細く読みづらいものの、番付に初めて四股名が載るのはうれしいもの。お世話になった人や後援者などに番付表を毎場所送るのが、角界の習慣になっています。

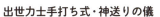

お年寄りだからって
侮っちゃあいけません。

年寄

一部の力士は、現役引退後に年寄名跡《みょうせき》という一種の資格のようなものを襲名して「年寄」となり、引き続き相撲協会に所属します。年寄名跡は現役中にも取得できます。その資格は、日本国籍で、三役以上を1場所以上務めるか、幕内通算20場所以上、または幕内・十両を通算28場所以上務めた者に限られています。

相撲部屋継承予定者については少し緩められ、幕内を通算12場所以上、または幕内・十両を通算20場所以上務めた者とされていますが、継承資格に達しない場合は理事会の決議でその是非を決定します。なお引退後、横綱は5年間、大関は3年間に限り、現役名のまま年寄としての資格が与えられます。また年寄は、通常は「親方」と呼ばれます。

年寄は協会の理事をはじめ、さまざまな役職を担当するほか、弟子を育成する義務を負います。年寄名跡の数は全部で１０５ありますが、現在はこれに一代年寄の「貴乃花」が加わります。

年寄名跡一覧

日本相撲協会の前身・東京大角力協会と大阪角力協会は、昭和2(1927)年に合併し、その際に年寄名跡の数も、東京の88と大阪の17をあわせた105となりました。

東京88家

出羽海、井筒、高砂、春日野、雷、伊勢ノ海、二所ノ関、中立、錦島、八角、宮城野、山科、谷川、玉ノ井、振分、湊川、二十山、立浪、入間川、藤島、九重、立田川、鳴戸、花籠、大山、出来山、若松、木村瀬平、尾上、楯山、間垣、桐山、春日山、佐ノ山、音羽山、錣山、白玉、田子ノ浦、玉垣、武蔵川、濱風、粂川、清見潟、佐渡ヶ嶽、二子山、立田山、追手風、待乳山、浦風、若藤、東関、千賀ノ浦、山分、富士ヶ根、秀ノ山、浅香山、伊勢ケ濱、熊ヶ谷、峰崎、高島、中川、荒磯、関ノ戸、尾車、芝田山、鏡山、錦戸、阿武松、勝ノ浦、荒汐、友綱、武隈、山響、君ヶ浜、松ヶ根、甲山、境川、片男波、立川、陸奥、常盤山、稲川、大嶽、放駒、式守秀五郎

廃止・返上された名跡
式守伊之助(昭和34年に廃止)、木村庄之助(昭和34年に廃止)、
根岸(昭和26年に返上)

大阪17家

岩友、小野川、朝日山、時津風、湊、千田川、三保ヶ関、陣幕、大鳴戸、押尾川、高崎、竹縄、高田川、中村、枝川、安治川、大島、北陣、不知火、西岩(安治川〜西岩は昭和17年に復活)

廃家となった名跡
荒岩(昭和4年に廃家)、鏡山(昭和4年に廃家、東京方の鏡山とは別家)

一代年寄とは?

一代年寄とは、協会に著しく貢献した横綱に対して、その功績をたたえる意味で本人一代に限り、現役時の四股名のまま年寄として待遇されること。優勝20回以上が目安といわれています。過去には「大鵬」、「北の湖」、「千代の富士」(本人が辞退)に贈られました。

日本相撲協会

国技・相撲の
伝統と未来を
しっかりと支えます。

日本相撲協会は大正14（1925）年に財団法人として設立され、平成26（2014）年に公益財団法人に移行しました。公益法人として国技である相撲を維持、発展させる団体で、力士を引退して年寄名跡を襲名した者がその運営にあたります。また各相撲部屋は力士を養成する場として、協会に登録された力士を指導養成し、入門する力士志望者や一般の希望者の指導に務めます。

土俵の進行と勝敗をさばく行司（130頁）、力士を呼び上げる呼出（136頁）、力士の髪を結う床山（138頁）、そのほか運営にあたる若者頭《わかいものがしら》、世話人（142頁）も協会員として、各部屋に所属しています。

運営は理事会の決議で決定しますが、理事は年寄および外部から候補が選ばれ、評議員会によって任命されます。協会の事業は本場所や巡業の開催、相撲道の伝統と秩序を維持するために必要な人材の育成、相撲教習所（108頁）の維持や運営、青少年や学生らへの相撲道の指導普及、相撲記録の保存や活用、国技館、相撲診療所の維持運営などがあります。

相撲協会の委員会

相撲競技監察委員会

本場所の取組での故意による無気力相撲の防止、チェックに努めます。委員は理事会の承認を経て、協会の年寄の中から理事長が任命します。国技館では2階席正面東側最後方に監察室があり、そこから取組に目を光らせます。

広報部

広報業務を行うほか、報道関係への情報提供、協会映像制作・管理、協会関係者の肖像権の管理、力士の記録管理などの業務にあたります。平成8年2月から設置されました。

指導普及部

国技としての相撲を伝承するための研修、指導普及、相撲に関する出版物の刊行などを目的としています。青少年、学生に対する相撲の指導奨励のために指導員の派遣にも応じ、相撲教室なども開催します。

生活指導部

部長、副部長、委員のほか、各相撲部屋の師匠もこの委員の業務に務め、生活指導上に生じた諸問題の処理にあたります。部屋の師匠である委員は所属部屋の力士らを直接指導します。

日本相撲協会診療所

福利施設として国技館内に設置された協会の医療機関で、昭和33(1958)年1月に開設されました。内科、外科、理学療法科、整形外科があり、協会員以外でも診療を受けられます。

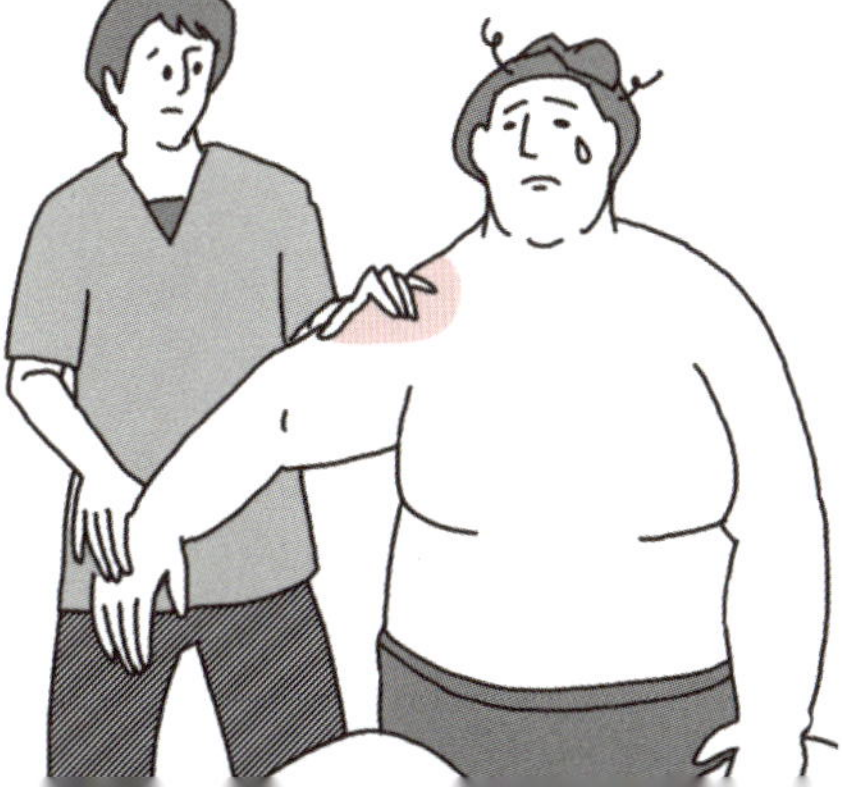

そのほかにも…

東京の本場所の運営を行う事業部、地方の本場所の運営を行う地方場所部、地方巡業の運営を行う巡業部、審判部(140頁)、相撲教習所(108頁)、相撲資料の保管・展示などを行う相撲博物館(42頁)といった部署があり、大相撲を支えています。

相撲教習所

力士の学校は、
国技館の中にあります。

新弟子検査に合格した力士たちは、国技館内に開設されている「相撲教習所」で、6か月間にわたって相撲に関する指導・教育を受けます。

教習所では実技講座のほかに相撲史、国語（書道）、相撲甚句《じんく》、運動医学などの教養講座も履修しなくてはなりません。実技は教習所担当の親方が指導にあたり、現役の幕下力士も補助に入ります。

教養講座は各分野の専門家が講師を務めます。授業は月曜から金曜までの週5日で、午前中に終了します。入所から半年後には卒業式を迎えますが、卒業の際は成績に応じて皆勤、優等、精励、特別の4賞が表彰されます。

幕下附出《つけだ》し力士の場合は実技講座が免除されます。平成25（2013）年に附出し力士（100頁）として入門した遠藤は、関取昇進以降も実技、教養講座に出席し、通常通りに卒業しました。

教習所には3つの稽古土俵が設置され、新弟子の実力により3つのグループに振り分け、稽古を行います。教習がない期間は一般にも開放されています。

相撲教習所で学ぶこと

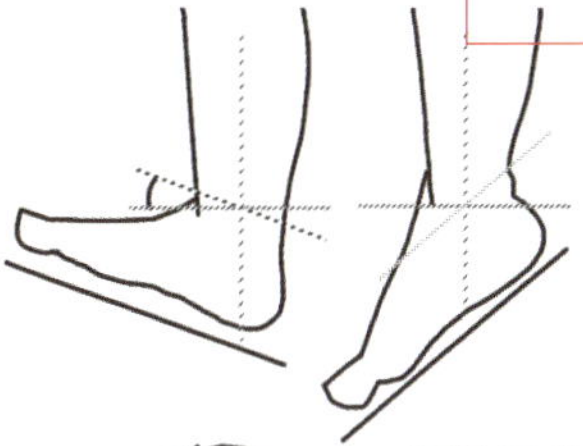

運動医学

力士にケガはつきもの。人体模型などを使いながら、体の仕組みを覚えていきます。

相撲史

相撲の始祖と伝わる野見宿禰《のみのすくね》と当麻蹶速《たいまのけはや》から始まり、2000年以上ともいわれる相撲の歴史を学びます。

スコイ　ドスコイ
めて　甚句にとけば
スコイ　ドスコイ
ぐ　福寿草
咲くのが　梅の　花
や　四月　藤
♪
♪

相撲甚句

相撲甚句は哀愁を帯びた独特の節回しで歌われ、巡業などでは選抜された若い衆によって披露されます。

国語（書道）

国語では、習字も行います。外国出身力士にとっては苦手な講座かもしれません。授業中に落書きする力士もたまに見かけます。

実技

実技はランニング、四股やすり足、相撲体操といった基礎運動に始まり、稽古は実力や経験に応じて3つの土俵に分かれて行われます。

修行心得

土俵の所作にはそれぞれ意味があります。その精神をしっかり覚えるなど、文字どおり力士としての心得を学びます。

一門制度

部屋と部屋同士、横のつながりも大切です。

一門とは、師匠の部屋から弟子が独立し、新しい部屋を興すなどして、縁続きとなった部屋同士の総称です。昭和30年代までは同じ一門内同士の取組が組まれることはなく、また昭和32年（1957）以前の巡業は一門ごとに行われていたため、ほかの一門との交流もほとんどありませんでした。

戦後は出羽海《でわのうみ》一門、時津風《ときつかぜ》一門、高砂《たかさご》一門、二所《にしょ》ノ関《のせき》一門、立浪《たつなみ》・伊勢《いせ》ケ濱《がはま》の連合一門という5大勢力が長らく続き、2年に一度の理事選挙の際も各一門内で立候補者を調整して選出するため、実質的には無風選挙でした。しかし、平成10（1998）年の理事選は調整がつかず大荒れの様相となり、平成22年の理事選では貴乃花親方が二所ノ関一門を離脱すると、複数の親方衆が賛同する事態となりました。

現在は出羽海、時津風、高砂、二所ノ関、伊勢ケ濱、貴乃花の6つの一門があります。取組編成（92頁）が部屋別総当たり制となり、巡業も協会全体で行われている今、一門の結束は連合稽古や冠婚葬祭、理事選出などで協力し合う程度にとどまっています。

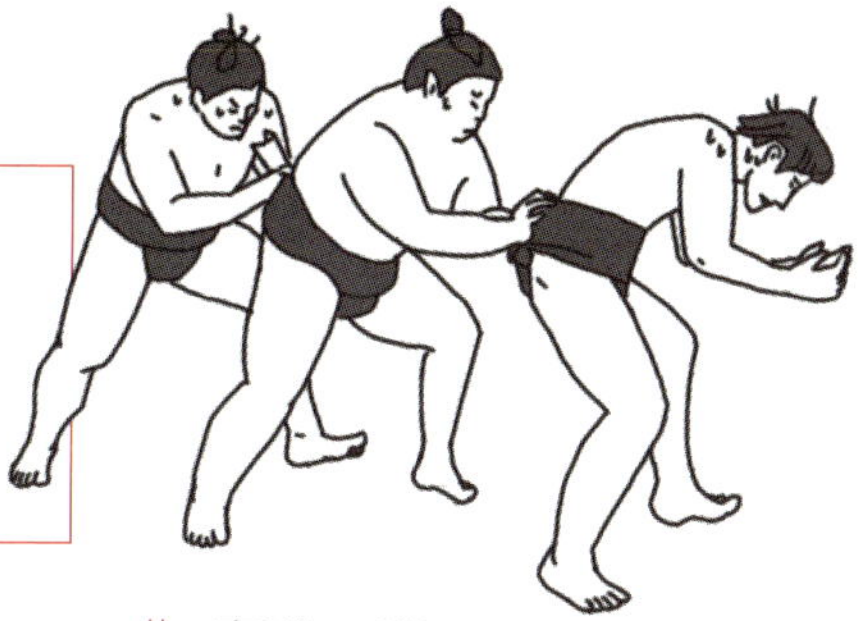

一門別部屋一覧

（師匠名[現役時の四股名]／おもな所属力士
※いずれも2017年6月現在）

出羽海一門

出羽海部屋（出羽海[小城乃花《おぎのはな》]／御嶽海《みたけうみ》、出羽疾風《でわはやて》、海龍《かいりゅう》）

春日野《かすがの》部屋（春日野[栃乃和歌《とちのわか》]／碧山《あおいやま》、栃ノ心《とちのしん》、栃煌《とちおう》山《ざん》）

藤島《ふじしま》部屋（藤島[武双山《むそうやま》]／翔天狼《しょうてんろう》、武玄大《むげんだい》、虎太郎《こたろう》）

玉ノ井《たまのい》部屋（玉ノ井[栃東《とちあずま》]／富士東《ふじあずま》、東龍《あずまりゅう》、唐津海《からつうみ》）

式秀《しきひで》部屋（式守秀五郎[北桜《きたざくら》]／爆羅騎《ばらき》、西園寺《さいおんじ》）

入間川《いるまがわ》部屋（入間川[栃司《とちつかさ》]／磋牙司《さがつかさ》、大元《おおもと》）

境川《さかいがわ》部屋（境川[両国]／豪栄道《ごうえいどう》、妙義龍《みょうぎりゅう》、佐田の海《さだのうみ》、豊響《とよひびき》）

尾上《おのえ》部屋（尾上[濱ノ嶋《はまのしま》]／里山《さとやま》、天鎧鵬《てんかいほう》）

木瀬《きせ》部屋（木村瀬平[肥後ノ海《ひごのうみ》]／徳勝龍《とくしょうりゅう》、英乃海《ひでのうみ》、臥《が》牙丸《がまる》、宇良《うら》、志摩ノ海《しまのうみ》）

武蔵川《むさしがわ》部屋（武蔵川[武蔵丸]／武蔵国《むさしくに》、横江《よこえ》）

山響《やまひびき》部屋（山響[巌雄《がんゆう》]／北磻磨《きたはりま》、北太樹《きたたいき》）

時津風一門

時津風部屋（時津風[時津海]／正代《しょうだい》、豊ノ島《とよのしま》）

伊勢ノ海《いせのうみ》部屋（伊勢ノ海[北勝閧《きたかちどき》]／勢《いきおい》、錦木《にしきぎ》）

井筒《いづつ》部屋（井筒[逆鉾《さかほこ》]／鶴竜《かくりゅう》、鋼《はがね》）

鏡山《かがみやま》部屋（鏡山[多賀竜《たがりゅう》]／鏡桜《かがみおう》、竜勢《りゅうせい》）

陸奥《みちのく》部屋（陸奥[霧島《きりしま》]／霧馬山《きりばやま》、勇輝《ゆうき》）

湊《みなと》部屋（湊[湊富士《みなとふじ》]／逸ノ城《いちのじょう》、濱湊《はまみなと》）

荒汐《あらしお》部屋（荒汐[大豊《おおゆたか》]／蒼国来《そうこくらい》、若元春《わかもとはる》、荒篤山《こうとくざん》）

錣山《しころやま》部屋（錣山[寺尾《てらお》]／青狼《せいろう》、阿炎《あび》、彩《いろどり》、寺尾）

追手風《おいてかぜ》部屋（追手風[大翔山《だいしょうやま》]／大栄翔《だいえいしょう》、大翔丸《だいしょうまる》、遠《えん》藤《どう》、剣翔《つるぎしょう》）

中川《なかがわ》部屋（中川[旭里《あさひさと》]／種子島《たねがしま》、春日龍《かすがりゅう》）

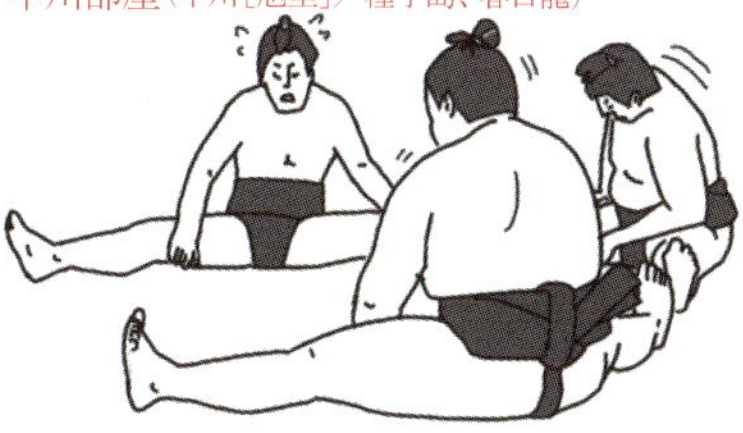

高砂一門

高砂部屋（高砂[朝潮《あさしお》]／朝乃山《あさのやま》、朝弁慶《あさべんけい》）

九重《ここのえ》部屋（九重[千代大海《ちよたいかい》]／千代鳳《ちよおおとり》、千代大龍《ちよたいりゅう》、千代《ちよ》翔馬《しょうま》、千代の国）

東関《あずまぜき》部屋（東関[潮丸《うしおまる》]／高三郷《たかみさと》、白虎《びゃっこ》）

八角《はっかく》部屋（八角[北勝海《ほくとうみ》]／隠岐の海《おきのうみ》、大岩戸《おおいわと》）

錦戸《にしきど》部屋（錦戸[水戸泉《みといずみ》]／極芯道《ごくしんどう》、本多《ほんだ》、彩翁《さいおう》）

二所ノ関一門

二所ノ関部屋（二所ノ関[若嶋津《わかしまづ》]／松鳳山《しょうほうざん》、中園《なかぞの》）

佐渡ヶ嶽《さどがたけ》部屋（佐渡ヶ嶽[琴ノ若《ことのわか》]／琴奨菊《ことしょうぎく》、琴勇輝《ことゆうき》）

片男波《かたおなみ》部屋（片男波[玉春日《たまかすが》]／玉鷲《たまわし》、玉金剛《たまこんごう》）

峰崎《みねざき》部屋（峰崎[三杉磯《みすぎいそ》]／荒鷲《あらわし》、豪頂山《ごうちょうざん》、大空《おおぞら》）

尾車《おぐるま》部屋（尾車[琴風《ことかぜ》]／嘉風《よしかぜ》、豪風《たけかぜ》、天風《あまかぜ》）

田子ノ浦《たごのうら》部屋（田子ノ浦[隆の鶴《たかのつる》]／稀勢の里《きせのさと》、高安《たかやす》）

高田川《たかだがわ》部屋（高田川[安芸乃島《あきのしま》]／輝《かがやき》、白鷹山《はくようざん》、竜電《りゅうでん》）

芝田山《しばたやま》部屋（芝田山[大乃国《おおのくに》]／魁《さきがけ》、大清峰《だいせいほう》）

朝日山《あさひやま》部屋（朝日山[琴錦《ことにしき》]／朝日龍、朝日錦）

鳴戸《なると》部屋（鳴戸[琴欧州《ことおうしゅう》]／欧翔山《おうしょうざん》、本間《ほんま》）

伊勢ヶ濱一門

伊勢ヶ濱部屋（伊勢ヶ濱[旭富士《あさひふじ》]／日馬富士《はるまふじ》、照ノ富《てるのふ》士《じ》、宝富士《たからふじ》、安美錦《あみにしき》、誉富士《ほまれふじ》）

友綱《ともづな》部屋（友綱[旭天鵬《きょくてんほう》]／魁聖《かいせい》、旭秀鵬《きょくしゅうほう》、旭日松《あさひしょう》）

宮城野《みやぎの》部屋（宮城野[竹葉山《ちくばやま》]／白鵬《はくほう》、石浦《いしうら》）

浅香山《あさかやま》部屋（浅香山[魁皇《かいおう》]／魁盛王《かいせいおう》、魁渡《かいと》）

貴乃花一門

貴乃花部屋（貴乃花[貴乃花]／貴ノ岩《たかのいわ》、貴景勝《たかけいしょう》）

大嶽《おおたけ》部屋（大嶽[大竜《だいりゅう》]／大砂嵐《おおすなあらし》、電山《でんざん》）

阿武松《おうのまつ》部屋（阿武松[益荒雄《ますらお》]／阿夢露《あむうる》、阿武咲《おうのしょう》）

立浪部屋（立浪[旭豊《あさひゆたか》]／天空海《あくあ》、力真《りきしん》、明生《めいせい》）

千賀ノ浦《ちがのうら》部屋（千賀ノ浦[隆三杉《たかみすぎ》]／舛の勝《ますのしょう》、舛東欧《ますとうおう》）

5 力士・裏方さん解剖

土俵まわりの位置

あそこに座っているのは誰だ？

審判委員（時計係）
行司（130頁）
控え行司
審判委員
呼出
向正面
西
審判委員

取組には制限時間があり、それを管理するのが審判委員のひとり、時計係です（140頁）。制限時間が経つと、時計係が合図を出し、「待ったなし」と行司が声を掛け、いよいよ取組が始まります。

相撲協会の審判部が審判委員を務め、取組の判定を見守ります（140頁）。勝負審判は審判長が正面、向正面には赤房寄りに時計係、そのほかの審判委員が東西に各1人、白房寄りにも1人と、全方位から取組を見ます。

土俵上にいるのはこれから取組を行う力士2人と1人の行司のみですが、その周りには土俵を見守るたくさんの人がいます。

まず控え力士。力士は自分の取組の2番前には東西の土俵溜りに座っていなければなりません。また、初口《しょっくち》（最初の取組）や土俵入り直後の取組など、呼出

土俵まわりの仕事を担う呼出（136頁）は、赤房下（東）と白房下（西）の土俵溜りに１人ずつ配置され、塩の補充をしたり力士に制限時間いっぱいを伝えたりします。ほかの呼出は西花道脇に控え、土俵を掃き清めたり懸賞旗を掲示したりします。
呼出（136頁）
十両以上の力士は、身を清める意味を込めて「力水」をつけます（12頁）。勝った力士が次の力士に力水をつけるのが通常ですが、前の力士が負けた場合は次の取組の控え力士がつけます。控えに負け残りの力士しかいない結びの一番では、結びで取る力士の付け人が片肌を脱いで力水をつけ、験を担ぎます。
控え力士
審判委員
東
審判長は正面側の土俵溜りに座り、取組を見ます。物言いがついた取組では、審判委員が協議して判定を下しますが、場内に取組の説明をアナウンスするのは審判長の役割です。（140頁）
審判長
正面

の柝《き》によって東西各2人の力士が入場する場合は、次に取る力士が、最初に取る力士に力水（12頁）を渡してから控えに座ります。控えの行司は向正面真ん中に座り、弓取力士（24頁）は向正面に控えます。また場内放送は行司の仕事で、国技館の場合は、西花道脇の最前列枡席でネクタイ姿でアナウンスをしています。取組の判定を見守る勝負審判は、審判長が正面、向正面の赤房寄りに時計係、そのほかの審判委員が東西に各1人、向正面白房寄りにも1人座って取組を見ます。

体が資本、この肉体全てが俺の武器だ!

力士の体

白鵬が15歳で入門したときの体重はわずか62kgでしたが、今や155kgの立派な体格です。日馬富士も鶴竜も新弟子のころは痩せっぽちの少年でした。一方で貴乃花は15歳の入門時、120kgありましたが、猛稽古で一時は90kgまで体重が落ち、その後最高160kgまでに増えたといいます。幕内上位で活躍するほとんどの力士は、たとえ入門時に太っていたとしても、厳しい稽古や雑用など生活環境の激変もあり、最初は一気に20〜30kg痩せることも珍しくありません。

そこからちゃんこをかき込み、日々の鍛錬でプロの稽古に耐えうる肉体を作り上げながら、体重を増やしていくのが、入門してから体格を作り上げるまでの一般的な流れです。10歳代で入門した場合、幕下上位から十両にかけてが食べ盛り、育ち盛りで体が一番大きくなる時期です。

力士にはボディビルダーのような肉体は不要。四股、鉄砲、すり足（122頁）などで体幹や深層筋を鍛え上げ、瞬発力や柔軟性を身に付けた体が理想です。

力士の体のタイプ

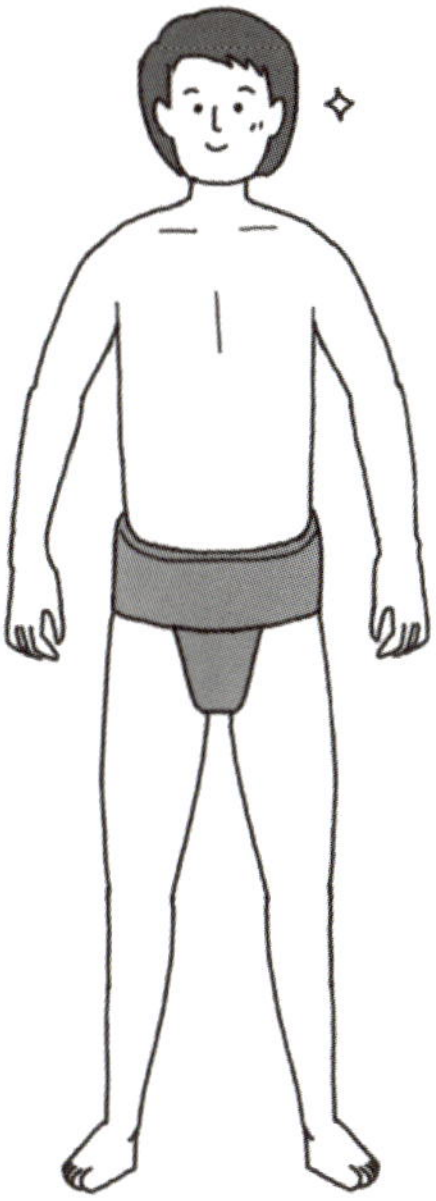

どんな料理にもなれる
もやし

入門時

入門当初は環境の激変もあって体重が減りがち。激しい稽古で食欲もわかないが、無理してでも食べて体を大きくさせなくてはいけません。「食べるのも稽古」といわれるくらい、新弟子にとってはきつい日々です。

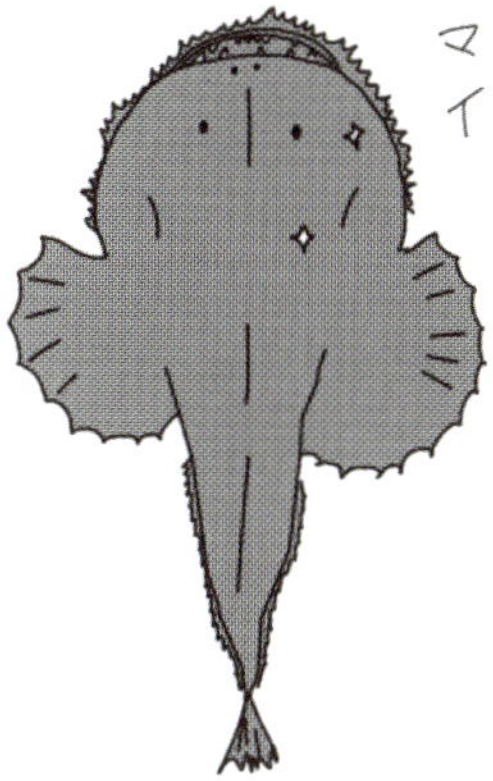
鍋料理がウマイ

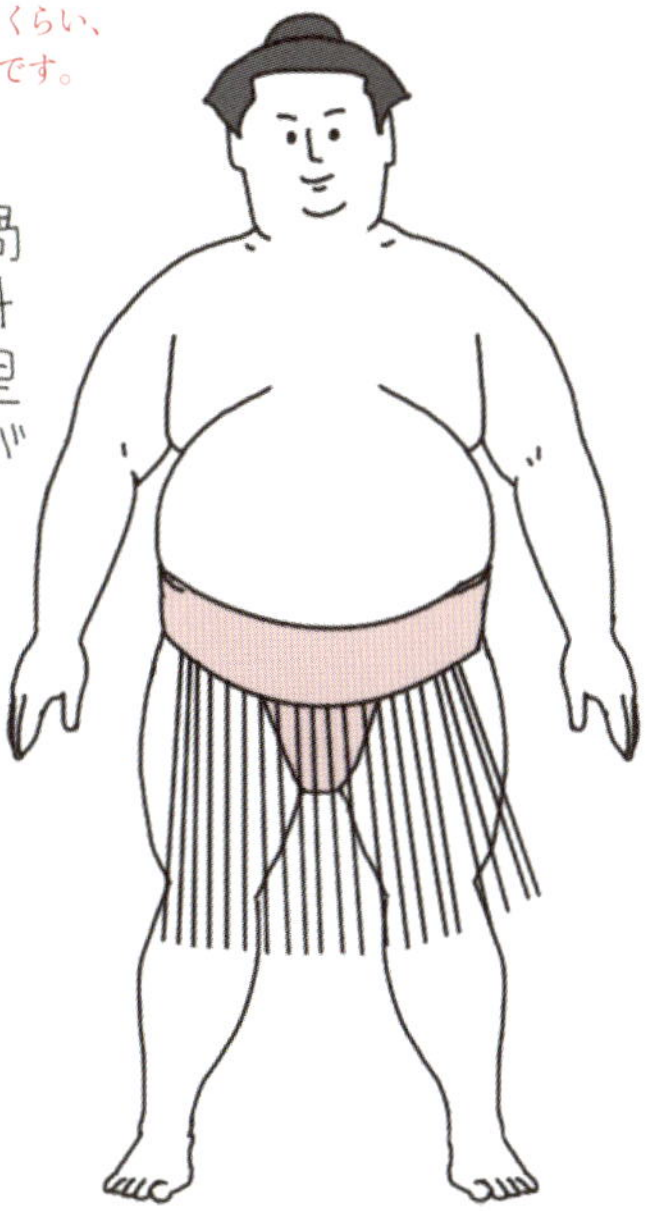

あんこ型

丸々と太って腹が突き出た体型を「あんこ型」といいます。魚のアンコウの丸い腹に似ていることが由来です。程度によってやや太った力士を「中あんこ」、筋肉質の同タイプを「固太りあんこ」と呼ぶときもあります。大きな体を生かして一気に当たって押し込むなど、突き押しタイプに比較的多い体型です。

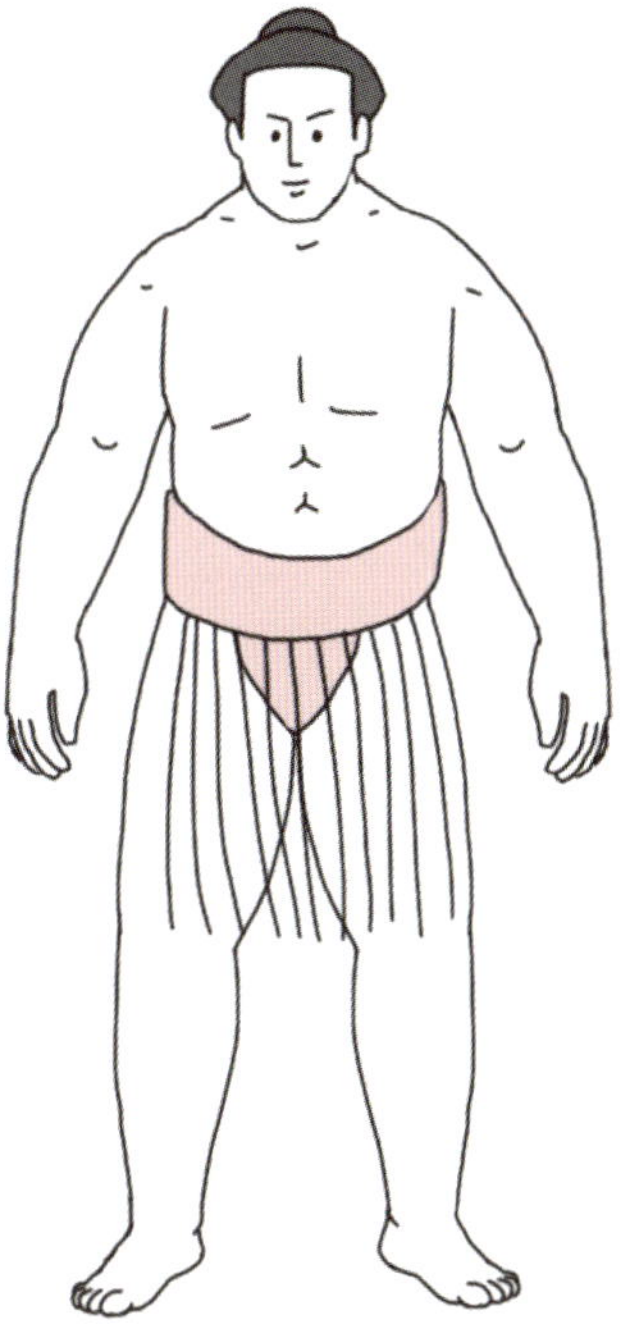

イイおだしが出る

ソップ型

筋肉質で痩せ型の力士を「ソップ型」といいます。鶏ガラだしのちゃんこを「ソップ（スープの意）炊き」といいますが、痩せ細ってあばらが浮いて見える体格が鶏ガラを連想させることから、ソップ型といわれます。長身で、廻しを引きつけて胸を合わせる、四つ相撲タイプに多く見られます。

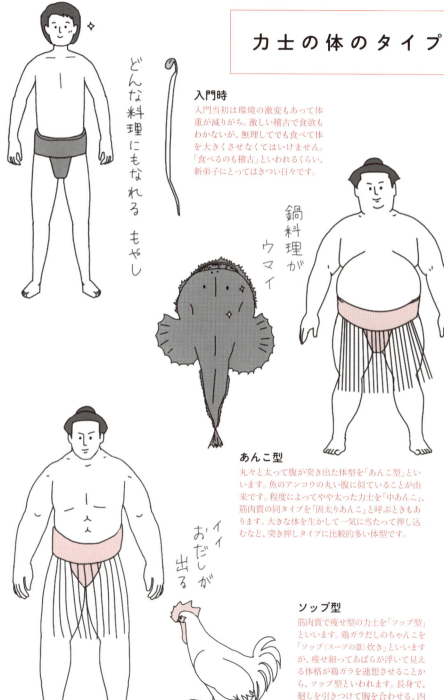

力士の廻し

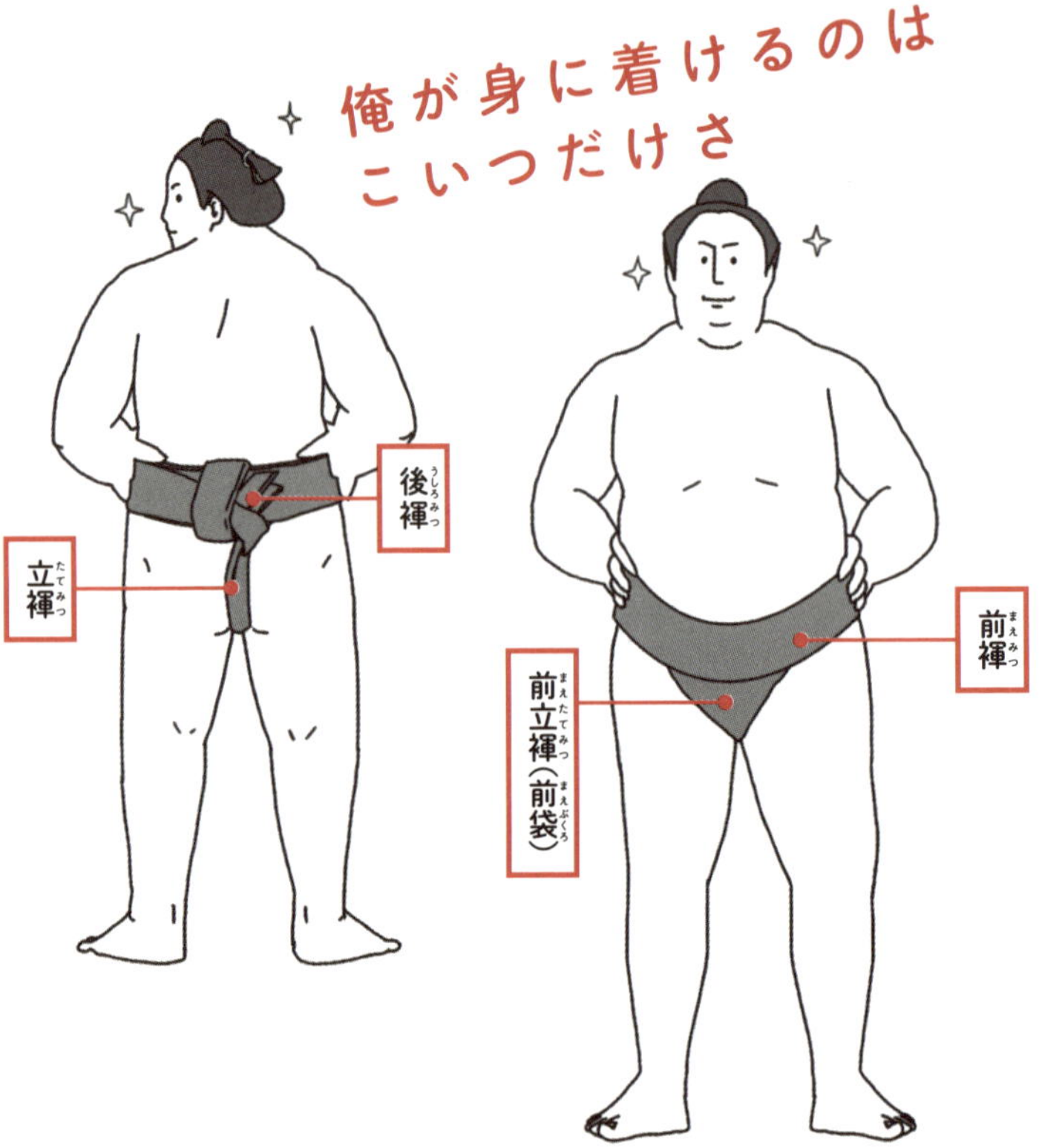
俺が身に着けるのは
こいつだけさ
後褌《うしろみつ》
立褌《たてみつ》
前褌《まえみつ》
前立褌《まえたてみつ》（前袋《まえぶくろ》）

力士が締める廻しには「締込《しめこみ》」と「稽古廻し」、「化粧廻し」の3種類があります。稽古廻しは稽古のときに使用する木綿製の廻しです。幕下以下の廻しの色は黒と決められ、稽古でも本場所でも兼用します。十両以上になると稽古場では白の稽古用廻し「白廻し」を使えるようになり、これは力士の憧れでもあります。一度関取になった者でも、幕下に落ちれば、また黒廻しを締めなくてはなりません。

締込は十両以上の力士が本場所や巡業の取組で締める廻しで、博多織の繻子《しゅす》で作られています。長さは約9m、幅は80㎝ほどあり、力士はこれを4つ〜6つ折りにして締めます。色は黒か茄子紺《なすこん》が原則ですが、カラフルなものも目立ってきました。

化粧廻しは関取衆が土俵入りのときに締めるエプロン状の廻しで、1枚の帯状の布地で、博多織や西陣織でできています。図案が描かれた面を前に垂らし、裾には「馬簾《ばれん》」という金色や朱色などの房が付けられます。横綱の化粧廻しは太刀持ち、露払いの力士との「三つ揃え」で作られます（16頁）。

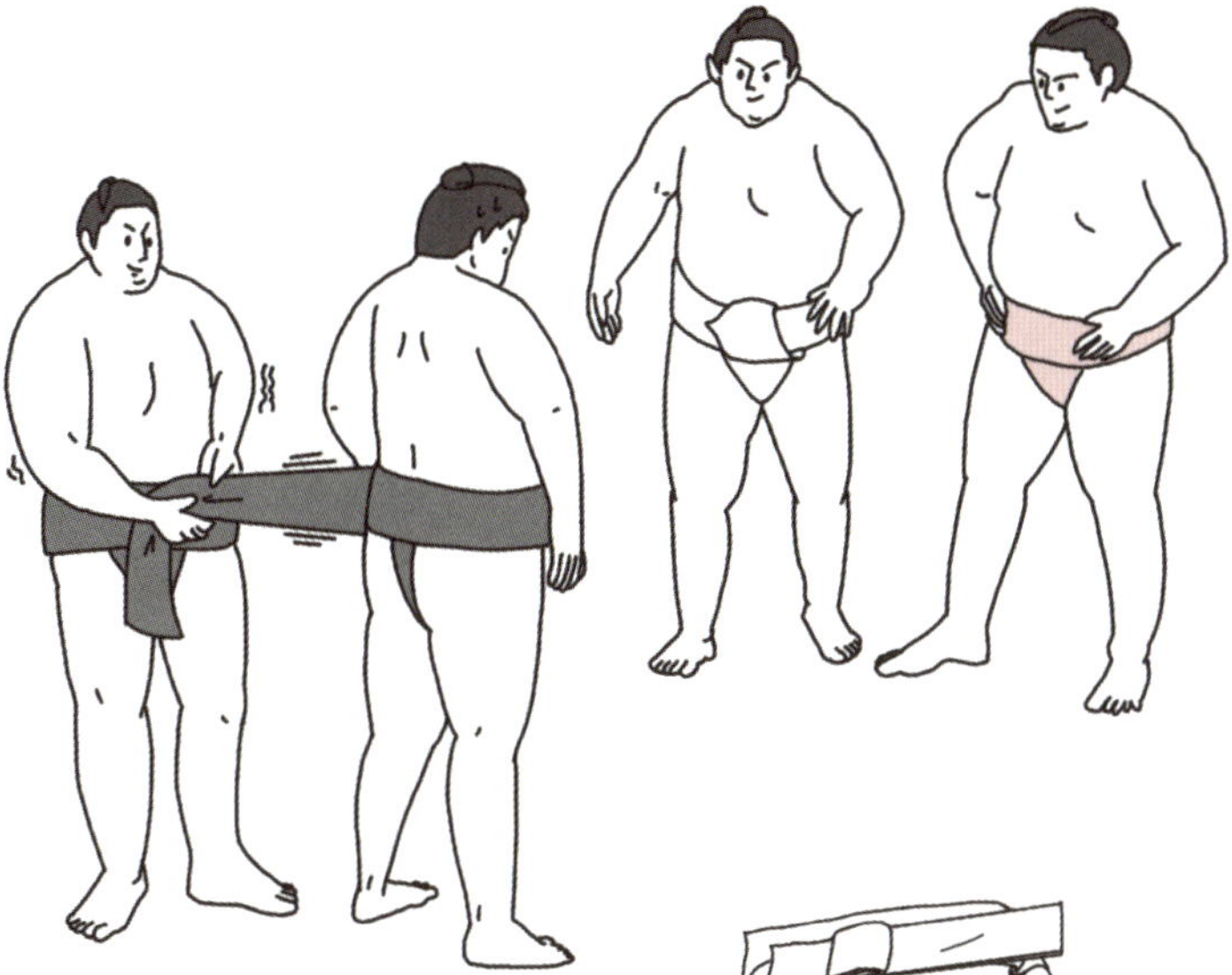

廻しの締めかた

締込は縦に4つ〜6つ折りにして胴まわりに六重に巻き付けます。ほどんどの力士は水で濡らしながら締め、廻しを堅くして相手に廻しを取られにくくしています。稽古廻しは縦に4つ折りにして体に五重に巻き、関取衆は前の部分を長く出すのが通例です。

化粧廻し

化粧廻しの図柄に規定はありませんが、出身地の名所や名産品をあしらったものや、母校から贈られた場合は校章などが一般的です。最近はアニメのキャラクターなども見られます。珍しいところでは電飾を使ったものや、大関若嶋津や横綱常陸山などはダイヤを埋め込んだ豪華な化粧廻しを締めていました。

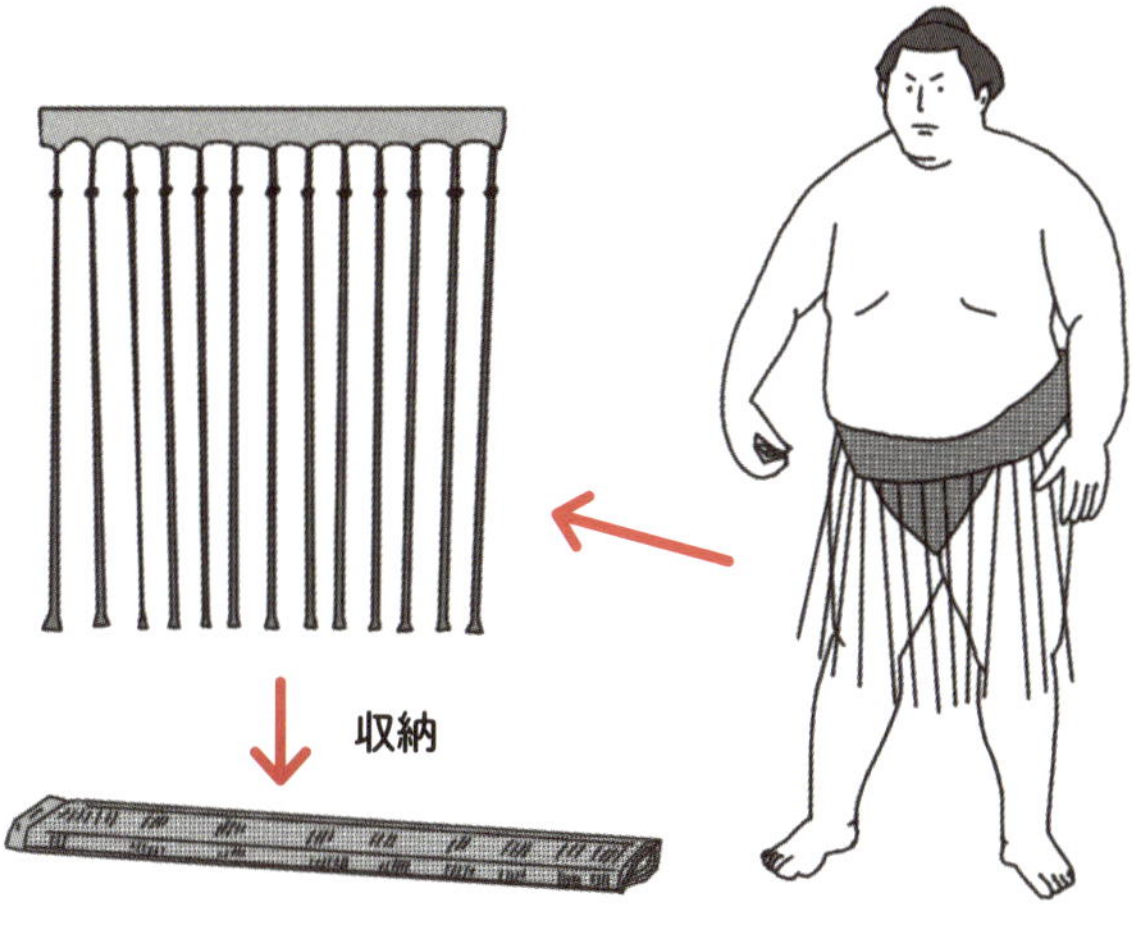

さがり

締込の前の部分に挟んで垂らすのがさがりで、飾りの一種です。締込と同じ織物の縦糸だけを束ね、ふのりで丸く棒状に固め、先端だけ平たく潰します。垂らす本数は縁起を担いで奇数。幕下以下のさがりは固めないので、だらんと垂れ下がるひも状になっています。

力士の一日

早朝の猛稽古と、1日2食の食生活。これが相撲取りの生活の基本です。

午前9時ごろ〜

土俵での稽古

土俵に入るのは9時をまわったころ。三番稽古や申し合い、仕上げのぶつかり稽古を行い、10時過ぎに稽古は終了します。(122頁)

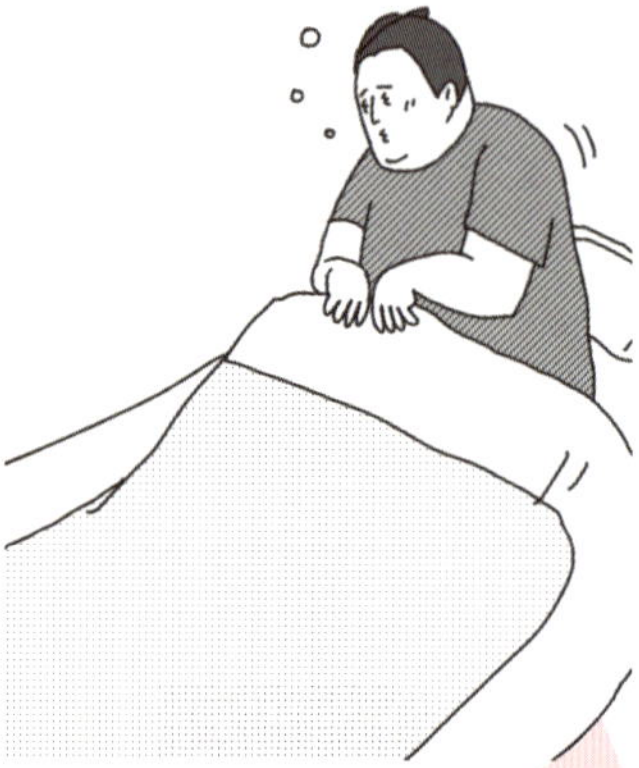

午前5時〜6時

起床

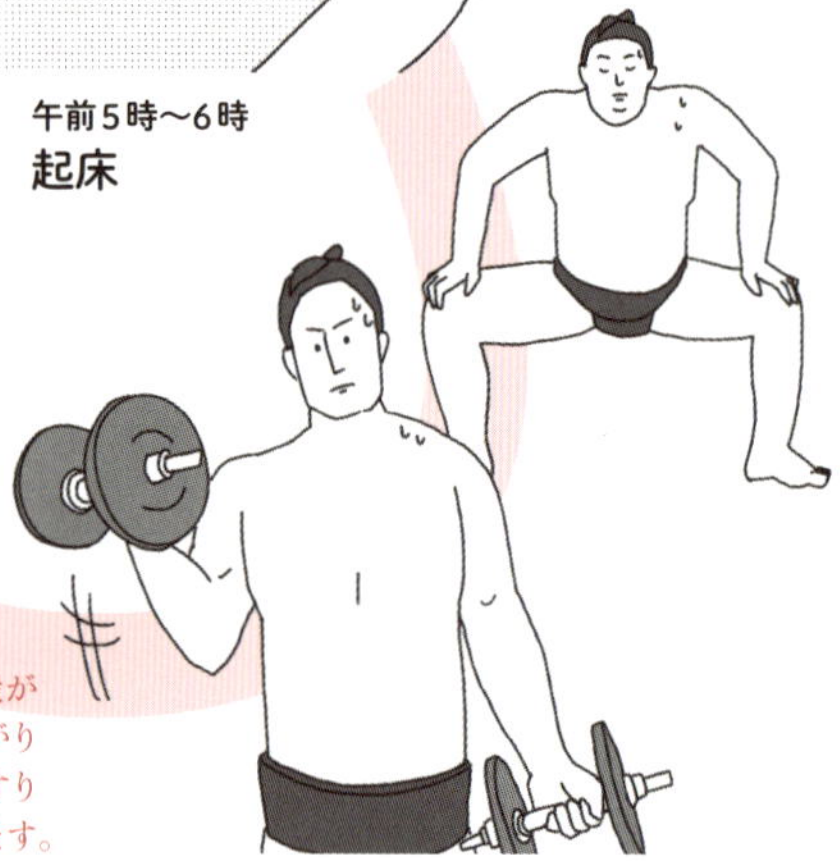

午前6時ごろ〜

序ノ口〜幕下の稽古

午前8時ごろ〜

十両以上の稽古開始

稽古は番付が下の者から始まり、関取衆が稽古場に降りるのは総じて8時すぎ。上がり座敷の親方衆に挨拶を済ますと、四股やすり足といった基礎運動でたっぷり汗を流します。

相撲部屋の一日は早朝から始まります。1部屋の力士数が今と比較にならないほど多かった時代は、夜中の3時には四股を踏む音が聞こえたものですが、今は早い部屋でも朝5〜6時が一日の始まりです。番付下位の者から稽古が始まり、関取は朝8時ごろから稽古場に現れます。稽古が終わるのは午前11時ごろ。その後ちゃんこを食べ、昼寝をして、部屋の仕事、夕食、自由時間を経て、午後10時ごろに就寝、というのが平均的な相撲部屋の一日です。部屋によって週1日の休日を設けるところもありますが、休日無しの部屋も珍しくありません。

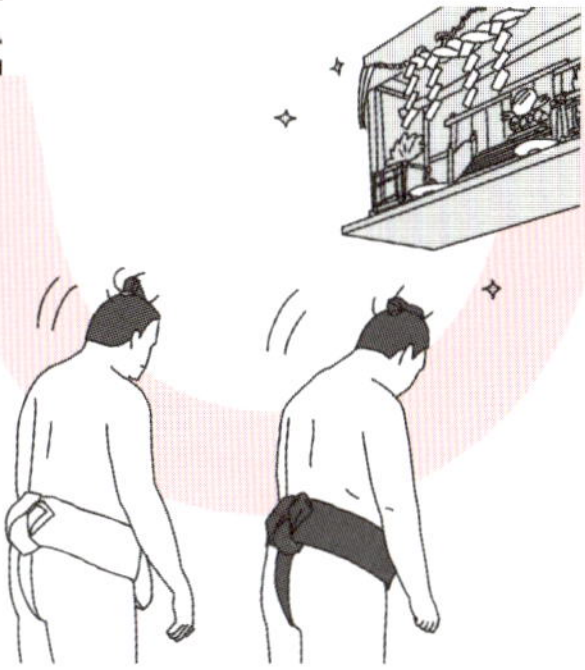

午前10時〜11時ごろ

稽古終了

稽古が終わると、稽古場に置かれている神棚に向かって一礼する場面も。そこから番付順に風呂に入り、髷《まげ》を結い直したり、土俵を整えたり、ちゃんこの準備をしたりします。

午前11時〜午後1時ごろ

ちゃんこ（昼食）

力士の食事は、鍋に限らず全て「ちゃんこ」といいます（146頁）。親方衆や関取衆が食べている間は、幕下以下の若い衆は後ろに立って給仕をしなくてはなりません。ちゃんこも番付順なので、新弟子が食事にありつけるのは午後1時過ぎになることも。

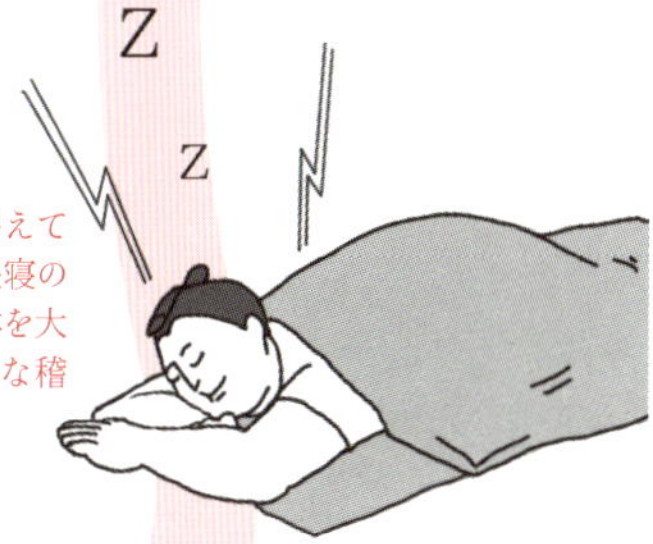

午後2時〜4時

昼寝

食後、後片付けを終えて2時から4時までが昼寝の時間です。昼寝も、体を大きくするための大切な稽古のひとつです。

午後4時〜6時

部屋の片付け・掃除など

午後6時〜　**夕食**

午後7時〜　**自由時間**

午後4時からは掃除や部屋の片付けなど、部屋の仕事をして6時ごろから夕食を食べます。その後7時から10時ぐらいまでが自由時間となり、各々の時間を過ごします。中にはジムに行く力士も。

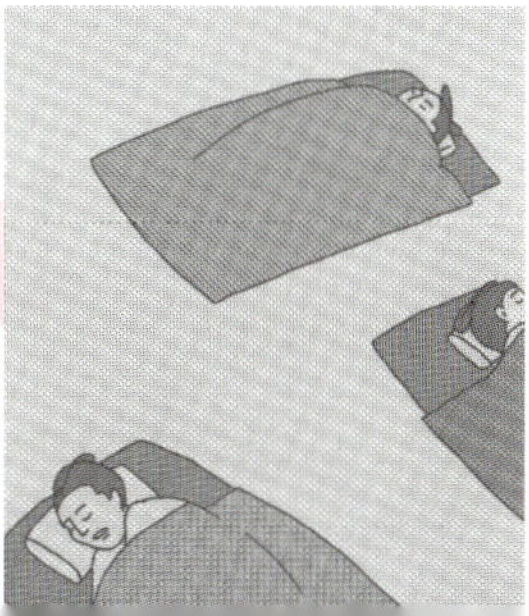

午後10時ごろ

就寝

夜10時ごろに就寝、翌日早朝からの稽古に備えます。ちなみに個室が与えられるのは十両以上からなので、幕下以下の力士たちは大部屋で生活をともにします。

＊生活リズムや時間帯は一例です。部屋によって差異があります。

稽古

苦しくても
つらくても忍耐！
日々の積み重ねが
強靭な肉体と
精神を育みます。

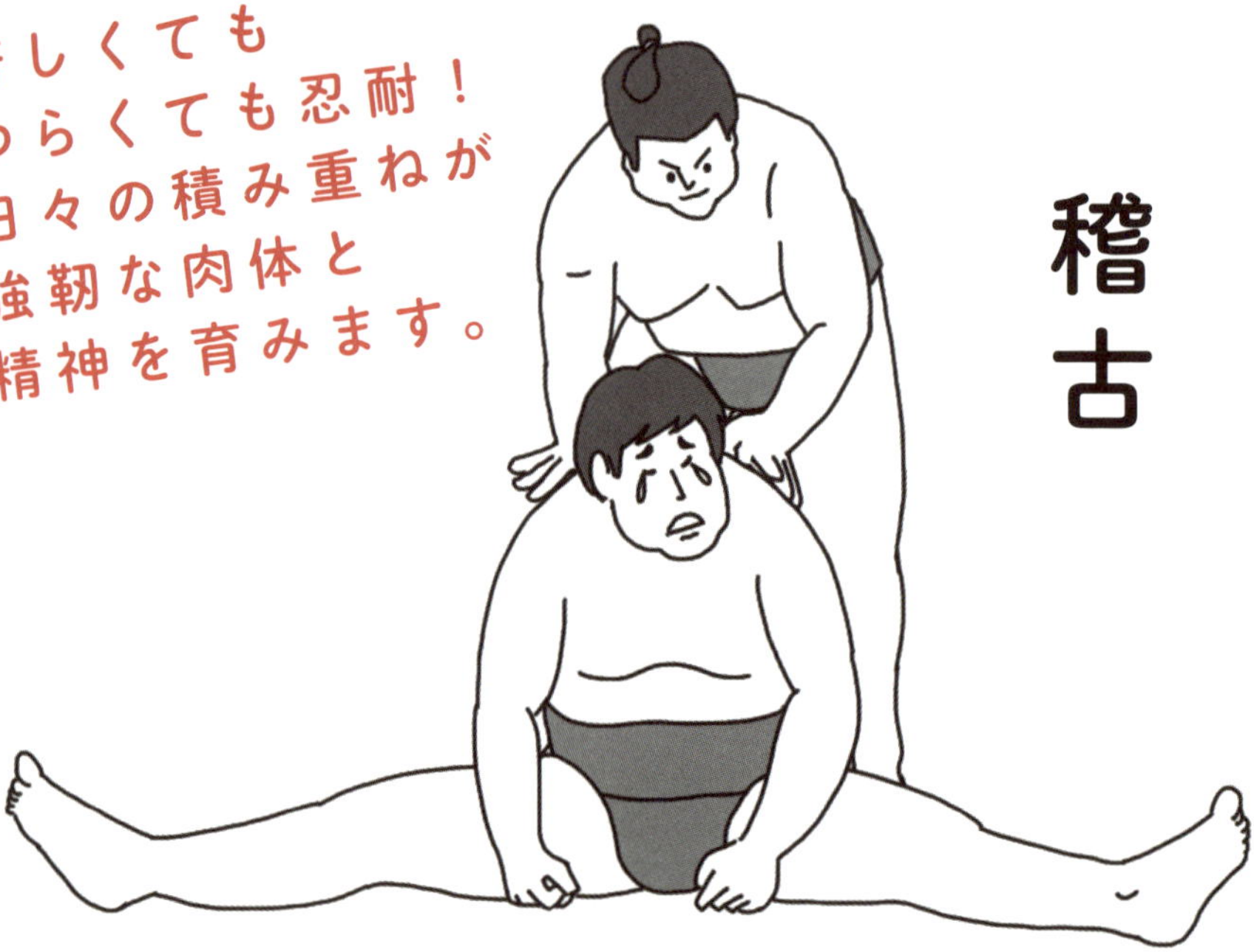

力士の稽古は朝食を摂らずに早朝から、番付が下の者から順に行われます。稽古場に降りたらまず各自で四股や鉄砲、すり足、ストレッチなどの準備運動を行います。体がほぐれたところで土俵内の稽古に移ります。稽古には実力が拮抗した者同士による「三番稽古」、勝った者が次の稽古相手を指名する勝ち抜き戦形式の「申し合い」、仕上げに行われる「ぶつかり稽古」などがあります。

関取衆は本格的な稽古に入る前に若い衆を1人捕まえ、何番か押させることがあります。これを「あんま」といい、若い衆にとっては実のある稽古となる一方で、関取衆は体を慣らすのにはちょうどいい具合となり、その後通常の稽古に入ります。関取が1人しかいないなど、部屋に適当な稽古相手がいない場合はほかの部屋へ出稽古に行ったりもします。

巡業もまずは朝稽古から一日が始まります。ひと昔前までは巡業会場周辺の野外の空き地に円を描いて即席の土俵を造って行う、「山稽古」をしましたが、今は土地事情もあって少なくなりました。

基本の稽古

四股

相撲の基本中の基本の動作です。両足を開き、膝が90度曲がるまで腰を下ろした状態で片足を上げ、もう片方の足でバランスを取ります。足を高く上げればいいというものではなく、むしろ軸足の曲げ伸ばしが肝心です。

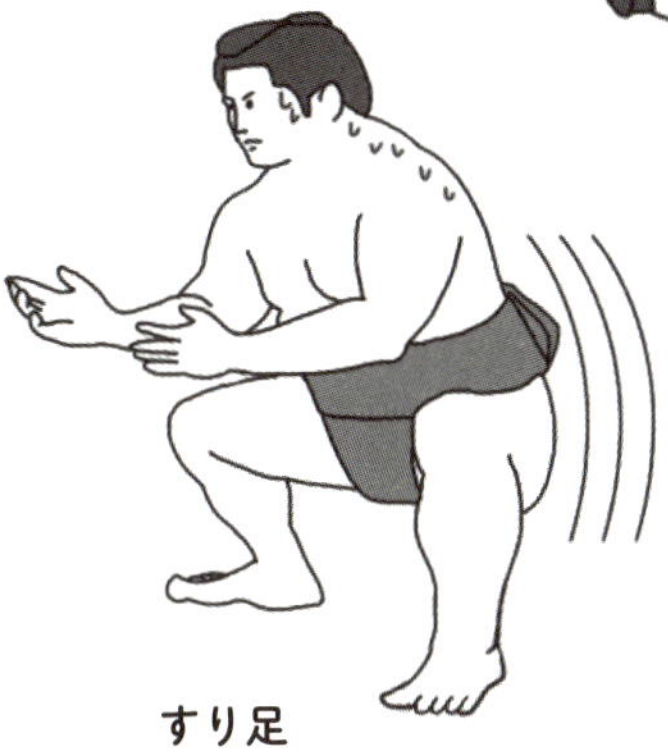

すり足

足の裏を地面から離さず、脇を締めて右手と右足、左手と左足を同時に前に出して進みます。膝が直角に曲がるまで腰を下ろし、体はやや前傾姿勢、肩幅より少し広く足を広げた状態で行います。スピードをつけて行う場合もあります。

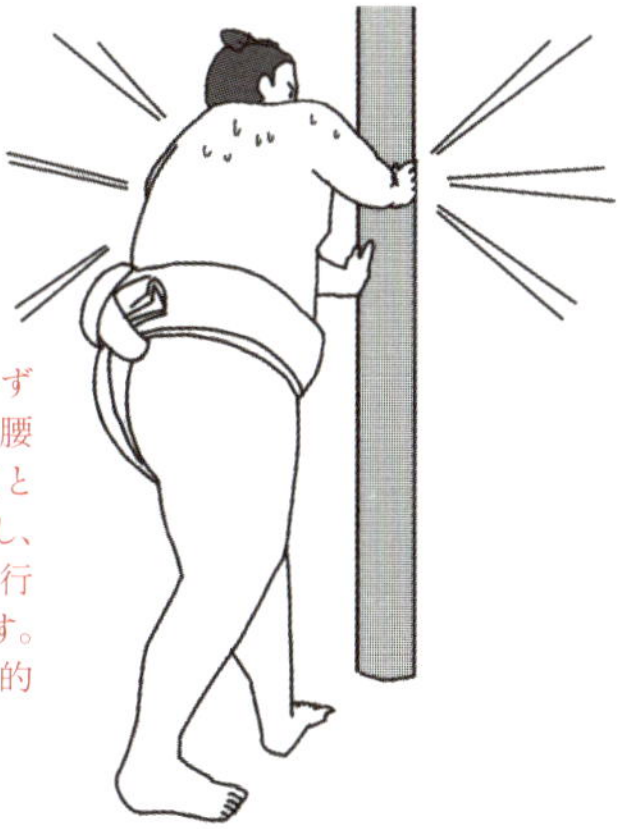

鉄砲

各部屋の稽古場の隅には必ず鉄砲柱があります。脇を締め腰を入れ、右手で鉄砲柱を突くときは右足をすり足で前に出し、左で突くときも同様の動作を行い、これを何度も繰り返します。鉄砲により突き押しの基本的な型が身に付きます。

稽古の種類

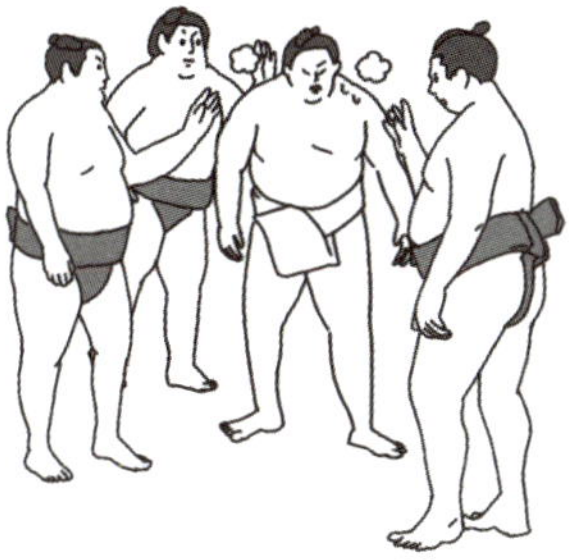

申し合い

勝った力士が次の稽古相手を指名して行うのが「申し合い」です。相手を指名することを「買う」といい、稽古を買ってもらうためにアピール合戦になることも。ここで積極的になれず稽古場の羽目板に貼りついている「かまぼこ」では強くなれません。

三番稽古

実力が接近した者同士が何番も続けて行う稽古のこと。「三番」は「たくさん」という意味で、実際は多ければ30～40番以上続けて取ることもあります。略して「三番」ということもあります。

ぶつかり稽古

仕上げに行う稽古であり、最もきつい稽古といわれています。胸を出す相手をもろハズの形で土俵の端から端まで押し、その往復を何回か繰り返します。途中で相手に突き落としてもらい、体を丸めて横転しながら受け身の型も身に付けます。

相撲部屋の稽古場

外観は普通の建物、中には所狭しと佇む土俵と砂まみれ汗まみれの力士たち！

各相撲部屋には所属力士が稽古するための稽古場があります。稽古場中央には土俵があり、一方の隅には鉄砲柱が立てられています。

土俵は本場所のように周囲に俵を埋めるものと、俵を埋めずに土俵全体を浅く掘るだけの「皿土俵」がありますが、それも部屋によって異なります。だいたい年に3回は土俵を掘り起こし、再度固め直す「土俵築《どひょうつき》」（34頁）を行います。土俵築からしばらく経つと土俵がでこぼこになり、ケガの原因にもなるからです。土俵築は部屋の若い衆が行い、一門の呼出も手伝います。また、一日の稽古が終わると土俵中央に御幣《ごへい》を立て、塩で清めますが、そのやりかたも部屋によってさまざま。

力士たちは日々稽古場で修練を積み、未来の横綱を目指すのです。

部屋によっては、朝稽古を一般公開しているところもあります。稽古の邪魔にならないよう、私語や飲食などは慎み、静かに見学するよう心掛けましょう。予約が必要な部屋や、稽古非公開の部屋、また稽古が休みの日などもあるので、見学希望の際は各相撲部屋に問い合わせるようにしましょう。

力士にとって土俵は神聖な場所。ほとんどの稽古場には神棚が祀られていて、稽古が始まる前や稽古終了後には力士、親方衆が手を合わせる光景がよく見られます。

土俵正面側の上がり座敷中央には師匠が座り、稽古場全体に目を光らせています。部屋付き親方もその横に座り、力士の指導にあたります。

親代わりで師匠で経営者。
親方稼業も楽じゃないよ。

親方の仕事

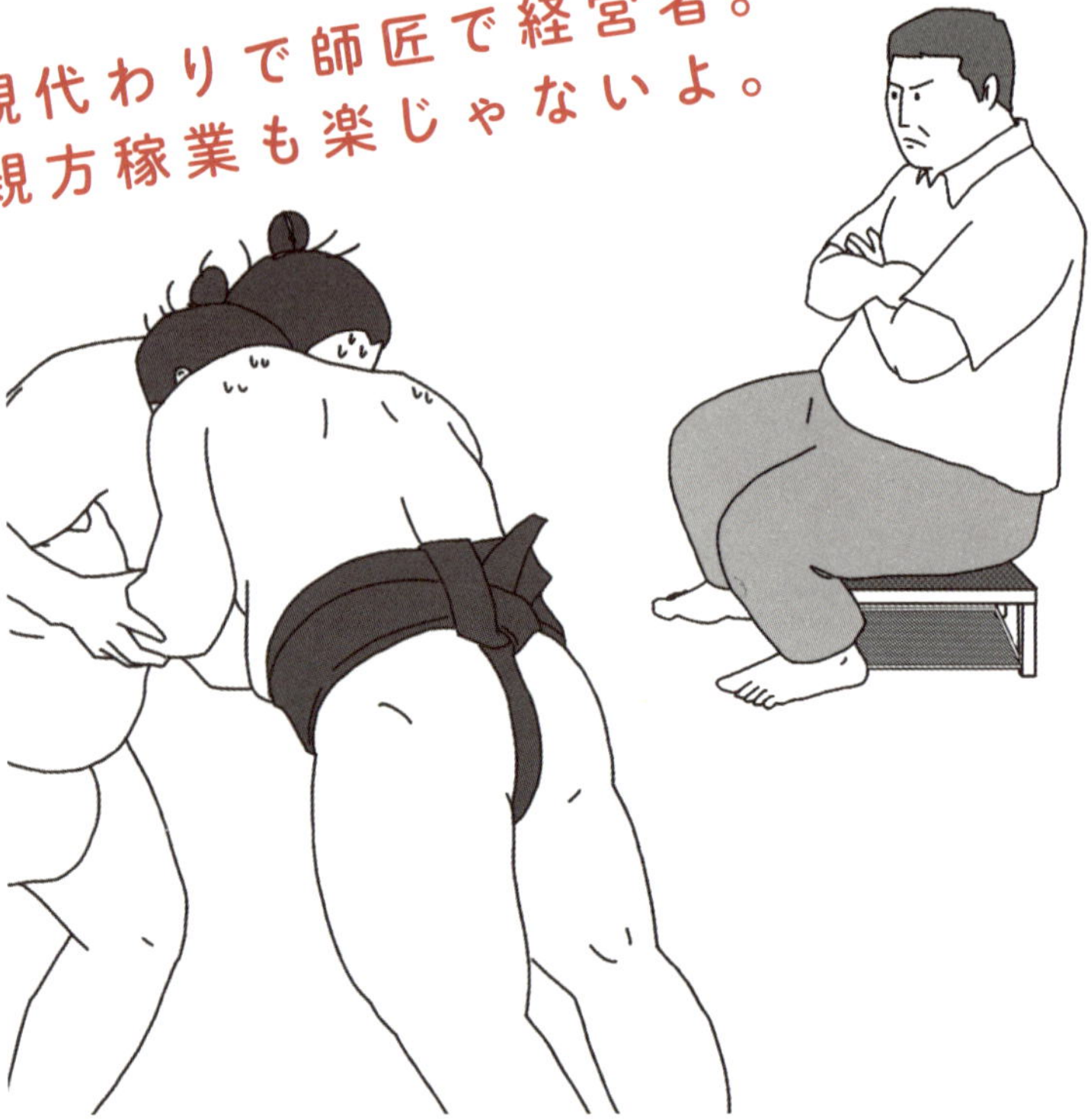

現役を引退した力士で、年寄名跡《みょうせき》（104頁）を得た人を通常は親方と呼びますが、親方の中でも相撲部屋を持っている親方は「師匠」とも呼ばれます。師匠は部屋に所属する力士、つまり自分の弟子と、部屋に配属された行司、呼出、床山などの協会員を指導、養成する任務があります。年寄として協会内で決められた職掌（106頁）もありますが、仕事の本分は弟子を育てることにあるのです。

稽古場では全体を見渡し、1人ひとりの動きに目を光らせ、指導にあたります。生活面では門限を設けたり、規律を定めたりするなど、1人の社会人としても弟子を立派に育て上げなくてはなりません。

新弟子のスカウトも親方の仕事です。「いい子がいる」と聞けば全国を飛びまわり、場合によっては海外に足を運ぶこともあります。そのためには全国各地にいる後援者のネットワークが必要不可欠。彼らとのお付き合いも大切な仕事なのです。また部屋の経営や、地方場所期間中の宿舎確保も重要任務のひとつです。

親方の仕事

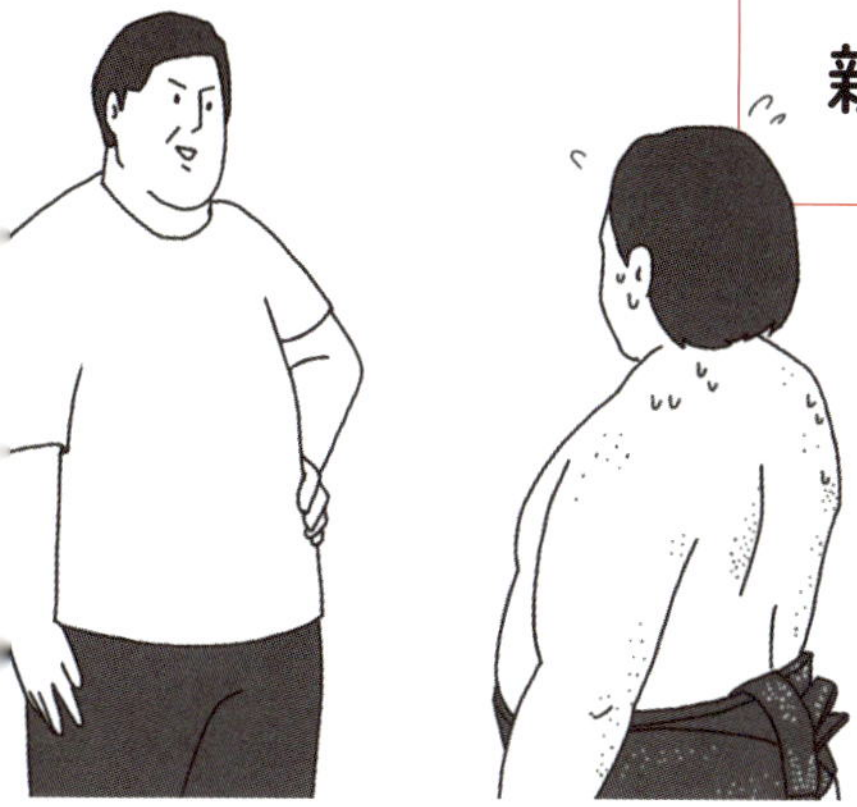

後進の育成

稽古中は上がり座敷の中央に座り、稽古場全体を見渡しながら1人ひとりを見守ります。必要によってアドバイスを与えたり、檄を飛ばしたりします。

相撲部屋経営

相撲部屋には協会から、力士養成費や稽古場維持費など、各種の手当が入りますが、大男たちがひとつ屋根の下に暮らす大所帯とあって、食費や光熱費など支出は莫大。経営者としての手腕も求められます。

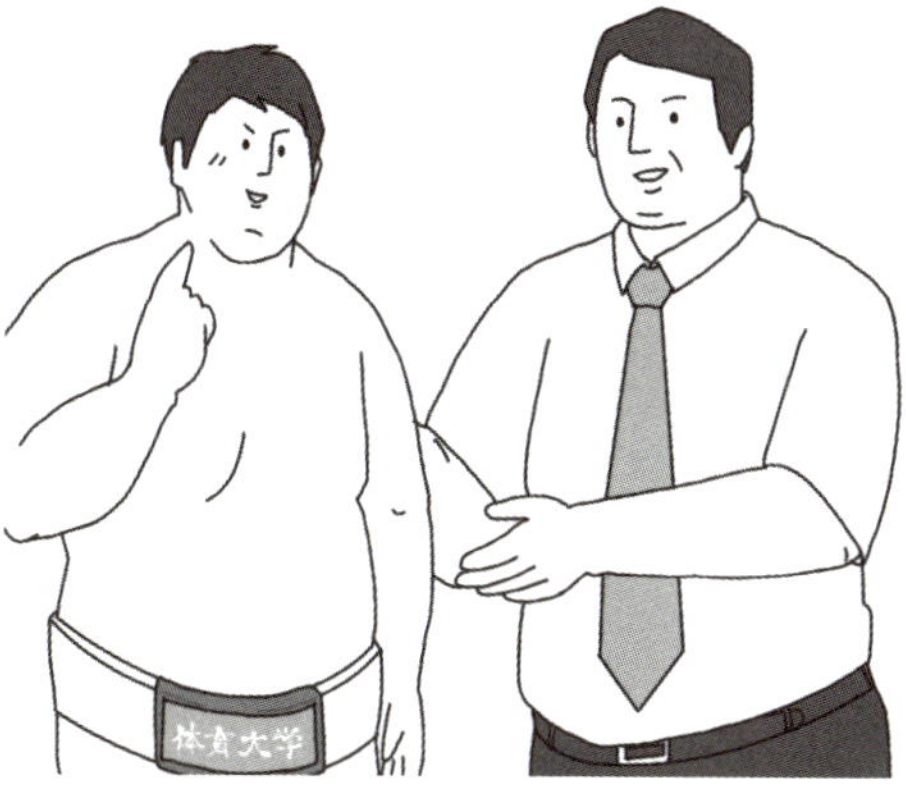

スカウト

後援者のつてやアマチュア大会に小まめに足を運ぶなど、新弟子のスカウト活動は常時、行っています。一番大事なのはフットワークの軽さです。

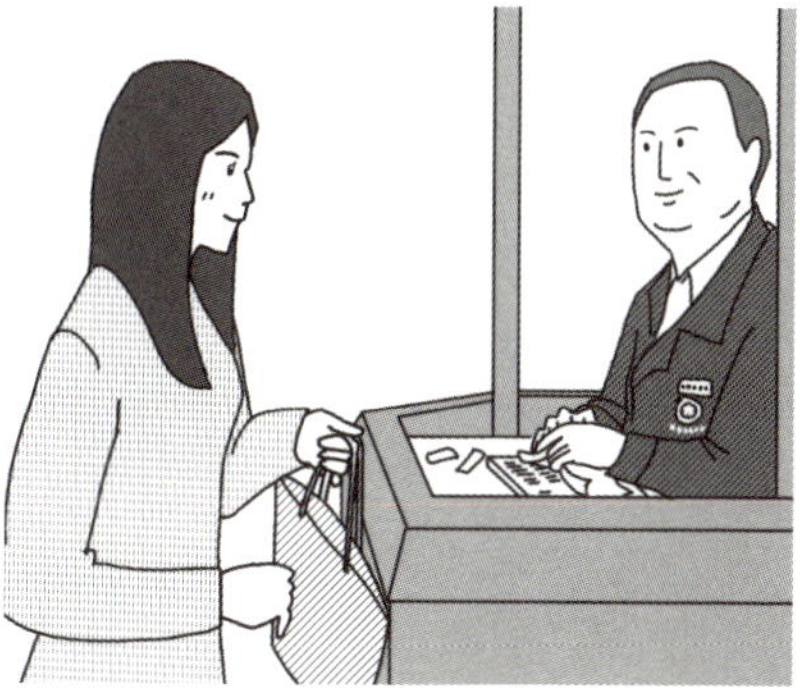

協会の仕事

協会内では審判部、巡業部、警備や木戸など決められた部署に所属し、それぞれの仕事に従事しています。(106頁)

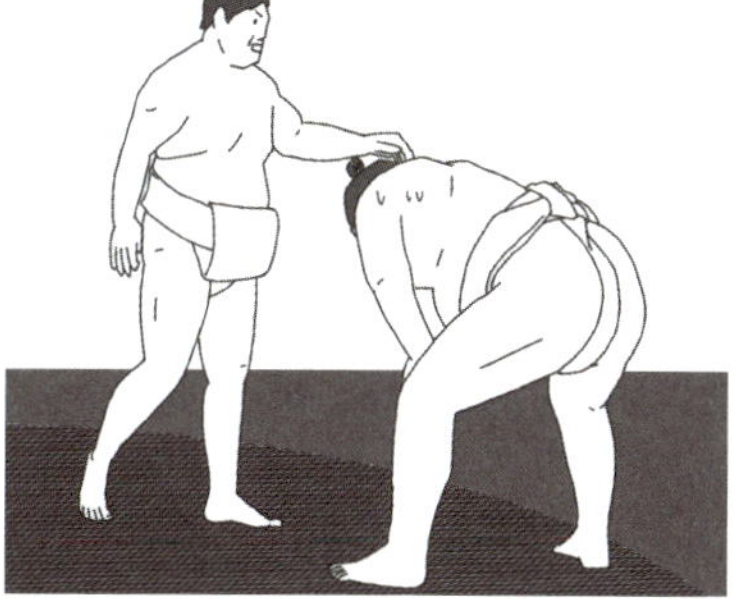

部屋付き親方とは？

自分で相撲部屋を持たない親方は、「部屋付き親方」として部屋に所属し、師匠をサポートします。関取予備軍の力士にマンツーマン指導を行ったりするほか、師匠が所用で稽古場を空けるときは留守をしっかり預かります。

相撲部屋の
男たちを支える、
心強い紅一点！

おかみさん

相撲部屋の運営でいなくてはならないのが、師匠の夫人である「おかみさん」です。力士の指導が親方の仕事ならば、おかみさんの仕事は相撲以外全般にわたり、力士たちの衣食住全ての面倒を見なくてはなりません。ケガをした力士の通院に付き沿う、親方にいえない悩みを抱える力士の相談にも乗るなど、部屋では母親代わりの存在です。

それ以外にも部屋の後援者への挨拶、連絡、必要があれば打ち合わせに出向いたりもします。千秋楽の祝賀会や部屋主催の各種パーティーのほか、部屋から関取が誕生したときなどは、招待状やお礼状の発送をはじめ、さまざまな準備に休む暇もないほどの忙しさです。

地方場所の際は東京の留守の部屋を預かり、千秋楽のパーティーには駆け付けて地方の後援者への挨拶をするのも欠かせません。決して前に出る仕事ではありませんが、部屋から大関や横綱が誕生した際には、本人、師匠とともにおかみさんも揃って使者を迎えます。そのときの喜びは格別でしょう。

付け人

下積みを経て、力士は成長していくのです。

十両以上の力士になると、廻しの着け外し、洗濯、入浴など身のまわりの世話をする幕下以下の若い衆が数人付きます。彼らを「付け人」あるいは「付き人」といい、通常、十両に2〜3名、幕内に3〜4名、横綱になると土俵入りの際の綱締めなどがあるため、8〜10名が付き、親方にも付きます。原則として同じ部屋の幕下以下の力士が務めますが、人数が足りない場合は同じ一門内の部屋から人員を借りることもあります。

付け人は関取や親方の世話をすることを通じて、相撲界のしきたり、礼儀、相撲そのものを学びます。また若くして関取になった場合は、関取自身に感謝の心を学ばせようと、師匠があえて年上の兄弟子を付けることもあります。関取だからといって付け人を顎で使うなどもってのほか。ベテラン付け人ともなると取組前に作戦を伝授したり、取組後には取り口の反省点などを教えたりと、参謀役を担うこともあります。関取と付け人の関係は決して主従関係ではないのです。

取組の進行を
司るだけじゃない、
祭主も書記も
アナウンスも、
びしっと決めます！

行司

土俵上で東西の力士を立ち合わせて取組をさばき、勝負の判定にあたるのが行司です。勝負後は必ず東西のどちらかに軍配を上げなくてはなりませんが、物言いがついたときは審判委員（140頁）に勝負判定を一任することになります。

　行司は協会で採用されますが、所属先は各相撲部屋。序ノ口格から始まり、「木村庄之助」や「式守伊之助」を名乗る立《たて》行司が最高位となります。定員は45名で、毎年九月場所後、理事会から勤務評定が下され行司の階級と待遇が決定されます。行司が継ぐ名前には木村と式守のふたつの姓があり、どちらの姓を名乗るかは入門した部屋によって決まりますが、名前が変わることもあります。ちなみに木村姓と式守姓の違いは軍配の握りかたに表れ、手の甲が上を向くのが木村姓で、下を向くのが式守姓です。

　土俵上のさばき以外にも土俵入りの先導、土俵祭の祭主、顔触れ言上、新序出世披露の言上、番付や顔触れなどを書く、巡業では移動手段の手配など、多岐にわたる仕事をこなします。

行司の仕事

行司は、取組をさばくだけでなく、書記から祭主まで、実に幅広く仕事をこなしています。そのほかにも、相撲部屋の師匠のサポート役も務め、部屋の総務的な役割も担います。

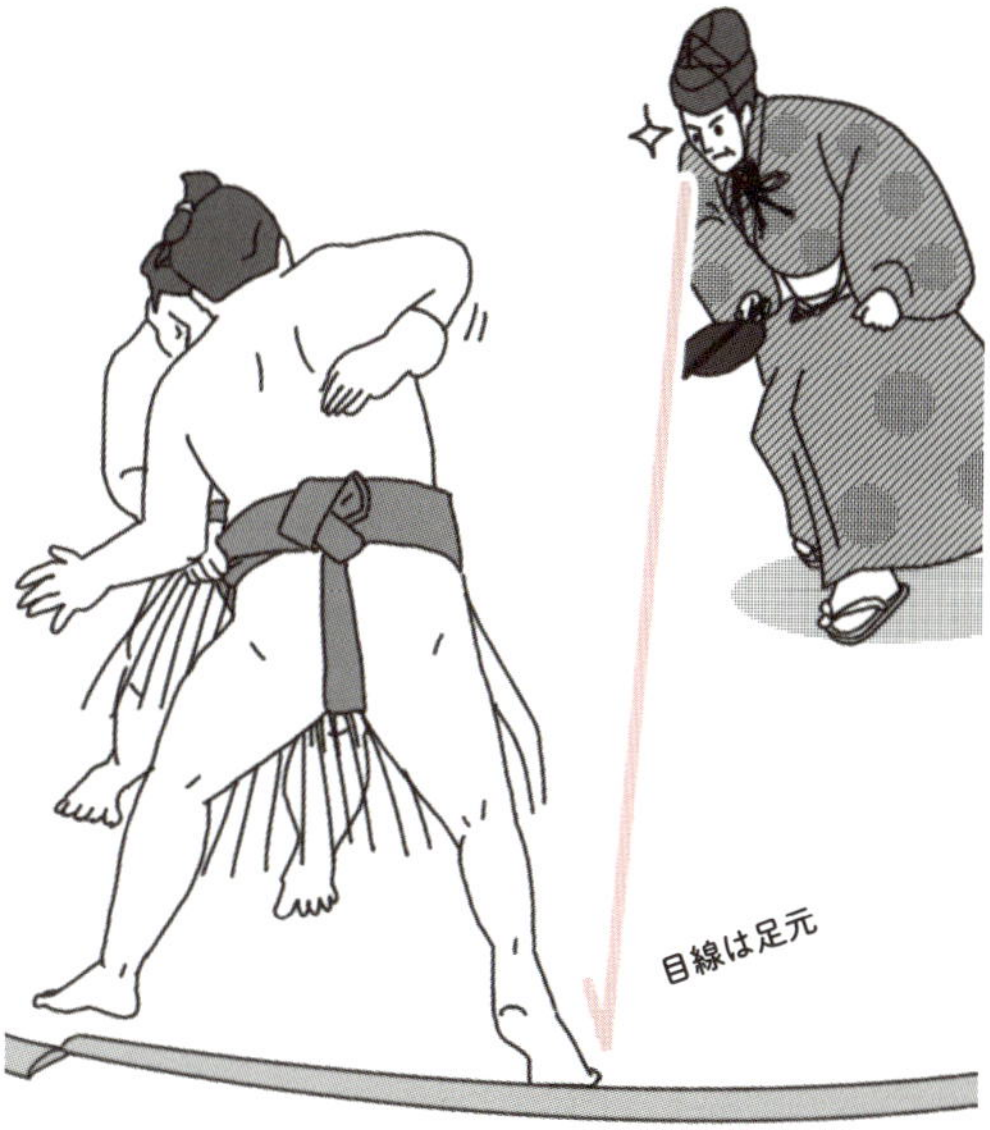

土俵上あれこれ

行司の代表的な仕事といえば、取組の進行。力士は立ち合いの際、「手を下ろして」「まだまだ」「時間です」など行司の掛け声で呼吸を合わせます。力士が動いているときは「残った」、両力士の動きが止まったりした場合は「ハッキョイ(発揮揚々)」の掛け声を発して奮起を促し、勝敗を見極めます。締込が大きく緩んだときは締め直したり、競技進行中に力士が負傷した場合、動きを止め適切な処置を施したりもします。

顔触れ言上・場内アナウンス

勝負結果や決まり手の発表、懸賞アナウンスも行司が行っています。特に懸賞本数が多いときは制限時間内に全てをアナウンスし終えなくてはならず、流暢さが求められます。土俵入りの力士紹介での所属部屋、出身地は当然、全て暗記しなければなりません。新序出世披露の言上は序ノ口格行司の仕事です。また進行時間に余裕があるときは、組み合わせを書いた紙を見せながら翌日の取組を発表する「顔触れ言上」も行います。

相撲字

番付や書記の役割も行司の仕事です。番付の際に使う、字画の隙間をできるだけ少なく書く字が相撲字です。独特の書体は「根岸流」と呼ばれ、番付の版元だった根岸治右衛門が江戸時代に創始したといわれます。行司は見習いのときからこれを練習し、身に付けなければならず、特に腕の立つ行司が「本番付書き」担当に選ばれます。

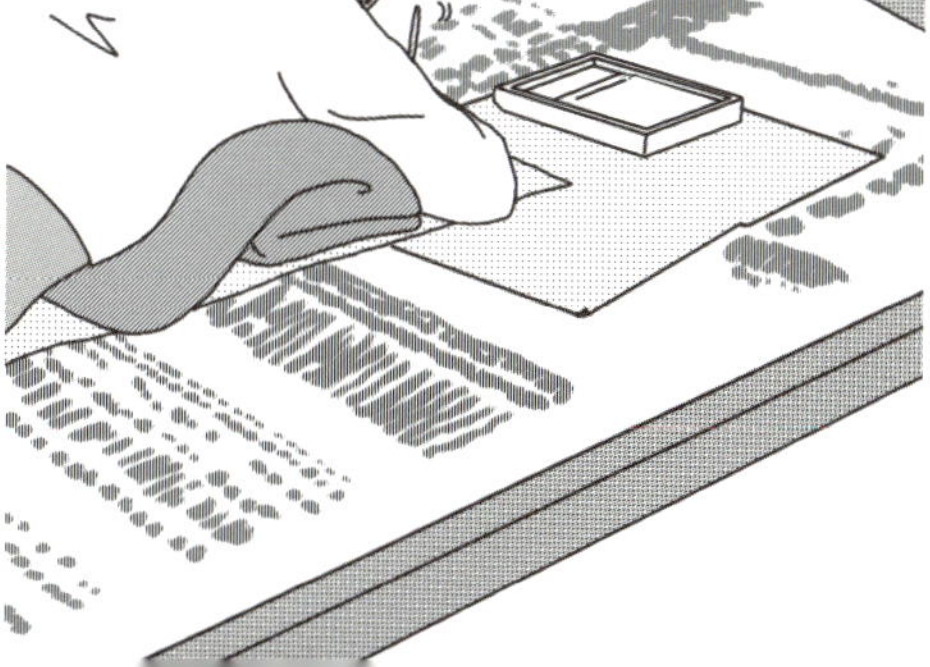

行司の装束・持ち物

気分は時代劇。土俵の雰囲気を盛り立てます。

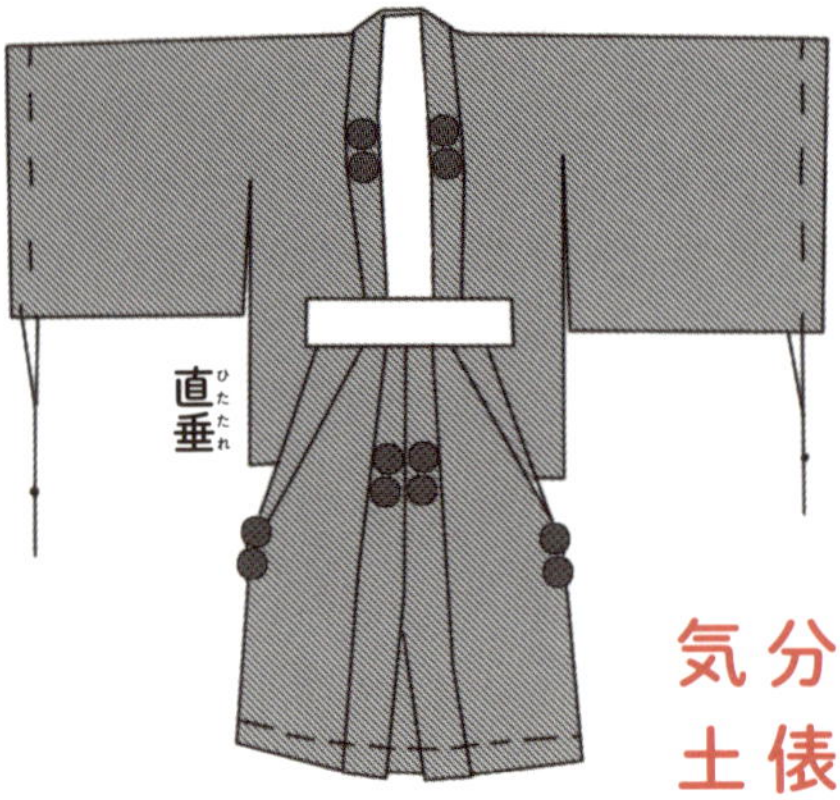

直垂《ひたたれ》

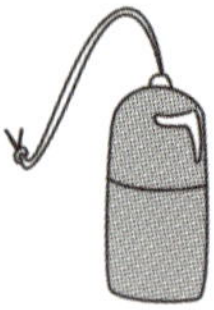

印籠《いんろう》

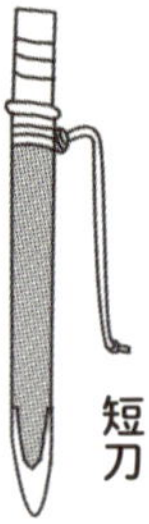

短刀

足袋《たび》

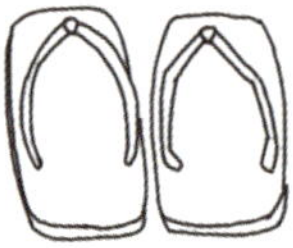

草履

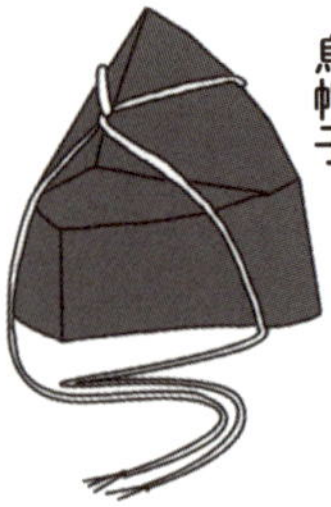

烏帽子《えぼし》

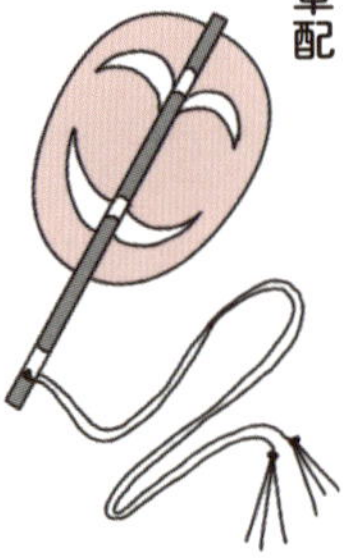

軍配

行司は直垂《ひたたれ》、烏帽子《えぼし》といった既定の装束を着用し、軍配を使用することが定められています。きらびやかな装束は力士とともに土俵に彩を添えますが、行司が使用できる軍配の房の色、持ち物、履物などは階級に応じて決められています。

行司の階級は序ノ口格に始まり、序二段格、三段目格、幕下格、十両格、幕内格、三役格、立《たて》行司までの8階級です。幕下格までの房の色は黒または青で、素足で土俵上を務めます。白足袋が許されるのは十両格以上。三役格になると白足袋に上草履を履くことが許されます。

立行司・式守伊之助になると房の色は紫と白の組み合わせ。木村庄之助は総紫で、軍配の房は土俵に垂らしてもいいことになります。立行司は腰に短刀を携えていて、「差し違えた（誤審した）ときは切腹をする覚悟」という意味があるとされます。

江戸時代の勧進相撲の行司は裃《かみしも》袴姿でしたが、散髪した頭には似合わないなどの意見で、明治43（1910）年から現在の姿になりました。

立行司

木村庄之助の、直垂の菊綴《きくとじ》(組みひもを束ねた丸い飾り)、装束の飾りひも、軍配の房の色は総紫色。式守伊之助の房の色は紫と白の組み合わせです。立行司はいずれも腰には印籠と短刀を携えています。足元は白足袋に上草履を履きます。

三役格

三役格の房の色は赤(朱色)。三役格から、白足袋と上草履を履き、腰に印籠を携えることが許されます。

幕内・十両格

幕内格の菊綴と軍配の房は紅白、十両格は青と白の組み合わせで、十両格から白足袋を履けるようになります。

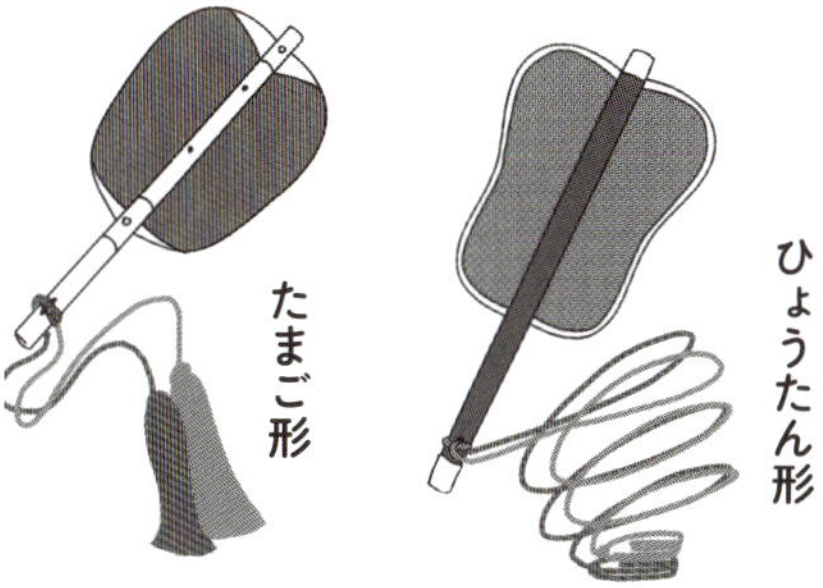

軍配について

軍配は漆が塗られた両面に家紋や漢詩が描かれますが、特に形や色に規定はありません。形は中央部がくびれた「ひょうたん形」と「たまご形」の2種類があり、現在はもっぱら「たまご形」が使われています。代々受け継がれてきた伝統ある軍配(譲り団扇)を使用する行司もいます。

幕下格以下

幕下格以下の行司の房の色は、黒か青(緑)しか許されず、素足で土俵を務めます。装束の生地は木綿のみで、裾をまくってすねを出します。

キャリーバックに廻しを
詰める姿なんて見たくないもの。

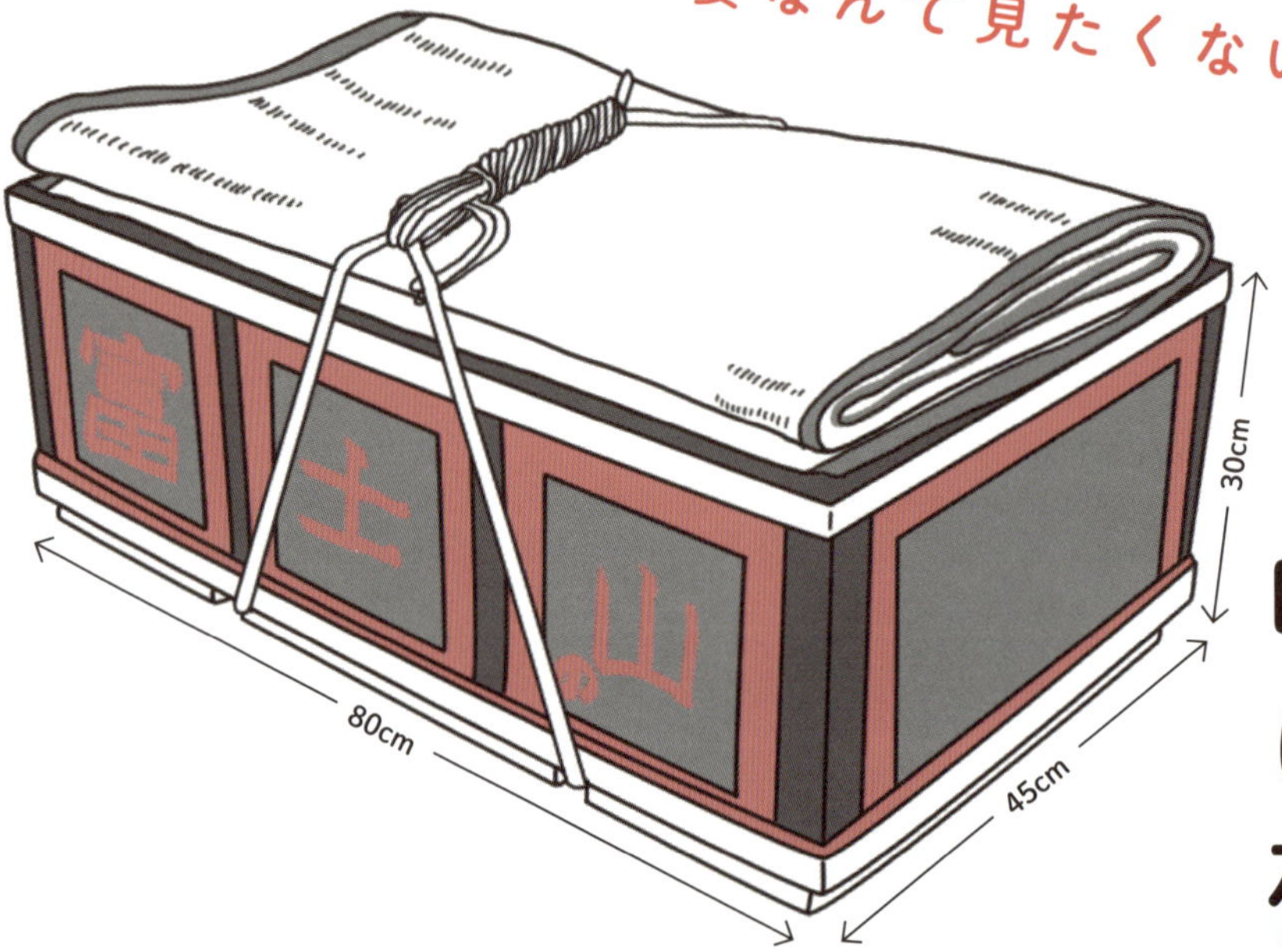

明け荷

本場所や巡業などで一年を通して日本全国をまわる力士たちは、「明け荷」に荷物を入れて運びます。

明け荷は、締込《しめこみ》や化粧廻し、さがりなど、取組で必要なものを入れる竹で編まれたつづらのことで、十両以上の力士と行司が持つことができます。大きさは縦45㎝、横80㎝、深さ30㎝ほど。竹の上に和紙を貼り、漆などを塗って固めてあります。緑色で塗ったふたの側面には四股名が朱色で大きく書かれ、隅には贈り主の名前や団体名などが記されます。後援会などから贈られるほかに、入門同期生が関取昇進祝いに贈る習慣もあり、その際は「同期生一同」などと書かれています。

ふたをして縄で縛った明け荷を、肩に担いで運ぶのは付け人の仕事です。本場所のときは初日までに支度部屋に運び込み、千秋楽まで置いておきます。巡業のときはトラックの荷台から降ろされた明け荷を支度部屋まで運び込み、興行が終われば再びトラックの荷台へと運びます。明け荷運びは足腰やバランス感覚を鍛える稽古にもなるのです。

十両以上（関取）

締込

十両以上の力士が着けられる絹製の廻し・締込（118頁）は、力士の必需品。明け荷に入れるときは、6つ折りにせずに広げてたたみます。

さがり

さがりは締込の上から付けるひも状の飾りです（118頁）。段ボール紙をふたつ折りにして間に挟んで保管します。

明け荷の中身

中に入っているのは、力士の必需品・締込、化粧廻しといった土俵まわりで使うもののほか、支度部屋で使うものなど、さまざまなものがコンパクトにまとめられています。

座布団

通常の3倍ほどの長さの座布団を、折りたたんで明け荷にしまいます。この座布団は支度部屋などで使います。

化粧廻し

土俵入りの際に着ける、エプロンのような形の色鮮やかな化粧廻し。（118頁）

控え座布団

取組前の幕内力士が、土俵溜りで順番を待つ際に使います。力士が入場する前に付け人が呼出に手渡し、座布団を取り換え、力士は自分専用の座布団に座って取組を待ちます。

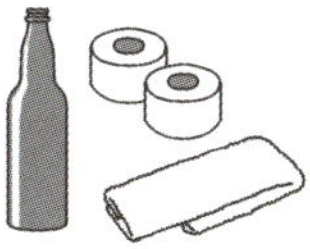

そのほか

このほか、タオル、サポーター、テーピングなど身のまわりを整えるもの、締込を濡らすための霧吹きのビン、取組後に支度部屋の風呂で使うせっけん類が入った湯籠《ゆかご》などが入っています。

横綱

横綱

横綱の綱（16頁）も、明け荷にしまいます。綱に付ける四手《しで》は汚れないよう、布にくるまれふたをして大切に保管されています。

三つ揃いの化粧廻し

横綱土俵入り（16頁）のときに、横綱、太刀持ち、露払いが身に着ける揃いの化粧廻し3枚も、明け荷に入れて運びます。

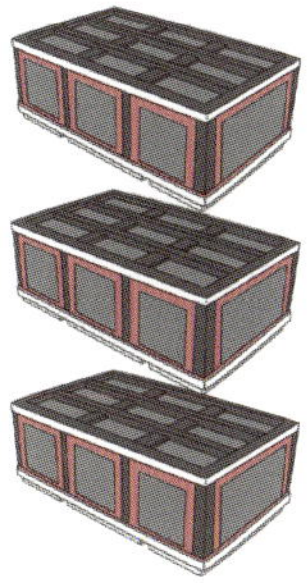

横綱は締込、さがり、座布団などのほかに、土俵入りの際の化粧廻しなどを入れるため、3つほどの明け荷を持ちます。

行司

実は行司も明け荷を持つことができます。行司で明け荷を持てるのは十両格以上の資格者から。タオルや座布団などのほか、軍配、烏帽子、装束などさばきに必要なアイテムが収められています。（132頁）

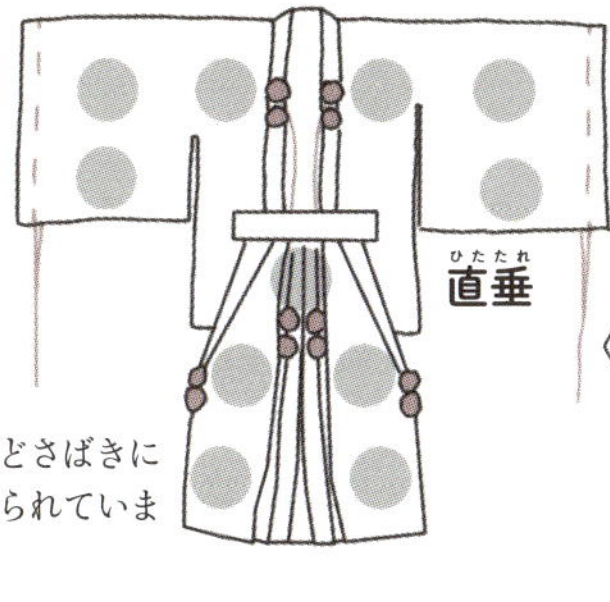

直垂《ひたたれ》

肌襦袢《はだじゅばん》

直垂の下に着ます。

草履と足袋《たび》

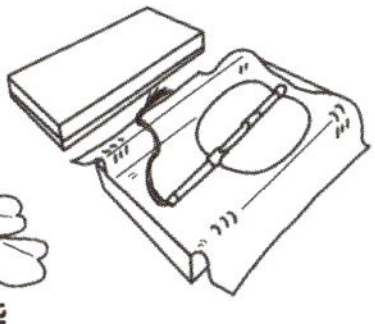

軍配

行司の象徴ともいえる軍配。軍配は軍配入れの中にしまい、大切に保管します。

呼出

扇子、太鼓、ほうき、柝、懸賞旗…。いろんな道具を使いこなします。

「ひが〜し〜…」と伸びやかな声で、力士を呼び上げる人を見たことがあるでしょうか。彼らは「呼《よび》出《だし》」といい、土俵まわりのさまざまな仕事をこなします。

呼出の仕事は、呼び上げをはじめ、柝《き》（拍子木）を打って競技進行の一切を知らせる、土俵を掃き清める、塩を用意・補充する、力士に制限時間を知らせるなどのほか、本場所や巡業や各部屋の稽古場の土俵築《どひょうつき》、太鼓の打ち分けなども呼出の仕事です。興行のさまざまな場面で業務があるため、動きやすいようにたっつけ袴を着用しています。

以前は、呼び上げをせず太鼓や土俵築を専門に行う呼出もいましたが、昭和40（1965）年一月場所から全員が分担して業務を行うようになり、このときは入門20年目にして初めて呼び上げを行った呼出もいました。

採用は相撲協会が行い、各相撲部屋に配属されます。定員は45名以内。階級は序ノ口〜幕下、十両（勤続15年以上）、幕内（勤続30年以上）、三役（勤続40年以上）、副立《たて》呼出、立呼出の9段階に分かれます。

呼出の仕事

ひがあしい〜…

呼び上げ

呼出が白扇《はくせん》(白色無地の扇)をかざし、東西の力士名を呼び上げて取組が始まります。奇数日は東方から、偶数日は西方から呼び上げます。白扇には、つばなどで土俵を汚さない、力士に息をかけない、などの呼出の心遣いが表れています。三役以上の力士の取組では四股名を2回繰り返して呼び上げます(二声《ふたごえ》)。

太鼓の打ち分け

太鼓も呼出の重要業務のひとつ。見習いのときから太鼓の打ち方を稽古し、その技術を習得します。「寄せ太鼓」や「跳《は》ね太鼓」など打ち分けができるようにならなくてはなりません(52頁)。

土俵築

土俵を造るのも呼出の仕事で「土俵築」といいます(34頁)。場所前は呼出総出で、さまざまな道具を用いながら土俵を造っていきます。巡業や各部屋の稽古土俵の土俵築も行います。

相撲食品
まんぷく

懸賞旗を持って土俵上をまわる

懸賞のかかった取組で、仕切り時間中に懸賞旗が土俵上をまわりますが、これを掲げてまわるのが呼出です。最近は懸賞本数が多い取組も増え、1人で2周以上まわることも珍しくありません。

土俵まわりあれこれ

呼び上げ、太鼓、土俵築の呼出3大業務以外にも、柝《き》を打って土俵を進行させる、土俵をほうきで掃き清める、力士がまく塩を補充する、力士が力水をつけた後にふくための紙(半紙をさらに半分に切ったもの)の準備、力士にタオルを渡して制限時間を伝える、控え力士の座布団を入れ替えるなど、土俵周囲で細やかに仕事をこなします。

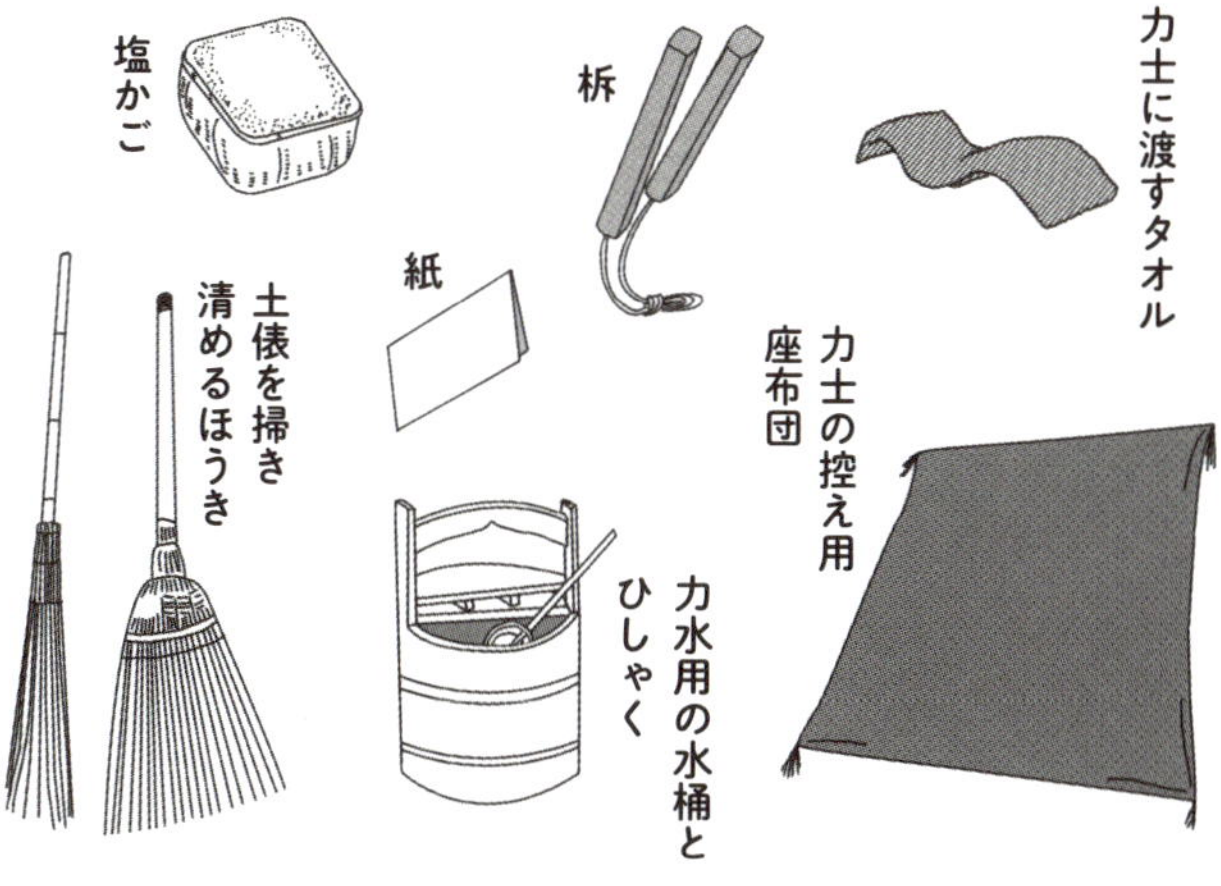
塩かご
柝
力士に渡すタオル
紙
土俵を掃き清めるほうき
力士の控え用座布団
力水用の水桶とひしゃく

力士の魂・髷《まげ》を誠心誠意、美しく結います。

床山

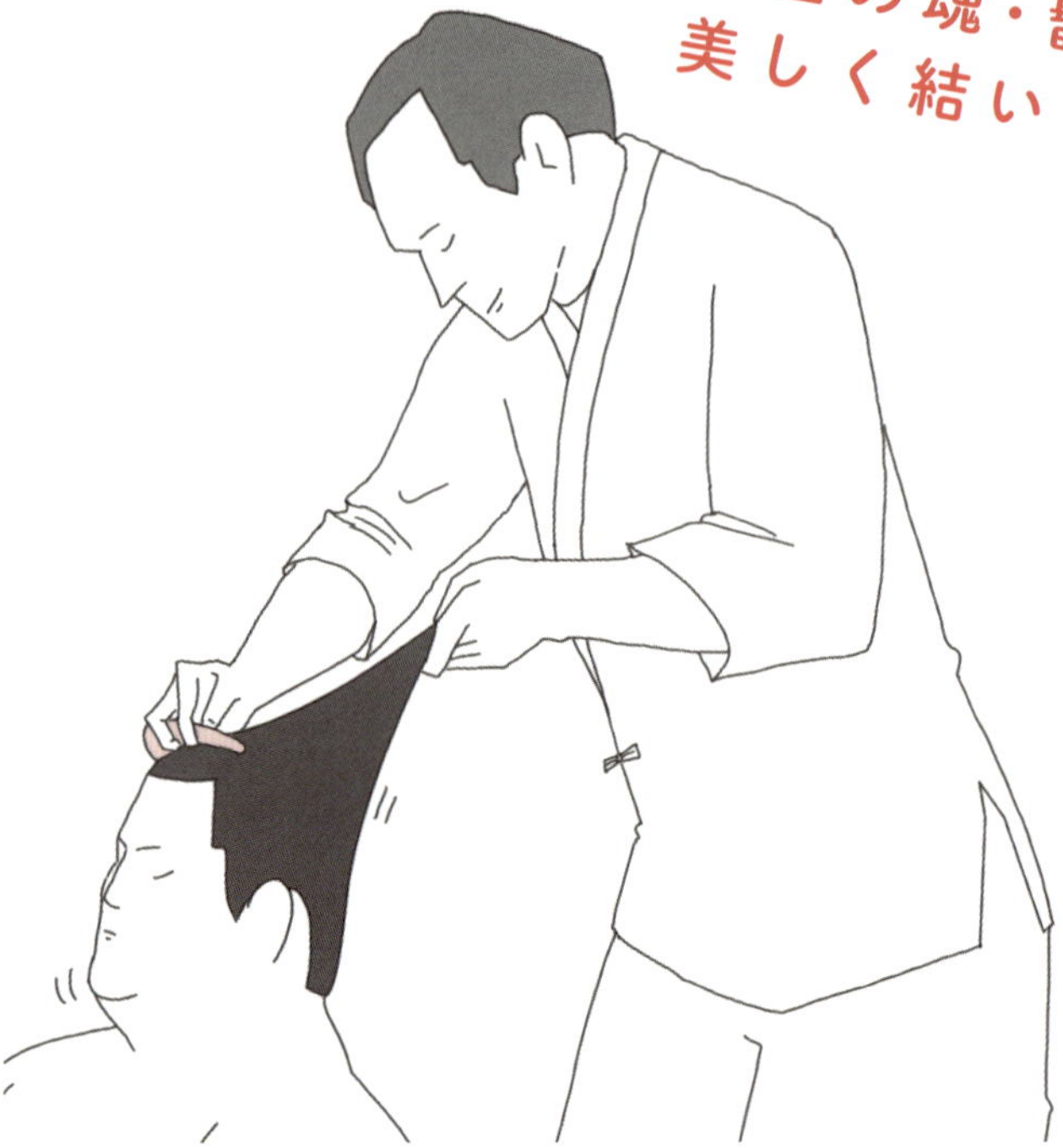

力士の髷《まげ》を結う人を「床山」といいます。床山は相撲協会が採用し、各相撲部屋に配属されます。新規採用は義務教育を修了した19歳以下の男子で、定員は50名以内。床山の地位は特等を最上位に、一等から五等までの等級に分かれています。原則的に五等は勤続5年未満、四等は5年以上10年未満、三等は10年以上20年未満、二等は20年以上30年未満、一等は30年以上で、勤続年数を満たない場合でも特進する場合があります。特等は平成6（1994）年より新設された等級で、勤続45年以上で年齢60歳以上の成績優秀な者、または勤続30年以上45年未満で特に成績優秀な者が対象となっています。

床山の技術を習得するには長い年月がかかります。相当の技術を要する大銀杏《おおいちょう》を結えるまでに最低でも5年はかかり、ちょんまげだけでも3年はかかるといわれています。ちなみに床山には一般の美容師や理容師の資格は不要。床山のいない部屋は担当の床山が巡回して、力士の結髪を行います。

髷《まげ》の種類

ちょんまげ

元結《もとゆい》で縛った髷を前方に寝かせただけの髪型で、幕下以下の力士はちょんまげを結います。関取衆も普段の生活や稽古場ではちょんまげです。多くの力士は髷の先端をやや右に曲げていますが、これは第31代横綱常ノ花から始まり、ほかの力士も真似るようになったそうです。

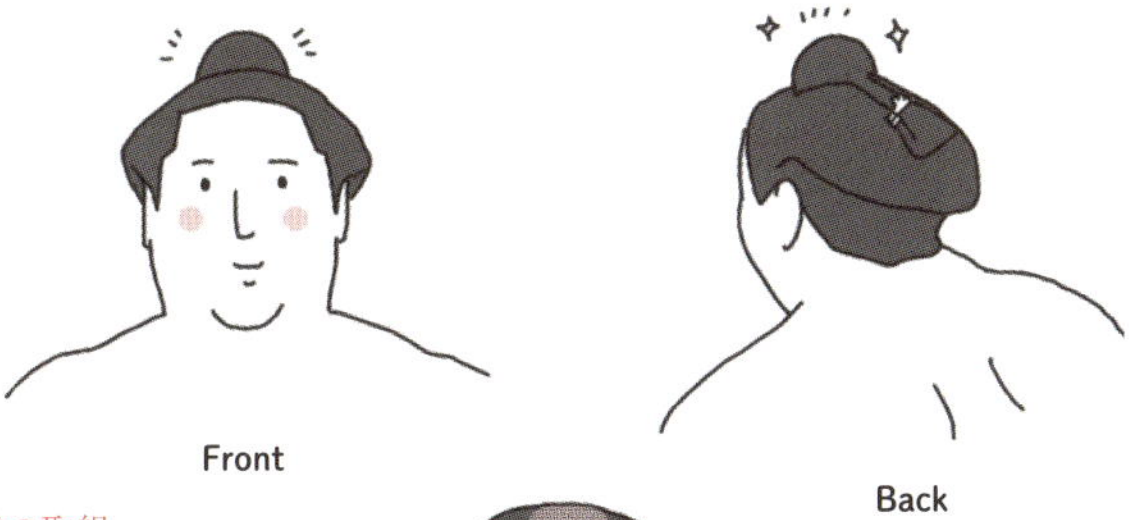

大銀杏

十両以上の力士が本場所や巡業の取組、そのほか公式の場で結うのが大銀杏で、頭頂部の髷のはけ先がイチョウの葉に似ていることから、こう呼ばれます。毛髪の多い力士は大銀杏をきれいに見せるために頭頂部を円形に剃ることがありますが、これを「中剃り」といいます。

中剃り

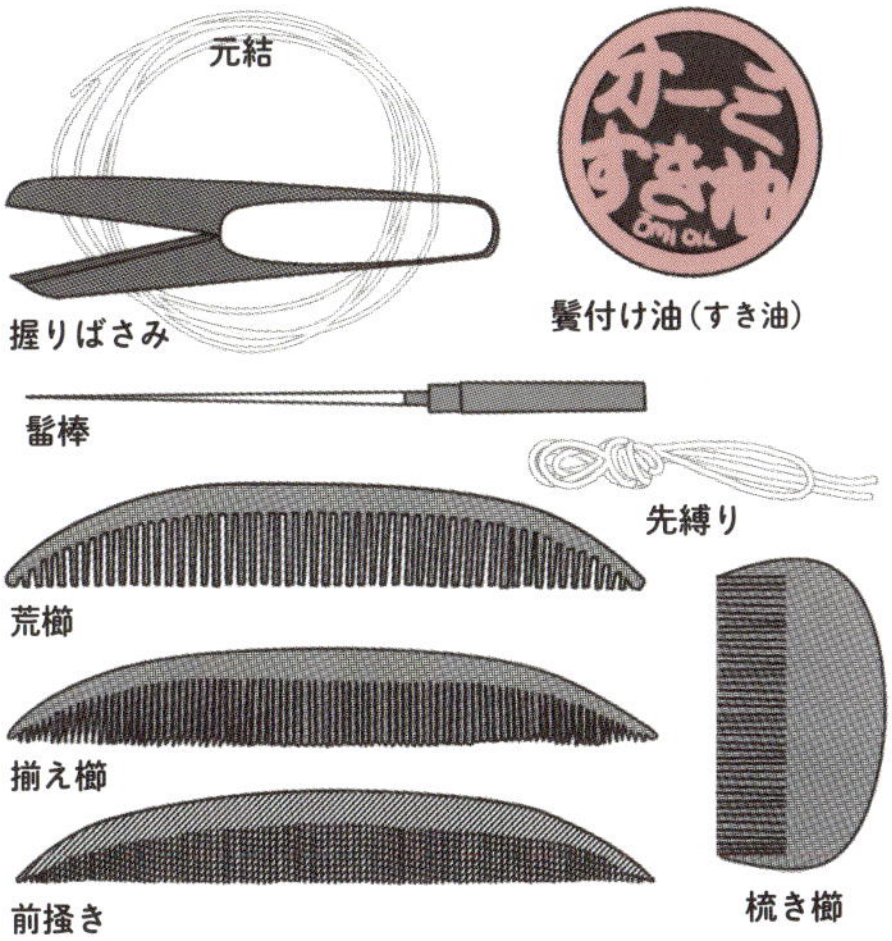

床山の道具

床山が携帯する道具箱には、歯の粗さや細かさの違う、荒櫛《あらぐし》、揃え櫛、前掻《まえか》き、梳《す》き櫛の4種類が入っています。このほか、髷を縛る元結、大銀杏の形を整えるために仮に縛るひもの先縛り、大銀杏のたぶさを揃える髷棒、握りばさみ、髪の癖直しに使用するガーゼ、独特の香りを放つ「鬢《びん》付け油（すき油）」を使って、力士の髷を結います。

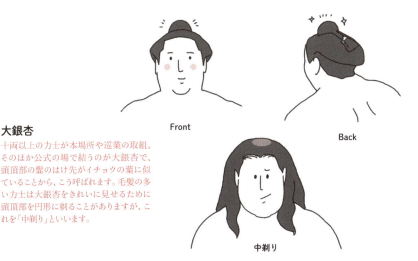

行司だけではない！
勝負を
左右する男たち

審判委員

取組の判定を下すのは、基本的には行司の仕事で、行司の軍配によって勝ち名乗りが上げられます。しかし、行司以外に勝敗を決める権限を持つのが、「審判委員」です。

審判委員は、土俵上の勝負の判定や、力士や行司に対する賞罰などの任務にあたります。年寄の中から理事長が任命し、定員は20名以内です。

本場所では土俵溜りに5名の審判が座り、勝負の判定にあたります。このときは紋服に白足袋を着用し、土俵の各方位に1人ずつ、向正面にはさらに時計係が1人座ります。取組は1日に200番以上あるため、審判は1日に7回の入れ替えを行います。

審判委員が行司の軍配に異議を感じた場合は「物言い」をつけて協議し、審判長が判定を決します。また勝負判定に限らず、力士が競技規定に違反した場合なども適当な処置をしなくてはなりません。

このほか、取組編成、番付の審査・編成なども審判委員の仕事です。東京場所では、国技館内にある審判部室で取組編成や番付編成が行われます。

物言い審議

行司の勝負判定に異議がある場合、土俵溜りに控える審判委員は挙手して物言いをつけ、審判全員が土俵上で協議を行い、その結果を審判長が場内に説明します。このとき、行司は協議に参加できますが、決裁権はありません。なお、控え力士も物言いをつけることができますが、協議には参加できません。

ビデオ室

勝負判定を正確に行うために、会場内にはビデオ室が設置されています。室内は2名の審判委員と1名の決まり手係が詰め、映像の様子が協議中の審判長に伝えられますが、ビデオはあくまでも参考資料にとどまります。

時計係

向正面に座る2名の審判委員のうち、東寄りに座るのが時計係です。仕切り制限時間を計り、時間いっぱいになると右手を上げ、行司や東西の土俵溜りにいる呼出に合図を送る役目を担っています。制限時間は呼出の呼び上げが終わった時点から計ります。(54頁)

世話人・若者頭

力士OBだもん、
いろいろできますとも。

世話人と若者頭《わかいものがしら》は、十両、幕下力士が引退した後、協会に新規採用されて裏方業務を行う協会員です。紺色の協会のジャンパーを着た姿でよく見かけます。

世話人のおもな業務は、競技用具の運搬、保管、管理など。そのほかにも木戸（出入口）での観客の世話や、会場駐車場の整理、支度部屋の管理などその仕事はさまざま。巡業では真っ先に現地に到着し、巡業用トラックのトランクを開け、関取衆の明け荷を受け渡し、興行が跳ねると再びトラックに詰め込み、最後に現地を発つのも世話人たちです。

若者頭は幕下以下の力士の監督指導、土俵上の進行補助などがおもな業務です。前相撲の取組進行の世話や、表彰式や三役揃い踏み、協会挨拶などの進行確認のほか、力士がケガをしたときに車椅子を用意するなど、迅速に対応しなくてはならないため、常に花道近くで土俵進行に目を配っています。協会内では「頭《かしら》」の通称があり、世話人も若者頭も通常は、現役時の四股名で呼ばれています。定員は世話人が13名以内、若者頭が8名以内。

世話人の仕事

競技用具の運搬・管理

巡業地ではトラックに詰めた力士の明け荷の搬入、搬出など、各種用具の運搬、保管の任務にあたり、駐車場整理なども行います。

木戸での観客の世話

本場所中は観客の世話や案内をしたり、十両以上の取組になると東西の支度部屋前に詰め、出入りをチェックしたりします。

若者頭の仕事

前相撲の取組進行

名簿をチェックしながら新弟子を土俵に上がらせます。新序出世披露や役力士による協会挨拶のときも、力士1人ひとりに段取りを徹底させます。

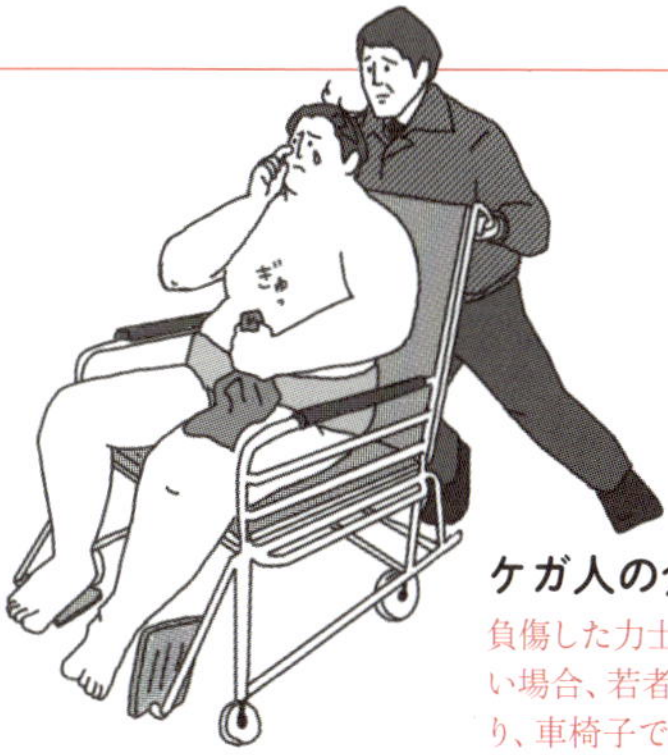

ケガ人の介護

負傷した力士が自力で歩けない場合、若者頭が肩を貸したり、車椅子で診療所まで運んだりします。

表彰式の補佐

表彰式の際に、土俵下でスーツ姿で立っているのが若者頭。優勝者が土俵上で授与されたトロフィーなどを受け取ります。

優勝決定戦のくじ引き

優勝決定戦が巴戦《ともえせん》になった場合、対戦相手は若者頭が用意したくじ引きで決まります。くじにはそれぞれ「東一」「西一」「〇」と書かれ、「〇」を引いた者は「東一」と「西一」の勝者と対戦し、1人が連勝するまで行われます。(18頁)

相撲案内所

江戸情緒を
味わいたいならば、
彼らに頼むべし。

粋なたっつけ袴姿で国技館の観客席を歩き、観客を案内し、お土産を渡す…。そんなお茶屋さん、相撲案内所の起源は江戸時代までさかのぼります。

江戸時代、相撲見物の世話をする人びとが現れ、桟敷方《さじきかた》という14名の集団が仕切るようになりました。明治42（1909）年には、旧両国国技館の開館に際し、桟敷方は20名となり、名称も「相撲茶屋」となりましたが、昭和32（1957）年に廃止され、「相撲サービス株式会社」に改組されました。このとき、相撲茶屋は「相撲案内所」となり、屋号は一番から二十番までの呼びかたに変わりました。その後「国技館サービス株式会社」に名称変更され、現在まで続いています。

大阪、名古屋の地方場所でも、国技館とは別にそれぞれ数軒の相撲案内所があります。しかし十一月場所の福岡国際センターでは「大相撲売店」の名称が用いられ、いわゆる相撲茶屋はありません。また国技館の相撲茶屋20軒のほとんどは元力士の子弟や近親者が経営にあたっています。

出方について

各相撲案内所には、浴衣にたっつけ袴姿の出方《でかた》（男性）が待機しています。相撲案内所を通してチケットを買った観客を席まで案内し、お弁当や飲み物、土産物の注文を受けたり席まで運んだりします。開場前は枡席の座布団の用意や、飲食物の準備にあたります。

お茶屋の楽しみ

チケット代とは別に、各相撲案内所ではお土産も用意してくれるので、接待などにも利用できます。中身は人気の焼き鳥セットやお酒、お菓子、あんみつ、湯飲みなど。席を案内してくれた出方さんには骨折り（チップ）を渡す習慣が昔からあります。

国技館の相撲案内所一覧（2017年現在）

一番　高砂家	八番　上州家	十五番　長谷川家
二番　紀乃國家	九番　西川家	十六番　河平
三番　大和家	十番　三河屋	十七番　藤しま家
四番　吉可和	十一番　上庄	十八番　伊勢福
五番　みの久	十二番　四ッ万	十九番　竪川
六番　中橋家	十三番　武蔵屋	二十番　林家
七番　和歌島	十四番　白豊	

ちゃんこ

あれもこれも、
全部ちゃんこ！俺の体は
ちゃんこでできている。

「ちゃんこ」というと力士が食べる鍋料理を連想しますが、角界では力士が作る料理、または力士の食事を総称してちゃんこといいます。したがって力士が食べるカレーライスもちゃんこ、パスタもちゃんこです。

語源は「ちゃん＝父親、親方」と「こ＝子ども、弟子」が一緒に食べるから、中国から伝わった板金製の鍋「砂鍋《シャーコオ》」がなまったものなど、諸説あります。

力士は朝稽古の後（午前11時〜午後1時ごろ）と夕刻の1日2回、ちゃんこを食べます。各部屋の幕下以下の年長力士がちゃんこ長となり、3〜4人の力士が当番制で買い出しに行ったり調理を手伝ったりするのが一般的です。

「ちゃんこ鍋」はソップ炊き（鶏ガラベース）、醤油味、みそ味、塩味など、味付けもさまざま。最近はカレー味、トマト味、中華風などバリエーションも豊富です。本場所中は牛や豚といった四本足の動物の肉は、土俵を這う姿（＝黒星）を連想させるため口にしないなど、縁起を担ぐ部屋もあります。

6 資料編

歴代優勝力士一覧

明治42（1909）年以降

年・場所	力士名（優勝時の番付）	成績	優勝回数
明治42年夏	高見山 酉之助（前頭7枚目）	7勝3分	1
明治43年春	常陸山 谷右衛門（横綱）	7勝2分1休	1
明治43年夏	太刀山 峰右衛門（大関）	9勝1分	1
明治44年春	太刀山 峰右衛門（大関）	8勝1分1預	2
明治44年夏	太刀山 峰右衛門（横綱）	全勝	3
明治45年春	太刀山 峰右衛門（横綱）	8勝1敗1分	4
明治45年夏	太刀山 峰右衛門（横綱）	全勝	5
大正2年春	鳳 谷五郎（大関）	7勝1分 1預1休	1
大正2年夏	太刀山 峰右衛門（横綱）	全勝	6
大正3年春	太刀山 峰右衛門（横綱）	全勝	7
大正3年夏	両国 勇治郎（前頭14枚目）	9勝1休	1
大正4年春	鳳 谷五郎（大関）	全勝	2
大正4年夏	太刀山 峰右衛門（横綱）	全勝	8
大正5年春	西ノ海 嘉治郎［2代］（大関）	8勝1分1休	1
大正5年夏	太刀山 峰右衛門（横綱）	9勝1敗	9
大正6年春	大錦 卯一郎（大関）	全勝	1
大正6年夏	栃木山 守也（大関）	9勝1預	1
大正7年春	栃木山 守也（大関）	全勝	2
大正7年夏	栃木山 守也（横綱）	9勝1敗	3
大正8年春	栃木山 守也（横綱）	9勝1休	4
大正8年夏	栃木山 守也（横綱）	全勝	5
大正9年春	大錦 卯一郎（横綱）	8勝1敗1分	2
大正9年夏	大錦 卯一郎（横綱）	9勝1敗	3
大正10年春	大錦 卯一郎（横綱）	全勝	4
大正10年夏	常ノ花 寛市（大関）	全勝	1
大正11年春	鶴ヶ浜 増太郎（前頭4枚目）	9勝1敗	1
大正11年夏	大錦 卯一郎（横綱）	8勝1敗1分	5
大正12年春	栃木山 守也（横綱）	8勝1敗1分	6
大正12年夏	常ノ花 寛市（大関）	9勝1分1預	2
大正13年春	栃木山 守也（横綱）	9勝1分	7
大正13年夏	栃木山 守也（横綱）	10勝1敗	8
大正14年春	栃木山 守也（横綱）	10勝1分	9
大正14年夏	西ノ海 嘉治郎［3代］（横綱）	9勝2敗	1
大正15年春	常ノ花 寛市（横綱）	全勝	3
大正15年夏	大蛇山 酉之助（前頭8枚目）	10勝1敗	1
昭和2年春	宮城山 福松（横綱）	10勝1敗	1
昭和2年3月	常ノ花 寛市（横綱）	10勝1敗	4
昭和2年夏	常ノ花 寛市（横綱）	10勝1敗	5
昭和2年10月	常ノ花 寛市（横綱）	10勝1敗	6
昭和3年春	常陸岩 英太郎（大関）	10勝1敗	1
昭和3年3月	能代潟 錦作（大関）	10勝1分	1
昭和3年夏	常ノ花 寛市（横綱）	全勝	7
昭和3年10月	宮城山 福松（横綱）	9勝2敗	2
昭和4年春	玉錦 三右衛門（関脇）	10勝1敗	1
昭和4年3月	豊國 福馬（大関）	9勝2敗	1
昭和4年夏	常ノ花 寛市（横綱）	10勝1敗	8
昭和4年9月	常ノ花 寛市（横綱）	8勝3敗	9
昭和5年春	豊國 福馬（大関）	9勝2敗	2
昭和5年3月	常ノ花 寛市（横綱）	10勝1敗	10
昭和5年夏	山錦 善次郎（前頭5枚目）	全勝	1
昭和5年10月	玉錦 三右衛門（大関）	9勝2敗	2
昭和6年春	玉錦 三右衛門（大関）	9勝2敗	3
昭和6年3月	玉錦 三右衛門（大関）	10勝1敗	4
昭和6年夏	武蔵山 武（小結）	10勝1敗	1
昭和6年10月	綾櫻 由太郎（前頭4枚目）	10勝1敗	1
昭和7年春	清水川 元吉（関脇）	全勝	1
昭和7年3月	沖ツ海 福雄（小結）	9勝1敗	1
昭和7年夏	玉錦 三右衛門（大関）	10勝1敗	5
昭和7年10月	清水川 元吉（大関）	9勝2敗	2
昭和8年春	男女ノ川 登三（別席）	全勝	1
昭和8年夏	玉錦 三右衛門（横綱）	10勝1敗	6
昭和9年春	男女ノ川 登三（関脇）	9勝2敗	2
昭和9年夏	清水川 元吉（大関）	全勝	3
昭和10年春	玉錦 三右衛門（横綱）	10勝1敗	7
昭和10年夏	玉錦 三右衛門（横綱）	10勝1敗	8
昭和11年春	玉錦 三右衛門（横綱）	全勝	9
昭和11年夏	双葉山 定兵衛（関脇）	全勝	1
昭和12年春	双葉山 定次（大関）	全勝	2
昭和12年夏	双葉山 定次（大関）	全勝	3
昭和13年春	双葉山 定次（横綱）	全勝	4
昭和13年夏	双葉山 定次（横綱）	全勝	5
昭和14年春	出羽湊 利吉（前頭17枚目）	全勝	1
昭和14年夏	双葉山 定次（横綱）	全勝	6
昭和15年春	双葉山 定次（横綱）	14勝1敗	7
昭和15年夏	安藝ノ海 節男（関脇）	14勝1敗	1
昭和16年春	双葉山 定次（横綱）	14勝1敗	8
昭和16年夏	羽黒山 政司（大関）	14勝1敗	1
昭和17年春	双葉山 定次（横綱）	14勝1敗	9
昭和17年夏	双葉山 定次（横綱）	13勝2敗	10
昭和18年春	双葉山 定次（横綱）	全勝	11
昭和18年夏	双葉山 定次（横綱）	全勝	12
昭和19年春	佐賀ノ花 勝巳（小結）	13勝2敗	1
昭和19年夏	羽黒山 政司（横綱）	全勝	2
昭和19年秋	前田山 英五郎（大関）	9勝1敗	1
昭和20年夏	備州山 大八郎（前頭筆頭）	全勝	1
昭和20年秋	羽黒山 政司（横綱）	全勝	3
昭和21年秋	羽黒山 政司（横綱）	全勝	4
昭和22年夏	羽黒山 政司（横綱）	9勝1敗	5
昭和22年秋	羽黒山 政司（横綱）	10勝1敗	6
昭和23年夏	東富士 謹一（大関）	10勝1敗	1
昭和23年秋	増位山 大志郎（関脇）	10勝1敗	1
昭和24年春	東富士 謹一（横綱）	10勝2敗1分	2
昭和24年夏	増位山 大志郎（大関）	13勝2敗	2
昭和24年秋	千代ノ山 雅信（大関）	13勝2敗	1
昭和25年春	千代ノ山 雅信（大関）	12勝3敗	2
昭和25年夏	東富士 謹一（横綱）	14勝1敗	3
昭和25年秋	照國 万蔵（横綱）	13勝2敗	1
昭和26年春	照國 万蔵（横綱）	全勝	2
昭和26年夏	千代ノ山 雅信（大関）	14勝1敗	3
昭和26年秋	東富士 欽壹（横綱）	13勝1敗1分	4
昭和27年春	羽黒山 政司（横綱）	全勝	7
昭和27年夏	東富士 欽壹（横綱）	13勝2敗	5
昭和27年秋	栃錦 清隆（関脇）	14勝1敗	1
昭和28年初	鏡里 喜代治（大関）	14勝1敗	1
昭和28年春	栃錦 清隆（大関）	14勝1敗	2
昭和28年夏	時津山 仁一（前頭6枚目）	全勝	1
昭和28年秋	東富士 欽壹（横綱）	14勝1敗	6
昭和29年初	吉葉山 潤之輔（大関）	全勝	1
昭和29年春	三根山 隆司（大関）	12勝3敗	1
昭和29年夏	栃錦 清隆（大関）	14勝1敗	3
昭和29年秋	栃錦 清隆（大関）	14勝1敗	4
昭和30年初	千代の山 雅信（横綱）	12勝3敗	4
昭和30年春	千代の山 雅信（横綱）	13勝2敗	5
昭和30年夏	栃錦 清隆（横綱）	14勝1敗	5
昭和30年秋	鏡里 喜代治（横綱）	14勝1敗	2
昭和31年初	鏡里 喜代治（横綱）	14勝1敗	3
昭和31年春	朝汐 太郎（関脇）	12勝3敗	1

昭和41年11月	大鵬 幸喜(横綱)	全勝	23
昭和42年1月	大鵬 幸喜(横綱)	全勝	24
昭和42年3月	北の富士 勝明(大関)	14勝1敗	1
昭和42年5月	大鵬 幸喜(横綱)	14勝1敗	25
昭和42年7月	柏戸 剛(横綱)	14勝1敗	5
昭和42年9月	大鵬 幸喜(横綱)	全勝	26
昭和42年11月	佐田の山 晋松(横綱)	12勝3敗	5
昭和43年1月	佐田の山 晋松(横綱)	13勝2敗	6
昭和43年3月	若浪 順(前頭8枚目)	13勝2敗	1
昭和43年5月	玉乃島 正夫(大関)	13勝2敗	1
昭和43年7月	琴櫻 傑将(大関)	13勝2敗	1
昭和43年9月	大鵬 幸喜(横綱)	14勝1敗	27
昭和43年11月	大鵬 幸喜(横綱)	全勝	28
昭和44年1月	大鵬 幸喜(横綱)	全勝	29
昭和44年3月	琴櫻 傑将(大関)	13勝2敗	2
昭和44年5月	大鵬 幸喜(横綱)	13勝2敗	30
昭和44年7月	清國 勝雄(大関)	12勝3敗	1
昭和44年9月	玉乃島 正夫(大関)	13勝2敗	2
昭和44年11月	北の富士 勝昭(大関)	13勝2敗	2
昭和45年1月	北の富士 勝昭(大関)	13勝2敗	3
昭和45年3月	大鵬 幸喜(横綱)	14勝1敗	31
昭和45年5月	北の富士 勝昭(横綱)	14勝1敗	4
昭和45年7月	北の富士 勝昭(横綱)	13勝2敗	5
昭和45年9月	玉の海 正洋(横綱)	14勝1敗	3
昭和45年11月	玉の海 正洋(横綱)	14勝1敗	4
昭和46年1月	大鵬 幸喜(横綱)	14勝1敗	32
昭和46年3月	玉の海 正洋(横綱)	14勝1敗	5
昭和46年5月	北の富士 勝晃(横綱)	全勝	6
昭和46年7月	玉の海 正洋(横綱)	全勝	6
昭和46年9月	北の富士 勝晃(横綱)	全勝	7
昭和46年11月	北の富士 勝晃(横綱)	13勝2敗	8
昭和47年1月	栃東 知頼(前頭5枚目)	11勝4敗	1
昭和47年3月	長谷川 勝敏(関脇)	12勝3敗	1
昭和47年5月	輪島 博(関脇)	12勝3敗	1
昭和47年7月	高見山 大五郎 (前頭4枚目)	13勝2敗	1
昭和47年9月	北の富士 勝昭(横綱)	全勝	9
昭和47年11月	琴櫻 傑将(大関)	14勝1敗	3
昭和48年1月	琴櫻 傑将(大関)	14勝1敗	4
昭和48年3月	北の富士 勝昭(横綱)	14勝1敗	10
昭和48年5月	輪島 大士(大関)	全勝	2
昭和48年7月	琴櫻 傑将(横綱)	14勝1敗	5
昭和48年9月	輪島 大士(横綱)	全勝	3
昭和48年11月	輪島 大士(横綱)	12勝2敗1休	4
昭和49年1月	北の湖 敏満(関脇)	14勝1敗	1
昭和49年3月	輪島 大士(横綱)	12勝3敗	5
昭和49年5月	北の湖 敏満(大関)	13勝2敗	2
昭和49年7月	輪島 大士(横綱)	13勝2敗	6
昭和49年9月	輪島 大士(横綱)	14勝1敗	7
昭和49年11月	魁傑 将晃(小結)	12勝3敗	1
昭和50年1月	北の湖 敏満(横綱)	12勝3敗	3
昭和50年3月	貴ノ花 健士(大関)	13勝2敗	1
昭和50年5月	北の湖 敏満(横綱)	13勝2敗	4
昭和50年7月	金剛 正裕(前頭筆頭)	13勝2敗	1
昭和50年9月	貴ノ花 健士(大関)	12勝3敗	2
昭和50年11月	三重ノ海 五郎(関脇)	13勝2敗	1
昭和51年1月	北の湖 敏満(横綱)	13勝2敗	5
昭和51年3月	輪島 大士(横綱)	13勝2敗	8
昭和51年5月	北の湖 敏満(横綱)	13勝2敗	6
昭和51年7月	輪島 大士(横綱)	14勝1敗	9
昭和51年9月	魁傑 将晃(前頭4枚目)	14勝1敗	2

昭和31年夏	若ノ花 勝治(大関)	12勝3敗	1
昭和31年秋	鏡里 喜代治(横綱)	14勝1敗	4
昭和32年1月	千代の山 雅信(横綱)	全勝	6
昭和32年3月	朝汐 太郎(関脇)	13勝2敗	2
昭和32年5月	安念山 治(小結)	13勝2敗	1
昭和32年9月	栃錦 清隆(横綱)	13勝2敗	6
昭和32年11月	玉乃海 太三郎(前頭14枚目)	全勝	1
昭和33年1月	若乃花 勝治(大関)	13勝2敗	2
昭和33年3月	朝汐 太郎(大関)	13勝2敗	3
昭和33年5月	栃錦 清隆(横綱)	14勝1敗	7
昭和33年7月	若乃花 幹士[初代](横綱)	13勝2敗	3
昭和33年9月	若乃花 幹士[初代](横綱)	14勝1敗	4
昭和33年11月	朝汐 太郎(大関)	14勝1敗	4
昭和34年1月	若乃花 幹士[初代](横綱)	14勝1敗	5
昭和34年3月	栃錦 清隆(横綱)	14勝1敗	8
昭和34年5月	若乃花 幹士[初代](横綱)	14勝1敗	6
昭和34年7月	栃錦 清隆(横綱)	全勝	9
昭和34年9月	若乃花 幹士[初代](横綱)	14勝1敗	7
昭和34年11月	若羽黒 朋明(大関)	13勝2敗	1
昭和35年1月	栃錦 清隆(横綱)	14勝1敗	10
昭和35年3月	若乃花 幹士[初代](横綱)	全勝	8
昭和35年5月	若三杉 彰晃(前頭4枚目)	14勝1敗	1
昭和35年7月	若乃花 幹士[初代](横綱)	13勝2敗	9
昭和35年9月	若乃花 幹士[初代](横綱)	13勝2敗	10
昭和35年11月	大鵬 幸喜(関脇)	13勝2敗	1
昭和36年1月	柏戸 剛(大関)	13勝2敗	1
昭和36年3月	朝潮 太郎(横綱)	13勝2敗	5
昭和36年5月	佐田の山 晋松 (前頭13枚目)	12勝3敗	1
昭和36年7月	大鵬 幸喜(大関)	13勝2敗	2
昭和36年9月	大鵬 幸喜(大関)	12勝3敗	3
昭和36年11月	大鵬 幸喜(横綱)	13勝2敗	4
昭和37年1月	大鵬 幸喜(横綱)	13勝2敗	5
昭和37年3月	佐田の山 晋松(関脇)	13勝2敗	2
昭和37年5月	栃ノ海 晃嘉(関脇)	14勝1敗	1
昭和37年7月	大鵬 幸喜(横綱)	14勝1敗	6
昭和37年9月	大鵬 幸喜(横綱)	13勝2敗	7
昭和37年11月	大鵬 幸喜(横綱)	13勝2敗	8
昭和38年1月	大鵬 幸喜(横綱)	14勝1敗	9
昭和38年3月	大鵬 幸喜(横綱)	14勝1敗	10
昭和38年5月	大鵬 幸喜(横綱)	全勝	11
昭和38年7月	北葉山 英俊(大関)	13勝2敗	1
昭和38年9月	柏戸 健志(横綱)	全勝	2
昭和38年11月	栃ノ海 晃嘉(大関)	14勝1敗	2
昭和39年1月	大鵬 幸喜(横綱)	全勝	12
昭和39年3月	大鵬 幸喜(横綱)	全勝	13
昭和39年5月	栃ノ海 晃嘉(横綱)	13勝2敗	3
昭和39年7月	富士錦 猛光(前頭9枚目)	14勝1敗	1
昭和39年9月	大鵬 幸喜(横綱)	14勝1敗	14
昭和39年11月	大鵬 幸喜(横綱)	14勝1敗	15
昭和40年1月	佐田の山 晋松(大関)	13勝2敗	3
昭和40年3月	大鵬 幸喜(横綱)	14勝1敗	16
昭和40年5月	佐田の山 晋松(横綱)	14勝1敗	4
昭和40年7月	大鵬 幸喜(横綱)	13勝2敗	17
昭和40年9月	柏戸 剛(横綱)	12勝3敗	3
昭和40年11月	大鵬 幸喜(横綱)	13勝2敗	18
昭和41年1月	柏戸 剛(横綱)	14勝1敗	4
昭和41年3月	大鵬 幸喜(横綱)	13勝2敗	19
昭和41年5月	大鵬 幸喜(横綱)	14勝1敗	20
昭和41年7月	大鵬 幸喜(横綱)	14勝1敗	21
昭和41年9月	大鵬 幸喜(横綱)	13勝2敗	22

昭和62年1月	千代の富士 貢(横綱)	12勝3敗	20
昭和62年3月	北勝海 信芳(大関)	12勝3敗	2
昭和62年5月	大乃国 康(大関)	全勝	1
昭和62年7月	千代の富士 貢(横綱)	14勝1敗	21
昭和62年9月	北勝海 信芳(横綱)	14勝1敗	3
昭和62年11月	千代の富士 貢(横綱)	全勝	22
昭和63年1月	旭富士 正也(大関)	14勝1敗	1
昭和63年3月	大乃国 康(横綱)	13勝2敗	2
昭和63年5月	千代の富士 貢(横綱)	14勝1敗	23
昭和63年7月	千代の富士 貢(横綱)	全勝	24
昭和63年9月	千代の富士 貢(横綱)	全勝	25
昭和63年11月	千代の富士 貢(横綱)	14勝1敗	26
平成元年1月	北勝海 信芳(横綱)	14勝1敗	4
平成元年3月	千代の富士 貢(横綱)	14勝1敗	27
平成元年5月	北勝海 信芳(横綱)	13勝2敗	5
平成元年7月	千代の富士 貢(横綱)	12勝3敗	28
平成元年9月	千代の富士 貢(横綱)	全勝	29
平成元年11月	小錦 八十吉(大関)	14勝1敗	1
平成2年1月	千代の富士 貢(横綱)	14勝1敗	30
平成2年3月	北勝海 信芳(横綱)	13勝2敗	6
平成2年5月	旭富士 正也(大関)	14勝1敗	2
平成2年7月	旭富士 正也(大関)	14勝1敗	3
平成2年9月	北勝海 信芳(横綱)	14勝1敗	7
平成2年11月	千代の富士 貢(横綱)	13勝2敗	31
平成3年1月	霧島 一博(大関)	14勝1敗	1
平成3年3月	北勝海 信芳(横綱)	13勝2敗	8
平成3年5月	旭富士 正也(横綱)	14勝1敗	4
平成3年7月	琴富士 孝也(前頭13枚目)	14勝1敗	1
平成3年9月	琴錦 功宗(前頭5枚目)	13勝2敗	1
平成3年11月	小錦 八十吉(大関)	13勝2敗	2
平成4年1月	貴花田 光司(前頭2枚目)	14勝1敗	1
平成4年3月	小錦 八十吉(大関)	13勝2敗	3
平成4年5月	曙 太郎(関脇)	13勝2敗	1
平成4年7月	水戸泉 政人(前頭筆頭)	13勝2敗	1
平成4年9月	貴花田 光司(小結)	14勝1敗	2
平成4年11月	曙 太郎(大関)	14勝1敗	2
平成5年1月	曙 太郎(大関)	13勝2敗	3
平成5年3月	若花田 勝(小結)	14勝1敗	1
平成5年5月	貴ノ花 光司(大関)	14勝1敗	3
平成5年7月	曙 太郎(横綱)	13勝2敗	4
平成5年9月	曙 太郎(横綱)	14勝1敗	5
平成5年11月	曙 太郎(横綱)	13勝2敗	6
平成6年1月	貴ノ花 光司(大関)	14勝1敗	4
平成6年3月	曙 太郎(横綱)	12勝3敗	7
平成6年5月	貴ノ花 光司(大関)	14勝1敗	5
平成6年7月	武蔵丸 光洋(大関)	全勝	1
平成6年9月	貴ノ花 光司(大関)	全勝	6
平成6年11月	貴乃花 光司(大関)	全勝	7
平成7年1月	貴乃花 光司(横綱)	13勝2敗	8
平成7年3月	曙 太郎(横綱)	14勝1敗	8
平成7年5月	貴乃花 光司(横綱)	14勝1敗	9
平成7年7月	貴乃花 光司(横綱)	13勝2敗	10
平成7年9月	貴乃花 光司(横綱)	全勝	11
平成7年11月	若乃花 勝(大関)	12勝3敗	2
平成8年1月	貴ノ浪 貞博(大関)	14勝1敗	1
平成8年3月	貴乃花 光司(横綱)	14勝1敗	12
平成8年5月	貴乃花 光司(横綱)	14勝1敗	13
平成8年7月	貴乃花 光司(横綱)	13勝2敗	14
平成8年9月	貴乃花 光司(横綱)	全勝	15
平成8年11月	武蔵丸 光洋(大関)	11勝4敗	2
平成9年1月	若乃花 勝(大関)	14勝1敗	3

昭和51年11月	北の湖 敏満(横綱)	14勝1敗	7
昭和52年1月	輪島 大士(横綱)	13勝2敗	10
昭和52年3月	北の湖 敏満(横綱)	全勝	8
昭和52年5月	若三杉 寿人(大関)	13勝2敗	1
昭和52年7月	輪島 大士(横綱)	全勝	11
昭和52年9月	北の湖 敏満(横綱)	全勝	9
昭和52年11月	輪島 大士(横綱)	14勝1敗	12
昭和53年1月	北の湖 敏満(横綱)	全勝	10
昭和53年3月	北の湖 敏満(横綱)	13勝2敗	11
昭和53年5月	北の湖 敏満(横綱)	14勝1敗	12
昭和53年7月	北の湖 敏満(横綱)	全勝	13
昭和53年9月	北の湖 敏満(横綱)	14勝1敗	14
昭和53年11月	若乃花 幹士[2代](横綱)	全勝	2
昭和54年1月	北の湖 敏満(横綱)	14勝1敗	15
昭和54年3月	北の湖 敏満(横綱)	全勝	16
昭和54年5月	若乃花 幹士[2代](横綱)	14勝1敗	3
昭和54年7月	輪島 大士(横綱)	14勝1敗	13
昭和54年9月	北の湖 敏満(横綱)	13勝2敗	17
昭和54年11月	三重ノ海 剛司(横綱)	14勝1敗	2
昭和55年1月	三重ノ海 剛司(横綱)	全勝	3
昭和55年3月	北の湖 敏満(横綱)	13勝2敗	18
昭和55年5月	北の湖 敏満(横綱)	14勝1敗	19
昭和55年7月	北の湖 敏満(横綱)	全勝	20
昭和55年9月	若乃花 幹士[2代](横綱)	14勝1敗	4
昭和55年11月	輪島 大士(横綱)	14勝1敗	14
昭和56年1月	千代の富士 貢(関脇)	14勝1敗	1
昭和56年3月	北の湖 敏満(横綱)	13勝2敗	21
昭和56年5月	北の湖 敏満(横綱)	14勝1敗	22
昭和56年7月	千代の富士 貢(大関)	14勝1敗	2
昭和56年9月	琴風 豪規(関脇)	12勝3敗	1
昭和56年11月	千代の富士 貢(横綱)	12勝3敗	3
昭和57年1月	北の湖 敏満(横綱)	13勝2敗	23
昭和57年3月	千代の富士 貢(横綱)	13勝2敗	4
昭和57年5月	千代の富士 貢(横綱)	13勝2敗	5
昭和57年7月	千代の富士 貢(横綱)	12勝3敗	6
昭和57年9月	隆の里 俊英(大関)	全勝	1
昭和57年11月	千代の富士 貢(横綱)	14勝1敗	7
昭和58年1月	琴風 豪規(大関)	14勝1敗	2
昭和58年3月	千代の富士 貢(横綱)	全勝	8
昭和58年5月	北天佑 勝彦(関脇)	14勝1敗	1
昭和58年7月	隆の里 俊英(大関)	14勝1敗	2
昭和58年9月	隆の里 俊英(横綱)	全勝	3
昭和58年11月	千代の富士 貢(横綱)	14勝1敗	9
昭和59年1月	隆の里 俊英(横綱)	13勝2敗	4
昭和59年3月	若嶋津 六夫(大関)	14勝1敗	1
昭和59年5月	北の湖 敏満(横綱)	全勝	24
昭和59年7月	若嶋津 六夫(大関)	全勝	2
昭和59年9月	多賀竜 昇司(前頭12枚目)	13勝2敗	1
昭和59年11月	千代の富士 貢(横綱)	14勝1敗	10
昭和60年1月	千代の富士 貢(横綱)	全勝	11
昭和60年3月	朝潮 太郎(大関)	13勝2敗	1
昭和60年5月	千代の富士 貢(横綱)	14勝1敗	12
昭和60年7月	北天佑 勝彦(大関)	13勝2敗	2
昭和60年9月	千代の富士 貢(横綱)	全勝	13
昭和60年11月	千代の富士 貢(横綱)	14勝1敗	14
昭和61年1月	千代の富士 貢(横綱)	13勝2敗	15
昭和61年3月	保志 延芳(関脇)	13勝2敗	1
昭和61年5月	千代の富士 貢(横綱)	13勝2敗	16
昭和61年7月	千代の富士 貢(横綱)	14勝1敗	17
昭和61年9月	千代の富士 貢(横綱)	14勝1敗	18
昭和61年11月	千代の富士 貢(横綱)	13勝2敗	19

平成19年5月	白鵬 翔(大関)	全勝	3
平成19年7月	朝青龍 明徳(横綱)	14勝1敗	21
平成19年9月	白鵬 翔(横綱)	13勝2敗	4
平成19年11月	白鵬 翔(横綱)	12勝3敗	5
平成20年1月	白鵬 翔(横綱)	14勝1敗	6
平成20年3月	朝青龍 明徳(横綱)	13勝2敗	22
平成20年5月	琴欧洲 勝紀(大関)	14勝1敗	1
平成20年7月	白鵬 翔(横綱)	全勝	7
平成20年9月	白鵬 翔(横綱)	14勝1敗	8
平成20年11月	白鵬 翔(横綱)	13勝2敗	9
平成21年1月	朝青龍 明徳(横綱)	14勝1敗	23
平成21年3月	白鵬 翔(横綱)	全勝	10
平成21年5月	日馬富士 公平(大関)	14勝1敗	1
平成21年7月	白鵬 翔(横綱)	14勝1敗	11
平成21年9月	朝青龍 明徳(横綱)	14勝1敗	24
平成21年11月	白鵬 翔(横綱)	全勝	12
平成22年1月	朝青龍 明徳(横綱)	13勝2敗	25
平成22年3月	白鵬 翔(横綱)	全勝	13
平成22年5月	白鵬 翔(横綱)	全勝	14
平成22年7月	白鵬 翔(横綱)	全勝	15
平成22年9月	白鵬 翔(横綱)	全勝	16
平成22年11月	白鵬 翔(横綱)	14勝1敗	17
平成23年1月	白鵬 翔(横綱)	14勝1敗	18
平成23年3月	中止		
平成23年5月	白鵬 翔(横綱)	13勝2敗	19
平成23年7月	日馬富士 公平(大関)	14勝1敗	2
平成23年9月	白鵬 翔(横綱)	13勝2敗	20
平成23年11月	白鵬 翔(横綱)	14勝1敗	21
平成24年1月	把瑠都 凱斗(大関)	14勝1敗	1
平成24年3月	白鵬 翔(横綱)	13勝2敗	22
平成24年5月	旭天鵬 勝(前頭7枚目)	12勝3敗	1
平成24年7月	日馬富士 公平(大関)	全勝	3
平成24年9月	日馬富士 公平(大関)	全勝	4
平成24年11月	白鵬 翔(横綱)	14勝1敗	23
平成25年1月	日馬富士 公平(横綱)	全勝	5
平成25年3月	白鵬 翔(横綱)	全勝	24
平成25年5月	白鵬 翔(横綱)	全勝	25
平成25年7月	白鵬 翔(横綱)	13勝2敗	26
平成25年9月	白鵬 翔(横綱)	14勝1敗	27
平成25年11月	日馬富士 公平(横綱)	14勝1敗	6
平成26年1月	白鵬 翔(横綱)	14勝1敗	28
平成26年3月	鶴竜 力三郎(大関)	14勝1敗	1
平成26年5月	白鵬 翔(横綱)	14勝1敗	29
平成26年7月	白鵬 翔(横綱)	13勝2敗	30
平成26年9月	白鵬 翔(横綱)	14勝1敗	31
平成26年11月	白鵬 翔(横綱)	14勝1敗	32
平成27年1月	白鵬 翔(横綱)	全勝	33
平成27年3月	白鵬 翔(横綱)	14勝1敗	34
平成27年5月	照ノ富士 春雄(関脇)	12勝3敗	1
平成27年7月	白鵬 翔(横綱)	14勝1敗	35
平成27年9月	鶴竜 力三郎(横綱)	12勝3敗	2
平成27年11月	日馬富士 公平(横綱)	13勝2敗	7
平成28年1月	琴奨菊 和弘(大関)	14勝1敗	1
平成28年3月	白鵬 翔(横綱)	14勝1敗	36
平成28年5月	白鵬 翔(横綱)	全勝	37
平成28年7月	日馬富士 公平(横綱)	13勝2敗	8
平成28年9月	豪栄道 豪太郎(大関)	全勝	1
平成28年11月	鶴竜 力三郎(横綱)	14勝1敗	3
平成29年1月	稀勢の里 寛(大関)	14勝1敗	1
平成29年3月	稀勢の里 寛(横綱)	13勝2敗	2
平成29年5月	白鵬 翔(横綱)	全勝	38

平成9年3月	貴乃花 光司(横綱)	12勝3敗	16
平成9年5月	曙 太郎(横綱)	13勝2敗	9
平成9年7月	貴乃花 光司(横綱)	13勝2敗	17
平成9年9月	貴乃花 光司(横綱)	13勝2敗	18
平成9年11月	貴ノ浪 貞博(大関)	14勝1敗	2
平成10年1月	武蔵丸 光洋(大関)	12勝3敗	3
平成10年3月	若乃花 勝(大関)	14勝1敗	4
平成10年5月	若乃花 勝(大関)	12勝3敗	5
平成10年7月	貴乃花 光司(横綱)	14勝1敗	19
平成10年9月	貴乃花 光司(横綱)	13勝2敗	20
平成10年11月	琴錦 功宗(前頭12枚目)	14勝1敗	2
平成11年1月	千代大海 龍二(関脇)	13勝2敗	1
平成11年3月	武蔵丸 光洋(大関)	13勝2敗	4
平成11年5月	武蔵丸 光洋(大関)	13勝2敗	5
平成11年7月	出島 武春(関脇)	13勝2敗	1
平成11年9月	武蔵丸 光洋(横綱)	12勝3敗	6
平成11年11月	武蔵丸 光洋(横綱)	12勝3敗	7
平成12年1月	武双山 正士(関脇)	13勝2敗	1
平成12年3月	貴闘力 忠茂(前頭14枚目)	13勝2敗	1
平成12年5月	魁皇 博之(小結)	14勝1敗	1
平成12年7月	曙 太郎(横綱)	13勝2敗	10
平成12年9月	武蔵丸 光洋(横綱)	14勝1敗	8
平成12年11月	曙 太郎(横綱)	14勝1敗	11
平成13年1月	貴乃花 光司(横綱)	14勝1敗	21
平成13年3月	魁皇 博之(大関)	13勝2敗	2
平成13年5月	貴乃花 光司(横綱)	13勝2敗	22
平成13年7月	魁皇 博之(大関)	13勝2敗	3
平成13年9月	琴光喜 啓司(前頭2枚目)	13勝2敗	1
平成13年11月	武蔵丸 光洋(横綱)	13勝2敗	9
平成14年1月	栃東 大裕(大関)	13勝2敗	1
平成14年3月	武蔵丸 光洋(横綱)	13勝2敗	10
平成14年5月	武蔵丸 光洋(横綱)	13勝2敗	11
平成14年7月	千代大海 龍二(大関)	14勝1敗	2
平成14年9月	武蔵丸 光洋(横綱)	13勝2敗	12
平成14年11月	朝青龍 明徳(大関)	14勝1敗	1
平成15年1月	朝青龍 明徳(大関)	14勝1敗	2
平成15年3月	千代大海 龍二(大関)	12勝3敗	3
平成15年5月	朝青龍 明徳(横綱)	13勝2敗	3
平成15年7月	魁皇 博之(大関)	12勝3敗	4
平成15年9月	朝青龍 明徳(横綱)	13勝2敗	4
平成15年11月	栃東 大裕(大関)	13勝2敗	2
平成16年1月	朝青龍 明徳(横綱)	全勝	5
平成16年3月	朝青龍 明徳(横綱)	全勝	6
平成16年5月	朝青龍 明徳(横綱)	13勝2敗	7
平成16年7月	朝青龍 明徳(横綱)	13勝2敗	8
平成16年9月	魁皇 博之(大関)	13勝2敗	5
平成16年11月	朝青龍 明徳(横綱)	13勝2敗	9
平成17年1月	朝青龍 明徳(横綱)	全勝	10
平成17年3月	朝青龍 明徳(横綱)	14勝1敗	11
平成17年5月	朝青龍 明徳(横綱)	全勝	12
平成17年7月	朝青龍 明徳(横綱)	13勝2敗	13
平成17年9月	朝青龍 明徳(横綱)	13勝2敗	14
平成17年11月	朝青龍 明徳(横綱)	14勝1敗	15
平成18年1月	栃東 大裕(大関)	14勝1敗	3
平成18年3月	朝青龍 明徳(横綱)	13勝2敗	16
平成18年5月	白鵬 翔(大関)	14勝1敗	1
平成18年7月	朝青龍 明徳(横綱)	14勝1敗	17
平成18年9月	朝青龍 明徳(横綱)	13勝2敗	18
平成18年11月	朝青龍 明徳(横綱)	全勝	19
平成19年1月	朝青龍 明徳(横綱)	14勝1敗	20
平成19年3月	白鵬 翔(大関)	13勝2敗	2

	四股名	所属部屋	出身地	横綱昇進年
初代	明石 志賀之助	？	栃木県？	不明
2代	綾川 五郎次	？	栃木県？	不明
3代	丸山 権太左衛門	？	宮城県	寛延2（1749）年？
4代	谷風 梶之助	関ノ戸部屋→伊勢ノ海部屋	宮城県	寛政元（1789）年
5代	小野川 喜三郎	草摺部屋（京都）→小野川部屋（大阪）→玉垣部屋	滋賀県	寛政元（1789）年
6代	阿武松 緑之助	武隈部屋	石川県	文政11（1828）年
7代	稲妻 雷五郎	佐渡ヶ嶽部屋	茨城県	文政12（1829）年
8代	不知火 諾右衛門	湊部屋（大阪）→浦風部屋	熊本県	天保11（1840）年
9代	秀ノ山 雷五郎	秀ノ山部屋	宮城県	弘化2（1845）年
10代	雲龍 久吉	陣幕部屋（大阪）→追手風部屋→雷部屋→追手風部屋	福岡県	文久元（1861）年
11代	不知火 光右衛門	湊部屋（大阪）→境川部屋	熊本県	文久3（1863）年
12代	陣幕 久五郎	朝日山部屋（大阪）→秀ノ山部屋	島根県	慶応3（1867）年
13代	鬼面山 谷五郎	武隈部屋	岐阜県	明治2（1869）年
14代	境川 浪右衛門	境川部屋	千葉県	明治10（1877）年
15代	梅ヶ谷 藤太郎（初代）	湊部屋（大阪）→玉垣部屋→梅ケ谷部屋	福岡県	明治17（1884）年
16代	西ノ海 嘉治郎（初代）	鯨波部屋（京都）→高砂部屋	鹿児島県	明治23（1890）年
17代	小錦 八十吉	高砂部屋	千葉県	明治29（1896）年
18代	大砲 万右衛門	尾車部屋	宮城県	明治34（1901）年
19代	常陸山 谷右衛門	出羽海部屋	茨城県	明治37（1904）年
20代	梅ヶ谷 藤太郎（2代）	雷部屋	富山県	明治37（1904）年
21代	若島 権四郎	楯山部屋→友綱部屋→粂川部屋→中村部屋（大阪）	千葉県	明治38（1905）年
22代	太刀山 峰右衛門	友綱部屋	富山県	明治44（1911）年
23代	大木戸 森右衛門	湊部屋（大阪）	兵庫県	大正2（1913）年
24代	鳳 谷五郎	宮城野部屋	千葉県	大正4（1915）年
25代	西ノ海 嘉治郎（2代）	井筒部屋→関ノ戸部屋→井筒部屋	鹿児島県	大正5（1916）年
26代	大錦 卯一郎	出羽海部屋	大阪府	大正6（1917）年
27代	栃木山 守也	出羽海部屋	栃木県	大正7（1918）年
28代	大錦 大五郎	伊呂波部屋（京都）→朝日山部屋（大阪）	愛知県	大正7（1918）年
29代	宮城山 福松	出羽海部屋→高田川部屋（大阪）	岩手県	大正11（1922）年
30代	西ノ海 嘉治郎（3代）	井筒部屋	鹿児島県	大正12（1923）年
31代	常ノ花 寛市	出羽海部屋	岡山県	大正13（1924）年
32代	玉錦 三右衛門	二所ノ関部屋→粂川部屋→二所ノ関部屋	高知県	昭和8（1933）年
33代	武蔵山 武	出羽海部屋	神奈川県	昭和11（1936）年
34代	男女ノ川 登三	高砂部屋→佐渡ヶ嶽部屋→高砂部屋→佐渡ヶ嶽部屋	茨城県	昭和11（1936）年
35代	双葉山 定次	立浪部屋→双葉山道場	大分県	昭和13（1938）年

36代	羽黒山 政司	立浪部屋	新潟県	昭和17(1942)年
37代	安藝ノ海 節男	出羽海部屋	広島県	昭和18(1943)年
38代	照國 万蔵	伊勢ヶ濱部屋	秋田県	昭和18(1943)年
39代	前田山 英五郎	高砂部屋	愛媛県	昭和22(1947)年
40代	東富士 欽壹	富士ヶ根部屋→高砂部屋	東京都	昭和24(1949)年
41代	千代の山 雅信	出羽海部屋	北海道	昭和26(1951)年
42代	鏡里 喜代治	粂川部屋→双葉山道場	青森県	昭和28(1953)年
43代	吉葉山 潤之輔	高島部屋	北海道	昭和29(1954)年
44代	栃錦 清隆	春日野部屋	東京都	昭和30(1955)年
45代	若乃花 幹士(初代)	二所ノ関部屋→芝田山部屋→花籠部屋	青森県	昭和33(1958)年
46代	朝潮 太郎	高砂部屋	鹿児島県	昭和34(1959)年
47代	柏戸 剛	伊勢ノ海部屋	山形県	昭和36(1961)年
48代	大鵬 幸喜	二所ノ関部屋	北海道	昭和36(1961)年
49代	栃ノ海 晃嘉	春日野部屋	青森県	昭和39(1964)年
50代	佐田の山 晋松	出羽海部屋	長崎県	昭和40(1965)年
51代	玉の海 正洋	二所ノ関部屋→片男波部屋	愛知県	昭和45(1970)年
52代	北の富士 勝昭	出羽海部屋→九重部屋	北海道	昭和45(1970)年
53代	琴櫻 傑将	佐渡ヶ嶽部屋	鳥取県	昭和48(1973)年
54代	輪島 大士	花籠部屋	石川県	昭和48(1973)年
55代	北の湖 敏満	三保ヶ関部屋	北海道	昭和49(1974)年
56代	若乃花 幹士(2代)	二子山部屋	青森県	昭和53(1978)年
57代	三重ノ海 剛司	出羽海部屋	三重県	昭和54(1979)年
58代	千代の富士 貢	九重部屋	北海道	昭和56(1981)年
59代	隆の里 俊英	二子山部屋	青森県	昭和58(1983)年
60代	双羽黒 光司	立浪部屋	三重県	昭和61(1986)年
61代	北勝海 信芳	九重部屋	北海道	昭和62(1987)年
62代	大乃国 康	花籠部屋→放駒部屋	北海道	昭和62(1987)年
63代	旭富士 正也	大島部屋	青森県	平成2(1990)年
64代	曙 太郎	東関部屋	アメリカ	平成5(1993)年
65代	貴乃花 光司	藤島部屋→二子山部屋	東京都	平成7(1995)年
66代	若乃花 勝	藤島部屋→二子山部屋	東京都	平成10(1998)年
67代	武蔵丸 光洋	武蔵川部屋	アメリカ	平成11(1999)年
68代	朝青龍 明徳	高砂部屋	モンゴル	平成15(2003)年
69代	白鵬 翔	宮城野部屋	モンゴル	平成19(2007)年
70代	日馬富士 公平	伊勢ヶ濱部屋	モンゴル	平成24(2012)年
71代	鶴竜 力三郎	井筒部屋	モンゴル	平成26(2014)年
72代	稀勢の里 寛	田子ノ浦部屋	茨城県	平成29(2017)年

大相撲年表

皇極天皇元（642）年	百済（古代朝鮮）の使者の饗宴のために、健児を招集して相撲を取らせる。（史実における相撲記事の初出）
神亀3（726）年	前年に干害が起こったのを受け、聖武天皇が21社に勅使を派遣。この年が豊作となったため、諸社神前において相撲を奉納する。（神事相撲の記録の初出）
天平6（734）年	聖武天皇が相撲戯をご覧になる。（天覧相撲の初出）
貞観11（869）年	「貞観格式」（※格＝追加法令、式＝施行細目のこと）に相撲節儀を制定。
延喜5（905）年	「延喜格」にて射礼・騎射・相撲の三節が「三度節」と定められ、宮中の重要な節日（季節の変わり目などに祝い行事が行われる日）となる。
承安4（1174）年	高倉天皇相撲天覧。この後源平の争乱が起こり、以降相撲節の儀式が行われなくなる。
文治5（1189）年	源頼朝、鎌倉八幡宮にて相撲上覧。
室町時代〜	諸大名が相撲を見物するようになり、武家や民衆の間でも相撲を主題にした能楽狂言が人気となる。
元亀元（1570）年	織田信長、近江・常楽寺で相撲上覧。
正保2（1645）年	京都糺森にて、勧進相撲が行われる。（京都勧進相撲の初め）
貞享元（1684）年	江戸深川の富岡八幡宮境内で雷権太夫らが勧進相撲を行う。
宝暦7（1757）年	江戸相撲独特の縦番付（現在の形の番付）を初めて発行。このころより、江戸相撲の制度が整い始める。
寛政元（1789）年	谷風梶之助、小野川喜三郎に吉田司家より横綱土俵入り免許を授与される。
寛政3（1791）年	江戸城吹上にて徳川家斉上覧相撲。
天保4（1833）年	このころより回向院が興行の定場所となる。
嘉永4（1851）年	力士100名余りが回向院念仏堂に籠城、取組日数の不公平を抗議する。（嘉永事件）
嘉永7（1854）年	ペリー再来航。横浜で力士一同が米俵を運び、怪力を誇示する。
明治2（1869）年	版籍奉還により、大名お抱え力士がお抱えを解かれる。
明治23（1890）年	初代西ノ海から、番付に横綱の文字が記載されるようになる。
明治42（1909）年	横綱の地位を最高位として明文化する。両国国技館が開館し、個人優勝制度、優勝額の掲額、東西対抗優勝制度、投げ纏頭《はな》の禁止が定められる。
明治43（1910）年	散髪した頭に合わないといった理由から、行司の装束を裃姿から烏帽子《えぼし》・直垂《ひたたれ》に変更。
明治44（1911）年	給金値上げ問題で力士が新橋倶楽部に籠城。（新橋倶楽部事件）
大正2（1913）年	東京・大阪両角力協会の東西合併相撲を開催。
大正6（1921）年	国技館が火事により全焼。翌年春場所は靖国神社境内にて興行。
大正9（1924）年	再建した国技館の開会式を挙行。
大正12（1927）年	力士会が、十両以上に昇進した力士が引退時に支給される養老金の増額を協会に要求、三河島に籠城。（三河島事件）

大正14(1929)年	摂政宮殿下(のちの昭和天皇)の誕生日を祝賀し、台覧相撲を行う。その際の下賜金により、摂政宮殿下賜盃(優勝賜盃)を作成。
昭和2(1927)年	東京・大阪の大角力協会が正式合併、「大日本相撲協会」となる。この年より、年4回の本場所開催となる。
昭和3年	ラジオの実況中継の放送開始。仕切り時間を幕内10分、十両7分、幕下以下5分に制限し、仕切り線を設定する。
昭和6年	それまで二重の円で構成されていた土俵が一重に変更、直径が15尺(約455cm)、土俵の屋根が神明造となり、現在の土俵の形となる。
昭和7年	待遇改善・協会の制度改革を要求した出羽海一門が春秋園(中華料理店)に集ったことに端を発した、力士らの協会脱退・独立・帰参などの騒動が起こる。(春秋園事件)
昭和12年	本場所の興行日数が13日間となる。
昭和14年	本場所の興行日数が15日間となる。
昭和20年	空襲により国技館被災。以後野外や仮設国技館での本場所開催となる。
昭和22年	明治神宮外苑相撲で夏場所、秋場所興行。一門系統別総当たり戦となり、三賞を設ける。
昭和25年	横綱審議委員会設置。
昭和26年	横綱免許をはじめ、年寄や力士、行司に故実門人の格式を与えてきた吉田司家との旧習を変え、以降横綱は協会が自主的に決定することになる。
昭和27年	屋形の四本柱を廃止し、つり屋根となる。
昭和28年	テレビの実況中継の放送開始。
昭和29年	蔵前国技館・相撲博物館開館。
昭和32年	相撲教習所の設置。11月に九州場所を設け、年5場所制となる。
昭和33年	7月に名古屋場所を設け、年6場所制となる。「財団法人日本相撲協会」に改称。国技館2階を全て椅子席にし、電光掲示板、相撲診療所を新設。
昭和44年	勝負判定で、ビデオを参考資料として使用開始。
昭和60年	新国技館落成式が行われる。
平成元(1989)年	千代の富士、国民栄誉賞を受賞。
平成16年	幕内の定員を40名から42名以内、十両を26名から28名以内に改正。
平成22年	七月場所の番付発表延期、NHK放送中止(9月より放送再開)。8月、暴力団等排除宣言を行う。
平成23年	故意による無気力相撲問題により三月場所中止。5月、技量審査場所として一般公開(無料)で本場所を開催。
平成24年	新弟子検査基準の改定、第二新弟子検査を廃止。
平成25年	大鵬、国民栄誉賞を受賞。
平成26年	公益財団法人日本相撲協会となる。

た

あ

か

さ

ま

や

ら

わ

な

は

解説「相撲女子道」

加藤 元（作家）

相撲が今、女の子たちに大人気ですって？

いえいえ、女子が相撲を好きなのは、決して今にはじまったことではありません。

例えば、樋口一葉に続く明治期の大女流作家である田村俊子は、当時の小兵美男力士・両国勇治郎（梶之助）のファンでした。情熱の赴くまま、以下の句を詠んでいます。

「両国と云ふ角力を恋ひて梅の花」「両国が負けた夜から病みにけり」

……大女流作家にしては、あんまり名句とはいえない気もしますが。愛の強さはひしひしと伝わります。

それから、両国国技館であれ大阪府立体育会館であれ愛知県体育館であれ福岡国際センターであれ、はたまた全国各地の巡業地であれ、一度でも足を運ばれた方にはおわかりかと思います。相撲好きの大先輩たちは大勢いらっしゃるのです。わたしが以前、伊勢神宮の奉納相撲を観に行った際、たまたま隣り合わせた先輩女子（推定昭和十年代生まれ）も、少女のころからウン十年も相撲を愛し続けて来たという勇者でした。

「うちの亭主も相撲好きなんだけどね。今日は面倒くさいから家に置いて来ちゃった。だってほら、邪魔でしょう。ひとりでゆっくり楽しみたいものねホホホホホ」

頼もしいお言葉。私も先輩を見習って、相撲女子道を貫かねばと強く思わされました。

さらに、私事になりますが、わたしの曾祖母は、大正期の相撲女子でした。家の手伝いも花嫁修業もまるでせず、相撲部屋に通いつめ追っかけ出待ち。ついに憧れの力士と結婚し、祖母を産みました。

もっとも、そのころの世間では相撲女子とは見なされず、ただの極道娘と呼ばれたようですが、それはまあ置いておいて。つまり、わたしの存在自体が相撲女子の長い歴史を証明するといっていい（のではないかと思われます）。

諸先輩方にはまだまだとても及びませんが、かくいうわたしも四半世紀来の相撲好きです。

とはいえ、相撲女子道は平坦ではありません。

過去の相撲人気には、波がありました。「相撲が好き」と口にすると、「どうして？」と眼をまるくされたり、「へえ、でぶ専なんだね」などとにやにや笑いで返される。たわごとをほざいているおまえの方がよほど体脂肪率高いんだよ。そんな台詞を飲み込んで耐えた暗い日々。そうした害虫のような連中をのさばらせないためにも、相撲好きを一過性の現象として終わらせてはいけません。愛し続ける。相撲女子道の心意気は、そこにこそあります。

直径十五尺の土俵の中で繰り広げられる、体重無制限、強いものが必ずしも勝つとは限らない、一対一の男の戦い。

相撲の面白さ、奥深さを知ることができたわたしたちは、しあわせです。

おわりに、宮本徳蔵先生の不朽の名著『力士漂泊』より、大好きな言葉を引用させていただきます。

「……相撲が国技だなんて、小さい、小さい。ユーラシアにまたがる数千キロの空間と、十数世紀におよぶ時間が背後に横たわっているのが見えないか」

監修者プロフィール

伊藤勝治（第三十四代木村庄之助）

昭和18（1943）年生まれ。伊勢ノ海部屋所属。昭和31年、式守勝治として入門。平成8（1996）年五月場所から第十一代式守与太夫、平成18年五月場所から翌年三月場所まで第三十六代式守伊之助を襲名。平成19年五月場所から翌年三月場所まで第三十四代木村庄之助を務める。平成20年三月場所を最後に、相撲協会を引退。現在は、行司講演活動に意欲的に取り組んでいる。監修書籍に、『相撲通レッスン帖』（大泉書店）がある。

大相撲の解剖図鑑

2016年9月20日　初版第1刷発行
2017年6月28日　　　第4刷発行

監修　伊藤勝治

発行者　澤井聖一

発行所　株式会社エクスナレッジ
〒106-0032 東京都港区六本木7-2-26
http://www.xknowledge.co.jp/

問合せ先　編集 tel 03-3403-1381／fax 03-3403-1345
販売 tel 03-3403-1321／fax 03-3403-1829
info@xknowledge.co.jp